EDITORIAL

FÜR SIE AN BORD
Uwe Bahn und Georg J. Schulz

Unter neuer Flagge

Seit 17 Jahren, liebe Leserinnen und Leser, gibt es dieses Jahrbuch schon. Zuletzt mussten wir pausieren, weil uns ein kleines Virus an die Kette gelegt hatte. Nun dürfte die Corona-Pandemie bewältigt sein, im Großen und Ganzen hat sich die Branche in diesem Punkt beruhigt und endlich wieder Fahrt aufgenommen. Deshalb kommt die Neuauflage des Kreuzfahrt Guide genau zum richtigen Zeitpunkt. Wir dürfen uns wieder freuen – auf neue Ziele, auf neue Routen, auf neue Schiffe und auf die faszinierende Weite der Meere und Flüsse.

Doch es ist nicht alles gut. Da, wo Seeleute und Servicekräfte aus der Ukraine oder auch aus Russland wichtig sind, blickt man weiter besorgt in Richtung Osten. Ziele wie Sankt Petersburg oder Odessa stehen nicht mehr auf den Routenkalendern. Und auch die hohen Energiepreise sind kein großer Spaß.

Wir wissen: Maritime Arbeitgeber haben ihren Mitarbeitern bereits großartig geholfen, und sie werden es weiterhin tun. Und sie verschließen auch nicht mehr die Augen vor Debatten über Umweltschutz und Klimawandel. Fast überall ist das Thema Nachhaltigkeit ganz oben auf der Prioritätenliste angekommen, und besonders Reedereien mit vielen deutschen Gästen gehen hier aktiv voran – nicht nur mit modernster Technik, sondern auch mit Müllvermeidung, kompakteren Routings und einem bewussteren Mindset. In diesem Buch werden Sie gleich mehrere Beispiele dafür finden.

Ein Wort in eigener Sache: Seit dieser Ausgabe segelt der Kreuzfahrt Guide unter neuer Flagge, nämlich bei FUNKE und dem Hamburger Abendblatt. Damit hat der Kreuzfahrt Guide einen idealen neuen Heimathafen gefunden. „Mit der Heimat im Herzen die Welt umfassen" – einen besseren Wahlspruch als die Zeile von Gorch Fock, die dem Abendblatt seit der Gündung als Motto dient, kann es wohl auch für den Kreuzfahrt Guide kaum geben. Ansonsten bleibt das Buch, was es immer war: ein Nachschlagewerk, das viele neue Informationen enthält und Lust aufs Reisen machen soll.

In diesem Sinne herzlichst, Ihre

INHALT

14
ALLES DRIN: Wo Cocktails und mehr nichts extra kosten

CHECK-IN & REPORTAGEN

3 **Editorial:** Ein neuer Heimathafen für den Kreuzfahrt Guide

Check-in

10 Privatinseln als exklusive Ziele
12 25 Jahre MS Deutschland
14 Was ist wirklich „all-inclusive"?
16 Emissionsfreie Kreuzfahrt
18 Zukunft der Mein Schiff Herz
20 Was mit meinen Daten passiert
22 Die digitale Rettungsübung
24 Istanbuls neuer Superport
26 Die Mozart unter neuer Regie
28 Luxus im Eisbrecher

Reportagen Hochsee

34 Mehr als Micky Maus
Unterwegs auf der neuen Disney Wish

43 Test-Essen
So schmeckt es auf Mein Schiff 6

47 Eine Königin
Mit Queen Elizabeth im Mittelmeer

52 Segel setzen
Die Sea Cloud Spirit erfüllt Träume

58 Alles prima?
Das bietet der neue Liner von Norwegian

64 Der Neustart
Mit der MSC Seaview auf der Ostsee

68 Auf Zeitreise
Die AIDAcosma fährt mit LNG

74 Arktische Abenteuer
Mit Hapag-Lloyd nach Grönland

81 Welt-Tournee
Tolle Routen mit der World Voyager

86 Wiege der Riesen
Papenburg und der Schiffbau

22
SICHERHEIT: Wie eine moderne Rettungsübung abläuft

34
SONNE UND ENTERTAINMENT: Mit der Disney Wish auf die Bahamas

52
KEIN HOLZWEG:
Warum Großsegler wie die Sea Cloud Spirit Zukunft haben

74
BUNTES GRÖNLAND:
Auf den Spuren von Inuit-Tradition und Klimawandel

SEESCHIFFE

92 Wer gehört zu wem?
Der Hochseemarkt im Überblick

94 Neubauten in Sicht
Die wichtigsten Premieren des Jahres 2023

98 Welches Schiff passt zu mir?
Wie Sie mithilfe unserer Porträts Ihr persönliches Traumschiff finden

101 Seeschiffe im Porträt
Von AIDA bis Virgin Voyages: 33 Reedereien und ihre Schiffe unter der Lupe

ROUTEN & REVIERE

192 Abfahrt vor der Haustür
Die deutschen Kreuzfahrthäfen

194 Nordeuropa
Nordsee, Baltikum und hoher Norden

195 Westeuropa & Kanaren
Atlantische Küsten und Inseln

196 Westliches Mittelmeer
Zwischen Italien, Spanien und Frankreich

198 Östliches Mittelmeer
Von Venedig über Athen bis Alexandria

200 Karibik & Mittelamerika
Türkise Paradiese unter Palmen

202 Nordamerika
Von Neufundland bis Miami

203 Südamerika
Zwischen Rio, Lima und Kap Hoorn

204 Pazifischer Ozean
Von Honolulu bis Down Under

206 Indischer Ozean
Von Kapstadt über Dubai nach Bali

BERLINER DOM:
Die Serrahn Queen im Zieleinlauf

216

222

ALLES AUSSER ALTBACKEN:
Die A-ROSA Sena ist nicht nur modern eingerichtet, sondern auch das erste Hybrid-Flussschiff im Einsatz

Fotos: Bergedorfer Schifffahrtslinien, Uwe Bahn

REPORTAGEN

210 A-ROSA Sena ist A-ROSA Akku
Neues Flussschiff hat große Batterien an Bord

216 Kurs auf Berlin
Mit der Serrahn Queen in die Hauptstadt

222 Hier kommt die Lady
Ein Schleusenmarathon mit Lady Diletta

FLUSSSCHIFFE

228 Wer bietet was und fährt wo?
Fluss-Reedereien und Veranstalter im Porträt

ROUTENKARTEN

253 Elbe, Havel & Oder
Dresden, Prag, Berlin – und weiter bis zu den Inseln der Ostsee

254 Donau
Von Passau bis ans Schwarze Meer

256 Rhein & Rheindelta
Mit Mosel, Neckar, Main sowie den Niederlanden und Belgien

258 Französische Flüsse
Rhône, Seine, Gironde – und der Newcomer Loire

259 Flüsse in Asien
Fernost-Exotik: Jangtse, Mekong, Irrawaddy und Ganges

262 Register
Alle Schiffe, Reedereien und Veranstalter in diesem Guide auf einen Blick

266 Impressum

267 Preisvergleich
Doppelseitige Info-Grafik zum Ausklappen: Was bei 85 beliebten Hochseeschiffen die Kabine pro Person und Nacht im Durchschnitt kostet

DIE PRIVATHÄFEN UND INSELN DER REEDEREIEN

Sie heißen Labadee, Amber Cove oder Ocean Cay und gelten als die perfekten Ziele für den schnellen Strandbesuch

Neun private Häfen oder Inseln haben Kreuzfahrtreedereien inzwischen, von Amber Cove in der Dominikanischen Republik bis Bimini. Sieben dieser Ziele sind kleine Inseln der Bahamas. Gepachtet von großen Reedereien, spielen sie heute eine wichtige Rolle bei der Routenplanung. Anders als bei normalen Häfen müssen Passagiere dort kein Taxi oder Bus nutzen, um den Hafen zu erkunden und einen Platz an einem weißen Traumstrand zu finden. Den Anfang machte in den 1970er-Jahren **NCL** mit Great Stirrup Cay, einer ehemaligen Militärbasis, auch **Disney** hat eine eigene Insel, Castaway Cay genannt.

Die Palette der Angebote der privaten Reviere reicht von monströsen Freizeitparks mit Wasserrutschen, Seilbahnen und Kunstlagunen bis zum Naturparadies. **Royal Caribbean International** zum Beispiel hat ihre turbulente Insel Coco Cay bereits für Schnupperkreuzfahrten für 70 US-Dollar im Angebot. Alle zwei Tage sind 3.000 bis 4.000 Urlauber mit der Freedom of the Seas dort. Das Motto: „The Perfect Day at CocoCay." Auch in Labadee in Haiti oder Amber Cove steht die Animation und Bespaßung der Passagiere im Fokus.

Ganz anders Ocean Cay von der Schweizer Reederei **MSC**. Diese Insel ist in der Nebenrolle ein Naturparkprojekt zur Forschung an Korallen. Nur zwei bis drei Besuche von Kreuzfahrtschiffen der Reederei MSC gibt es dort pro Woche. Die Italo-Schweizer haben die einst als Mine für den Abbau von Aragonit für die Bauindustrie genutzte Insel 2015 erworben – und gingen beim Umbau einen anderen Weg als die US-Konkurrenz. Hier sollte nicht nur ein Badestrand für Kreuzfahrttouristen entstehen, sondern auch ein Forschungsprojekt. Die Insel wurde renaturiert und kam unter die Zuständigkeit der MSC Foundation, 2020 wurde sie als Destination eingeweiht. Durch die Pandemie gab es dann aber noch fast zwei Jahre Pause, was der Natur gutgetan hat. Inzwischen gilt Ocean Cay als Perle im Karibikprogramm der Reederei. „Wir haben hier jetzt ein einzigartiges Forschungsprojekt", sagt Biologe Owen O'Shea. Der Brite ist auf Ocean Cay für die Korallen und Unterwasserwelt zuständig.

Wasserrutschen, Seilbahnen und Klettertürme sucht man bei MSC vergebens, die Lagune ist eine Ruhezone, Korallenriffe rund um die Insel sind geschützt. Schnorcheln ist nur in ausgewiesenen Bereichen erlaubt. „Fischen darf man hier nicht", so O'Shea. Gleiches gilt fürs Fahren mir Powerbooten und Ankern mit Privatjachten. Am Strand gelten ebenfalls klare Regeln. Rauchen und die Mitnahme von Muscheln und Korallen ist untersagt, für den Sonnenschutz wird auf eine Creme ohne Mikroplastik großen Wert gelegt. Mit dem Blick auf die Umwelt folgt MSC also eher dem Beispiel von **Holland America**, deren Insel Half Moon Cay zu großen Teilen ein Naturreservat und bekannt für viele Vogelarten ist. FB

Foto: Frank Behling

SCHÖNER STOPP:
Auf Ocean Cay dürfen nur Schiffe der Reederei MSC anlegen

Mit Mein Schiff®
Premium-
Inklusivleistungen
in allen Tarifen
TUI Cruises

25 JAHRE MS DEUTSCHLAND

Das frühere Fernseh-„Traumschiff" hat noch immer viele Fans. 2023 feiert es einen runden Geburtstag

FÜR PHOENIX: Die Deutschland im Sommereinsatz

Foto: Fabian Betzendahl

Weihnachten und Ostern heißt es im Fernsehen alle Jahre wieder „Willkommen an Bord" in dem beliebten TV-Format „Das Traumschiff". Chefhostess Beatrice und Kapitän Paulsen waren viele Jahre ebenso berühmt und Inbegriff der Sendung wie das Schiff selbst auch: die **MS Deutschland** – 1998 in Dienst gestellt und bis heute ein besonderes Kreuzfahrtschiff, das nun 25-jähriges Jubiläum feiert.

Derzeit kreuzt die MS Amadea von Phoenix Reisen als ZDF-Traumschiff durch die Weltmeere. Zuvor war es jedoch die MS Deutschland, die 15 Jahre lang stolz den Titel trug und in knapp 40 Folgen Schauplatz der gleichnamigen Serie wurde. Die letzte Folge, die an Bord der Deutschland gedreht wurde, lief am 1. Januar 2015 im ZDF. Ein unfreiwilliges Ende, denn die Traditionsreederei **Peter Deilmann** geriet damals in finanzielle Schwierigkeiten, und so folgte zeitnah die Insolvenz.

Lange Zeit war die MS Deutschland das einzige Kreuzfahrtschiff auf See, das stolz eine deutsche Flagge am Heck trug und im Heimathafen Neustadt in Holstein registriert war. Schlagzeilen rund um die geplante Ausflaggung auf die maltesische Flagge sind sicher vielen noch in Erinnerung. Die deutsche Flagge war nur eine der Besonderheiten, die das schwimmende Grandhotel so besonders gemacht hatte. 1998 vom ehemaligen Bundespräsidenten Richard von Weizsäcker getauft, ist die MS Deutschland noch heute ein Inbegriff für deutsche Kreuzfahrtleidenschaft.

Seit 2016 fährt das bekannte Traditionsschiff in den Sommermonaten für **Phoenix Reisen**, insofern lebt die Tradition des Schiffes im Stil der 1920er-Jahre weiter. In den Wintermonaten wird das Schiff für den US-Veranstalter „Semester at Sea" seit einigen Jahren die Heimat einiger internationaler Studenten. Die einzigartige Architektur sowie das klassische und maritime Design wurden auch bei Phoenix beibehalten. Das Flair eines Grandhotels auf See verkörpert die MS Deutschland daher noch heute so wie damals, denn Tradition hat auf diesem Schiff einen besonders hohen Stellenwert.

Eines hat sich jedoch geändert: Es geht an Bord deutlich entspannter zu als damals unter dem roten Deilmann-Logo auf dem Schornstein, das auch den Fünf-Sterne-Anspruch des Schiffs mit abgebildet hatte. Gute vier Sterne und persönlicher Service in Phoenix-Manier – so kann man die MS Deutschland heute erleben. Zwar gibt es festliche Galaabende, ansonsten geht es an Bord recht leger zu. Darüber hinaus erinnert vieles an alte Zeiten: Im Kaisersaal finden Veranstaltungen statt, in der „Bar zum Alten Fritz" gibt es die traditionellen Frikadellen, in den Bars und Salons runden Live-Musik und Aktionen der Reiseleiter das Angebot ab. Der besondere Stil wird ganz bewusst bewahrt – auch in den Kabinen und Suiten. Vergoldete Akzente gibt es nicht nur in den Suiten, sondern auch in den Innen- und Außenkabinen, die übrigens den Großteil der Unterkünfte an Bord darstellen.

Die MS Deutschland feiert 2023 ihr 25-jähriges Jubiläum. Ein Anlass, den Phoenix Reisen mit einer Jubiläumsreise zum Saisonauftakt zelebrieren wird. Die erste der acht Kreuzfahrten in der Sommersaison 2023 startet am 22. April in Bremerhaven und führt zunächst über Großbritannien, Norwegen, Schweden und Dänemark zurück an die deutsche Küste, wo unter anderem Anläufe in Warnemünde, Kiel, Hamburg und Helgoland auf dem Programm stehen. Sieben weitere Kreuzfahrten werden bis Anfang September folgen, zum Beispiel nach Grönland, auf die Kanaren, ins Baltikum und zum Nordkap. FAB

Ein feiner
Unterschied mehr.
CUNARD
QUEEN ANNE

WAS „ALL-INCLUSIVE“ WIRKLICH BEDEUTET

Manche Reedereien inkludieren Getränke und Servicegebühren, andere sogar Landausflüge – der Begriff kann also vieles beinhalten. Ein Blick auf die verschiedenen Konzepte

Fotos: MSC, Oceania

MÖGLICHE KOSTENTREIBER:
Auf einer Kreuzfahrt können Cocktails und die Besuche besonderer Restaurants ins Geld gehen – es sei denn, man bucht wirklich „all-inclusive“

Dass Spa-Behandlungen nicht im Reisepreis enthalten sind, ist den meisten Passagieren klar. Aber müssten nicht all die anderen Leistungen an Bord in einem All-inclusive-Angebot immer inbegriffen sein? So einfach ist es leider nicht. Denn „all-inclusive“ definiert jeder Reederei anders.

„Premium alles inklusive“ von **TUI Cruises** bedeutet beispielsweise, dass keine Trinkgelder anfallen und man in vielen Bars und Restaurants kostenlos genießen kann – auch alkoholische Getränke. Premium-Getränke und Spezialitätenrestaurants (vor allem im Heck der Schiffe) werden jedoch zusätzlich berechnet. Und in manchen Restaurants kosten auch einzelne Gerichte extra.

Bei Luxusreedereien wie **Seabourn**, **Silversea** und **Seadream** sind die meisten (auch alkoholischen) Getränke in Restaurants und Bars im Reisepreis enthalten. Teilweise umfasst „all-inclusive“ hier auch ein ausgewähltes Landausflugsangebot. So veranstaltet **Azamara** ein „Azamazing Event“ pro Kreuzfahrt an Land, an dem alle Passagiere kostenlos teilnehmen dürfen. Das kann beispielsweise ein exklusives Konzert sein. Bei **Regent Seven Seas Cruises** sind sogar fast alle Landausflüge kostenlos.

Einen intelligenten Sonderweg geht **Oceania Cruises**: Alle Restaurants sind im Reisepreis inkludiert, auch alkoholfreie Getränke werden an Bord der Boutiqueschiffe unbegrenzt serviert. Wichtiges Detail: Das Internet an Bord ist ebenfalls kostenlos. Darüber hinaus können die Passagiere dank „OLife Choice“ zwischen einem Bordguthaben, einem Landausflugs- und einem alkoholischen Getränkepaket wählen. So bekommt jeder Gast einen für ihn passenden Gegenwert an Bord, ohne draufzuzahlen.

Ähnlich individuell ist auch das Angebot „Free at Sea“ der Schwesterreederei **NCL**: Für einen Aufpreis von meist 99 Euro können die Passagiere zwischen freien Getränken, Spezialitätenrestaurants und Landausflügen wählen. Alternativ gibt es kostenloses Internet, oder die dritte und vierte Person in der Kabine zahlen nur die Steuern.

Letztendlich muss jeder Passagier sich im Vorhinein darüber klarwerden, was ihm wichtig ist: Wer lediglich zum Essen einen einfachen Tischwein oder Bier trinkt, zahlt auch bei **AIDA** nicht drauf. Und wer günstige Einstiegspreise von **MSC** oder **Costa** nutzen möchte, kann sich bereits vor Antritt der Kreuzfahrt mit Getränkepaketen gegen eine hohe Bordrechnung wappnen. Oder aber man bucht einfach eine Suite, denn auch bei den teuren Kabinenkategorien ist der Reisepreis oft ein „All-inclusive“-Angebot. PG

WIE FUNKTIONIERT EMISSIONSFREIE KREUZFAHRT?

Spätestens bis zum Jahr 2050 sollen Schiffe klimaneutral unterwegs sein. Reedereien und Werften arbeiten bereits heute an Lösungen

Die ersten Kreuzfahrtschiffe mit **Brennstoffzellentechnik** werden Realität. Der Hersteller Freudenberg e-Power Systems hat im Herbst 2022 die Klassenzulassung für ein entsprechendes System mit Methanol als Energieträger erhalten. Und auch für ein erstes komplett klimaneutral operierendes Kreuzfahrtschiff gibt es nun einen konkreten Bauauftrag. Somit zeigt sich, dass der zurzeit als besonders fortschrittlich gepriesene Verbrennerantrieb mit **Flüssiggas (LNG)** nicht das Ende der Entwicklung ist.

„LNG ist eine Übergangstechnologie", sagt auch Hurtigruten-CEO Daniel Skjeldam. Er will Flüssiggas zwar in umgebauten Schiffen einsetzen, doch gemeinsam mit der norwegischen **Forschungsorganisation SINTEF** arbeitet seine Reederei bereits am Konzept für das erste emissionsfreie Postschiff. Synthetische Kraftstoffe (E-Fuels) aus grünem Wasserstoff oder auch aus Fischabfällen – damit hat **Hurtigruten** bereits Erfahrung – stellen dabei zwar eine Option dar, doch sie sind teuer und nur in begrenzten Mengen verfügbar. Wenn die gesamte Kreuzfahrtflotte weltweit klimaneutral unterwegs sein will, müssen die Schiffe nicht nur andere, sondern auch deutlich weniger Energie verbrauchen als bisher. Hier setzt das Modell von SINTEF für Hurtigruten an. Rund 30 Prozent des Treibstoffs wird bei Postschiffen aktuell für den Hotelbetrieb benötigt, 70 Prozent verbraucht der Schiffsantrieb.

Wenn die Durchschnittsgeschwindigkeit sinkt, spart das große Mengen Sprit. Außerdem kann über die Hydrodynamik des Schiffskörpers und optimierte Schiffsschrauben viel gewonnen werden. Auch die Nutzung von Rotoren, die Windkraft in Antriebsenergie verwandeln, steht bei Hurtigruten auf dem Prüfstand. Eine norwegische Fallstudie zeigt, dass Schiffe durch die optimale Nutzung von Windenergie bis zu 20 Prozent weniger Antriebsenergie benötigen. Gleichzeitig hoffen die Norweger auf einen raschen Ausbau der Landstromkapazitäten. Aktuell gibt es nur in zwei Häfen entlang der Postschiffroute Landstrom. In ein paar Jahren sollen es bereits fünf bis zehn Häfen sein. Je mehr, desto besser: Der Strom an Land kommt zu mehr als 90 Prozent aus Wasserkraft.

Diesen Vorteil will auch Rolf Sandvik, Gründer und CEO von **Northern Xplorer**, nutzen. Er hat für 2026 das erste emissionsfreie Kreuzfahrtschiff angekündigt. Es soll zu 75 Prozent mit Batteriekraft und zu 25 Prozent mit Wasserstoff angetrieben werden. Weitere Einheiten werden wahrscheinlich auch Rotoren und Sonnenenergie nutzen.

Klar scheint: Nur eine Kombination aus vielen intelligenten Technologien und Neuerungen kann die Kreuzfahrtbranche in Richtung Nachhaltigkeit bringen. Das Ziel steht fest: Die Branchenriesen **TUI Cruises** und **AIDA Cruises** wollen bereits 2040 klimaneutral unterwegs sein. Bei AIDA Cruises verspricht das Management sogar für 2030 das erste emissionsfreie Schiff. Als Technologie kommen dabei neben einer Brennstoffzelle, mit der bereits experimentiert wird, auch E-Fuels oder eine CO_2-Abscheidung direkt am Aggregat infrage.

Aktuell entsteht auf der **Meyer Werft** in Papenburg die Silver Nova für **Silversea Cruises**, die zu ihrer geplanten Indienststellung 2023 mit dem weltweit größten Brennstoffzellensystem auf einem Kreuzfahrtschiff ausgestattet sein wird. Dort wird LNG als Energieträger genutzt, der wiederum für die Brennstoffzellen in Wasserstoff umgewandelt wird. Das Schiff kann zumindest während der Hafenliegezeiten dann ohne Hilfe von Verbrennungsmotoren emissionsfrei betrieben werden. Die **MSC World Europa**, die im November 2022 in Doha getauft wurde, fährt ebenfalls mit LNG, verfügt aber auch über eine kleine Festoxid-Brennstoffzelle und eine verbesserte Landstromversorgung.

Ein methanolbasiertes System scheint indes für Kreuzfahrtschiffe besonders geeignet, weil die Energie in Form von Alkohol gespeichert ist, der etwa die dreifache Energiedichte von verflüssigtem Wasserstoff hat. Wie gut das in der Praxis funktioniert, wird 2023 auf der **AIDAnova** ausprobiert. PG/FN

Illustration: iStockphoto

FASZINATION
WINDJAMMER
SEA CLOUD
Klein, fein und einmalig anders
SEA CLOUD
CRUISES
seacloud.com

ABSCHIEDSTOUR:
Wer noch einmal mit der beliebten Mein Schiff Herz verreisen will, muss sich beeilen. Bald ist sie ein Schwesterschiff der Marella Explorer (links)

Fotos: TUI Cruises, Marella Cruises

EIN HERZ FÜR DIE BRITEN

Zum Juni 2023 wandert der kleinste und älteste Cruiseliner der Mein-Schiff-Flotte nach Großbritannien aus – womit ein weiteres Kapitel in seiner bewegten Geschichte beginnt

Nach mehreren Verlängerungen ist nun endgültig Schluss: Die **Mein Schiff Herz** fährt nur noch bis April 2023 für **TUI Cruises**. Danach wechselt der geheime Flottenliebling zur Schwestermarke **Marella Cruises**. Die künftige **Marella Voyager** bekommt während ihres Umbaus unter anderem ein britisches Spezialitätenrestaurant, denn fortan werden ihre Kabinen ausschließlich auf dem britischen Markt verkauft. Wer es dann – ab Juni – noch mal an Bord schaffen will, muss also einen verzwickten Umweg über Reisebüros auf der Insel oder das Internet nehmen.

Damit beginnt bereits das dritte Leben der Schiffslady, die 1997 als **Celebrity Mercury** bei Meyer in Papenburg für die US-amerikanische Premiumlinie **Celebrity Cruises** vom Stapel lief. Im Mai 2011 startete sie nach einem umfangreichen und trotzdem rekordverdächtig schnellen Umbau als zweites Schiff der Neugründung TUI Cruises unter dem Namen **Mein Schiff 2**.

Für den Wechsel vom US-amerikanischen auf den deutschen Markt wurde damals nicht nur ein neuer Name auf den Bug gepinselt. 50 Millionen Euro investierte das Hamburger Start-up in den Umbau auf der Lloyd Werft in Bremerhaven. TUI-Cruises-Gründer Richard Vogel ließ den Spabereich deutlich vergrößern und 200 neue Balkone anbringen. Damit das Schiff trotz des zusätzlichen Gewichts stabil blieb, wurde ein 380 Tonnen schwerer Stahlunterbau am Heck angeschweißt, der sogenannte Ducktail. Das für Amerikaner obligatorische Kasino wich einer Lounge für Teenager, und mit dem damals noch revolutionären All-inclusive-Angebot gewann TUI Cruises schnell Marktanteile.

Die alte Mein Schiff 2 verfeinerte das ein Jahr zuvor auf der baugleichen **Mein Schiff 1** erprobte Konzept. Sie war zuvor als **Celebrity Galaxy** unterwegs und fährt nun bereits seit 2018 für Marella Cruises als **Marella Explorer**. Eigentlich hatte die Schwester ihr bereits 2019 folgen sollen. Doch der einzige Oldtimer unter den funkelnagelneuen Flottenmitgliedern hatte so viele Fans, dass er mehrere Verlängerungen bekam. Kein Wunder, denn die Mein Schiff Herz – so heißt sie, seitdem es eine neue Mein Schiff 2 gibt – punktete mit viel Charme und Charisma. Wer erinnert sich nicht gern an den kleinen Außenbereich der Schau-Bar auf Deck 7, wo man in gemütlichen Korbsesseln dem Rauschen des Fahrwassers lauschen konnte? PG

WAS PASSIERT MIT MEINEN DATEN?

Vom ersten Check-in zu Hause bis zum Ticketkauf. Ohne Smartphone läuft fast nichts mehr bei Kreuzfahrten. Die Folgen der zunehmenden Digitalisierung

CHECK-IN: Kreuzfahrer am Ostseekai in Kiel

Fotos: Istockphoto

Die Digitalisierung hat längst die Kreuzfahrtbranche erobert. Ob Reisebuchung, Check-in, Tickets für das Land- und Bordprogramm oder die Reservierung im Restaurant – ohne Smartphone und Co. läuft fast nichts mehr. Zugleich erheben und speichern die Reedereien Daten ihrer Gäste. Wir haben deshalb AIDA Cruises, TUI Cruises und Hapag-Lloyd Cruises zum Stand der Digitalisierung und zum Thema Datenschutz befragt. Die gute Nachricht für alle, die nicht so internetaffin sind: Auch ausschließlich analog lebende Gäste sind bei diesen drei Reedereien noch willkommen.

Wie viel Prozent der Reisen werden digital und ohne Vermittlung eines Reisebüros gebucht?

Bei TUI Cruises erfolgt ein „Großteil" der Buchungen im Reisebüro, sagt eine Sprecherin der Reederei. Schließlich seien Kreuzfahrten „sehr beratungsintensiv". Der übrige Teil buche per Telefon, an Bord oder auf der Website. Auch bei AIDA Cruises werden Kreuzfahrten übers Reisebüro, im AIDA Kundencenter, an Bord und im Internet gebucht. Etwas anders ist es bei Hapag-Lloyd Cruises mit seiner anspruchsvollen Klientel. Wie Unternehmenssprecherin Karen Schmidt sagt, sei der Anteil der Reisen, die ausschließlich digital gebucht werden, „naturgemäß gering, wenngleich wachsend".

Bieten Reedereien vorab einen digitalen Check-in an?

Wer eine Reise im Luxussegment gebucht hat, erhält ein Rundum-sorglos-Paket. In den Reiseunterlagen von Hapag-Lloyd Cruises befinden sich der Bordausweis, Kofferanhänger und Informationen zu den Destinationen. Ein digitaler Check-in ist bei dieser Reederei nicht erforderlich. Die anderen beiden norddeutschen Reedereien versenden Reiseunterlagen per E-Mail. „Bei Bedarf druckt der Gast diese aus oder bringt sie digital auf seinem Smartphone mit", heißt es bei der AIDA-Unternehmenskommunikation. Das Vorabausfüllen des Schiffsmanifestes und des Gesundheitsfragebogens beschleunigt nach Ansicht der Reedereien das Check-in vor Ort. Sollte es allerdings nicht möglich sein, sich vorab online einzuchecken, könne das auch später geschehen.

Gibt es Alternativen zum Online-Ausfüllen des Gesundheitsfragebogens?

„Wir empfehlen unseren Gästen, ihn tatsächlich vorab digital auszufüllen", sagte eine TUI-Cruises-Sprecherin. „Wenn das nicht möglich ist, kann dies zur Not auch im Kreuzfahrtterminal geschehen."

Auf vielen Kreuzfahrtschiffen wird kostenlos eine Bord-App angeboten. Wie wird sie genutzt?

Mit der AIDA-App erhält der Gast Zugang zum Bordportal und somit zu vielen Funktionen wie Öffnungszeiten, Events und das eigene Bordkonto. Außerdem stehen nach wie vor gedruckte Medien als Informationsträger bereit. Anliegen von AIDA Cruises sei es allerdings, die Druckmaterialien auf ein Minimum zu reduzieren und aus Gründen der Nachhaltigkeit Papier einzusparen. TUI Cruises berichtet derweil von immer mehr interessierten Gästen, die sich die Mein-Schiff-App herunterladen – und damit bereits die nächste Reise buchen.

Welche kundenrelevanten Abläufe an Bord sind digitalisiert?

Karen Schmidt gibt ein Beispiel, wie es bei Hapag-Loyd Cruises läuft: „Unser Infotainment an Bord ermöglicht diverse digitale Services. So bekommen die Gäste zum Beispiel einen Überblick über die aktuellen Speisekarten, buchbaren Landausflüge oder unser Spa-Angebot. Auch der aktuelle Kontostand des Bordkontos ist hier einsehbar. An Bord profitieren sie auch von einem persönliches E-Mail-Postfach, das über ein privates mobiles Endgerät oder ein Tablet auf der Suite erreichbar ist. Auch können verschiedene internationale Tageszeitungen und Magazine auf die mobilen Endgeräte geladen werden."

Was kostet die Internetnutzung an Bord?

Im Premium-Tarif von AIDA ist bereits ein Internetpaket enthalten und im Premium-all-inclusive-Tarif zusätzlich eine Social-Media-Flatrate. Der AIDA-Gast kann aus einer Vielzahl an Paketen je nach seinem Bedarf vom Quick Check für 0,39 Euro pro Minute bis zu Social-Media-Paketen (ab 6,99 Euro für 24 Stunden) und den Volumen Paketen (von S bis XXL, ab 19,90 Euro für 150 MB) wählen. Bei Hapag-Lloyd Cruises ist das Internet bei allen Reisen im Preis inkludiert. Es wird von der überwiegenden Mehrheit der Gäste gerne genutzt. TUI Cruises teilt auf Anfrage mit, dass die Preise je nach Fahrtgebiet variieren. Billiger sei der Tarif, wenn er bereits vor der Reise gebucht werde.

Welche Daten speichern die Reedereien von ihren Kunden?

Gespeichert werden nach TUI-Cruises-Angaben die Stammdaten, Ausweis- und Zahlungsdaten sowie Buchungen der Kunden. Diese Daten würden grundsätzlich nur so lange gespeichert, wie es der Zweck ihrer Erhebung erfordert. Daher werden die Daten von Ausweisdokumenten kurz nach Ende der Reise gelöscht. Eine Erhebung von Daten der Gäste geschieht auch, wenn diese an Bord Buchungen vornehmen. Außerdem werden aus Gründen der IT-Sicherheit Zugriffe auf das Bordnetzwerk protokolliert.

Bei Hapag-Lloyd Cruises heißt es: „Daten werden so lange gespeichert, wie es der Zweck ihrer Erhebung erfordert. Passdaten werden kurz nach der Reise gelöscht, während wir im Rahmen von Abrechnungsdaten gesetzlichen Aufbewahrungsfristen unterliegen."

AIDA antwortet: „Wie alle deutschen Kreuzfahrtreedereien verarbeitet auch AIDA Cruises personenbezogene Daten in Übereinstimmung mit den gesetzlichen Regelungen." Das sind vor allem die Datenschutz-Grundverordnung (DSGVO) und das Bundesdatenschutzgesetz (BDSG). Alle Mitarbeiter und alle an der Datenverarbeitung beteiligten Personen seien zur Einhaltung dieser Gesetze verpflichtet und entsprechend geschult. Die personenbezogenen Daten werden gelöscht, sobald sie für mit der Verarbeitung verfolgten Zwecke nicht mehr benötigt werden und soweit keine gesetzlichen Aufbewahrungspflichten entgegenstehen. Das Handels- und Steuerrecht enthält Aufbewahrungsfristen von sechs Jahren (z. B. bei Buchungsanfrage) und zehn Jahren (buchhaltungsrelevante Vorgänge). ESH

SMARTPHONE STATT PAPIER:
Immer häufiger wird erwartet, dass Reisende Unterlagen digital vorlegen. Allerdings ist das noch nicht vorgeschrieben, es geht auch ausgedruckt

WO IST MEIN BOOT?
Sicherheitsübung auf einem Kreuzfahrtschiff

Foto: Frank Behling

DIGITALE RETTUNGSÜBUNG

Am Beginn jeder Reise mit Schwimmweste zur Musterstation? Das ist nicht mehr überall notwendig

Es ist das Ritual vor jedem Auslaufen: Die **Seenotrettungsübung** gehört zu einer Kreuzfahrt wie die Schwimmwesten-Präsentation bei einem Linienflug. Nun aber hat die Digitalisierung auch dieses Prozedere der maritimen Notfallvorsorge erreicht. Die Zahl der Schiffe, auf denen kurz vor der Auslaufmelodie Karawanen mit leuchtend orangen Feststoffschwimmwesten durch die Gänge ziehen, wird weniger. Das internationale Regelwerk zur Rettung von Leben auf See – kurz SOLAS – ist bei der Vorgabe der Maßnahmen nämlich großzügiger auslegbar geworden.

Der Drill mit dem Antreten einer **Schwimmweste** ist nicht mehr vorgeschrieben. Die Nutzung moderner Medien übernimmt diese Aufgabe. Wichtig sind eigentlich nur noch zwei Dinge: Der Passagier muss den Buchstaben seines Sammelplatzes (Musterstation) und den Weg dorthin kennen. Alles Weitere klärt sich dann im Notfall vor Ort.

Erstes Opfer dieser Neuerungen ist die Schwimmweste. Bei neuen Schiffen gibt es oft bereits keine Westen mehr auf den Kabinen. Sie werden zentral bei den Musterstationen oder den Booten vorgehalten. Bereits nach der Havarie der Costa Concordia hatten Sicherheitsexperten darauf hingewiesen, dass die Rettungsweste auf einer Kabine zusätzliche Bewegungen verursacht. Das stimmt: Letztlich ist der Passagier die wenigste Zeit der Reise auf seiner Kabine. Die Verlagerung der Westen an die Musterstationen wird deshalb an Bord immer öfter vorgenommen.

Hinzu kommt durch das nicht korrekte Anziehen einer Weste in der Kabine und den nachfolgenden Gang durch das Schiff ein erhöhtes Unfallrisiko. Gerät jemand ins Stolpern, können purzelnde Menschentrauben im Treppenhaus die Folge sein. Bei den großen Reedereien wird deshalb bereits jetzt während der Ansage durch Crewmitglieder darauf verwiesen, die Weste keinesfalls schon in der Kabine anzuziehen.

Neu ist die **digitale Komponente**. So darf der Passagier inzwischen bei einigen Reedereien auch einen Teil der Rettungsübung entspannt in der Kabine verbringen. Besonders **Celebrity** und **MSC** sind hier Vorreiter. Dabei darf zum Beispiel auch das Smartphone als Hilfsmittel beim Ansehen des Sicherheitsvideos genutzt werden. Der Film mit den Sicherheitshinweisen muss jedoch komplett angeschaut und auch am Display individuell bestätigt werden. Wer den Film auf dem TV-Entertainmentkanal in der Kabine ansieht, muss danach per Telefon einen Code eingeben, der erst am Ende des Films gezeigt wird.

Bei einigen Reedereien erfolgt dies auch am Sammelplatz. Dort bekommt der Passagier nach dem Erscheinen einen Platz zugewiesen, an dem er mit seinem Smartphone den Sicherheitsfilm ansehen muss und dies der Crew vor Ort bestätigt. Die Schwimmweste wird dann noch einmal am Muster erklärt. Der Vorteil der Verlagerung der Sicherheitsübung auf die digitalen Geräte oder in die Kabine: Jeder Passagier erhält die Einweisung in seiner Landessprache. Außerdem verhindert die Verlagerung der Einweisung auf die digitalen Endgeräte die großen Menschenansammlungen an den Musterstationen, was angesichts der Covid-19-Erfahrungen ein Vorteil ist. Das Erscheinen am Sammelplatz wird mit dem Scannen der Bordkarte zentral erfasst. Damit wird derselbe Effekt erreicht wie beim Antreten an der Musterstation mit angelegter Schwimmweste – nur etwas angenehmer.

Nach dem Video und dem Erscheinen am Sammelplatz ist die Rettungsübung zügig beendet. Passagiere ohne Smartphone bekommen jedoch in einem Extrabereich die klassische Einweisung mit Weste und Ansprache in voller Länge und mehreren Sprachen durch ein Crewmitglied. FB

DAS NEUE SUPER-TERMINAL VON ISTANBUL

1,7 Milliarden Dollar kostete der Umbau des Galataport. Hier können jetzt 15.000 Passagiere pro Tag an und von Bord gehen

PREMIERE: Die Costa Venezia kam im Mai als eines der ersten Schiffe wieder nach Istanbul

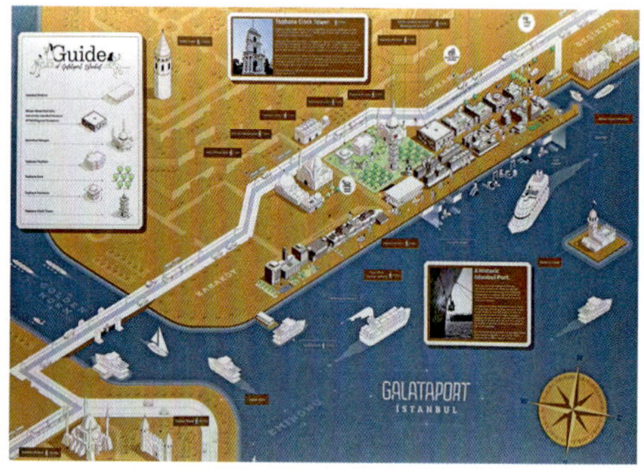

Fotos: Georg J. Schulz

Wenn eine Kreuzfahrt unterirdisch beginnt, muss das nicht heißen, dass alles schiefläuft, im Gegenteil. Wer längere Zeit nicht in **Istanbul** war, wird beim nächsten Besuch überrascht sein, wie sehr sich das dortige Kreuzfahrtterminal verändert hat. Der umgebaute **Galataport** definiert das Thema Ankommen und Abreisen auf revolutionäre Weise, denn hier hat man fast den Eindruck, im Souterrain eines Flughafens zu landen, unter dem sogar Busse und Autos hindurchfahren können. Flankiert ist das Ganze von einem zentrumsnahen, wasserseitigen Erlebnisviertel mit zahlreichen neuen Shops und lebendiger Gastronomie, in dem sich auch die Einheimischen gerne verabreden.

Architektonisch angeblich von den Zisternen Istanbuls inspiriert, beeindruckt der bereits mehrfach ausgezeichnete Galataport Istanbul – unter anderem erhielt er den Red Dot Design Award und wurde von der SeaTrade Cruise Global zum **„Hafen des Jahres"** gewählt – als das weltweit erste unterirdisch zugängliche Kreuzfahrtterminal. Maximal drei Schiffe können zeitgleich an der Kaikante liegen, bis zu 15.000 Passagiere pro Tag lassen sich durch die imposante Anlage schleusen. Die Kapazität ist so geplant, dass schon 2023 bis zu 1,5 Millionen Menschen hier an oder von Bord gehen können.

Als die 324 Meter lange **Costa Venezia** Anfang Mai 2022 zum Erstanlauf kam, wurde sie von den lokalen Behörden auch deshalb gefeiert, weil sie zu diesem Zeitpunkt das bislang größte Kreuzfahrtschiff war, das je Istanbul besucht hatte. Und weil sie zu jenen Cruiselinern gehört, die auch den Landstrom nutzen können, der hier für ankommende Schiffe verlegt wurde, um die Abgasbelastung zu minimieren. Was aber besonders beeindruckt, ist die flexible Art der Absperrung zwischen Schiffsbereich und Flanierzone. Durch die 176 hydraulischen Klappen, die beim Einlaufen des Schiffes hochgefahren werden, kann der sicherheitsrelevante Sperrbereich auf Knopfdruck auf- und abgebaut werden. Somit bleibt der Küstenabschnitt von Karaköy, der seit Ende des 19. Jahrhunderts für den allgemeinen Zugang gesperrt war, nun für Besucher weitgehend offen. Einzige Ausnahme ist jener Bereich am Schiff, der durch die hydraulischen Luken abgetrennt wird. Da der Rest des Terminals im Untergeschoss liegt, verschwinden die ankommenden Passagiere unauffällig ebendort und gelangen entweder gleich in Busse, oder sie tauchen im Shoppingviertel wieder auf. Bis dahin hat man allerdings zu Fuß schon einige weite Wege hinter sich gelassen.

Gekostet hat der Spaß rund 1,7 Milliarden US-Dollar. Damit gilt der Galataport Istanbul als eines der wichtigsten Destinationsprojekte weltweit. Als Ziel des Investments galt es, den historischen Stadthafen in ein touristisches Ziel zu verwandeln und zugleich die Promenade zum ersten Mal seit etwa zwei Jahrhunderten für die breite Öffentlichkeit zu öffnen. Beides scheint rund um den markanten Uhrturm von Tophane – er ist mit Baujahr 1848 der älteste Uhrturm der Türkei – gelungen zu sein. GJS

ALLES IM FLUSS:
So (gr. Foto) sah die Mozart aus, als sie nach der Deilmann-Pleite von Premicon übernommen worden war. Später kaufte Crystal Cruises das Schiff und renovierte für viel Geld (kl. Foto)

Fotos: Seaside Hotel Collection, Archiv

NACH DER PLEITE VON CRYSTAL CRUISES: NEUE HEIMAT FÜR DIE MOZART

Die Hamburger Seaside Hotel Collection übernimmt das frisch renovierte Flussschiff und startet im April

Sie galt schon früher als „Königin der Donau" und hat seit ihrer Inbetriebnahme im Jahr 1987 so einiges erlebt: die **Mozart**. Das rund 120 Meter lange Flussschiff mit Platz für anfangs gut 200 und nach dem letzten Umbau noch 162 Passagiere wurde einst für die Erste Donau-Dampfschiffahrts-Gesellschaft gebaut und fuhr bis 1993 unter österreichischer Flagge mit Heimathafen Wien. Dann erwarb es der Lübecker Reeder Peter Deilmann und ließ es fortan unter deutscher Flagge fahren. Dabei blieb es, bis dessen Reederei – sechs Jahre nach dem Tod des Patriarchen – in die Insolvenz rutschte. Neuer Eigner wurde die Premicon AG, die über geschlossene Fonds zeitweilig 25 Flussschiffe und obendrauf die Astor als Hochseeschiff besaß, aber 2021 ebenfalls pleite ging. Das betraf die Mozart allerdings schon nicht mehr, denn 2015 war sie – nach Chartereinsätzen für TUI und Dertour – von **Crystal Cruises** übernommen worden. Die Amerikaner investierten Millionen in die Ausstattung und hübschten das Schiff ordentlich auf, doch dann kam die Corona-Pandemie. Und wieder einmal war die Mozart auf der Suche nach einem neuen Besitzer.

Der wurde im September 2022 gefunden. Die **Seaside Hotel Collection**, bekannt unter anderem durch die Seaside Hotels auf Gran Canaria, das „Aalernhüs" in St. Peter-Ording und das Hotel „Side" in Hamburg, hat das Schiff aus der Crystal-Insolvenzmasse übernommen und will es ab April 2023 unter dem Namen Riverside Mozart wieder auf der Donau fahren lassen. „Es vereint Raum und Zeit zu einem kontemplativen Erlebnis. Es ist das luxuriöseste Flusskreuzfahrtschiff auf der Donau. Und es weiß, wie sein bedeutender Namensgeber, das Publikum zu vereinnahmen", schwärmt Gregor Gerlach, der zusammen mit Anouchka Gerlach Inhaber der Seaside Hotel Collection ist. Wer auf dem Vista Deck der Riverside Mozart mit einem Earl Grey oder einem feinen, frischen Grünen Veltliner sitze und die liebliche Landschaft der Wachau an sich vorbeiziehen lasse, werde diesen Moment nicht mehr vergessen. Da mag was dran sein: Noch zu Zeiten von Crystal Cruises hatte das Wirtschaftsmagazin „Forbes" die Mozart mit dem Label „Best of the best" ausgezeichnet.

Die ersten Touren unter der neuen Regie starten zwischen Linz und Budapest im April 2023. „Flusskreuzfahrten bieten viel mehr Möglichkeiten für eine Luxusreise als die riesigen Schiffe auf den Ozeanen", sagt Gregor Gerlach. Platz habe man dabei genug, weil das knapp 23 Meter breite Schiff viel Raum für die insgesamt 81 Suiten biete. GJS

BREMERHAVEN
MEER ERLEBEN!
Bremerhaven
hier ist das Meer los
Meer Reise
Meer Abenteuer
Meer Welthafen
ERLEBNIS
BREMERHAVEN

LUXUS IM EISBRECHER

Die Le Commandant Charcot von Ponant ist ein Polar-Expeditionsschiff mit erstaunlichen Fähigkeiten

Fotos: Ponant

Ende Mai macht sich die Sonne in Ostgrönland auf dem Weg zum Zenit. An einem strahlend hellen Frühlingstag verbreitet sich die Kunde, dass nach sieben Monaten Winterpause das erste Schiff kommen wird, wie ein Lauffeuer durch Ittoqqortoormiit. Seit Oktober leben die 350 Inuit in einer der einsamsten Siedlungen völlig isoliert vom Rest der Welt. Nur alle paar Wochen landet, wenn das Wetter mitspielt, ein Versorgungsflugzeug auf einem entfernten Airport und bringt etwas frisches Obst und Gemüse. Doch die langen, bitterkalten Polarnächte haben die Lebensmittelvorräte schrumpfen lassen. Ein Sack Zwiebeln, das Kilo acht Euro, liegt auf einer Palette im örtlichen Supermarkt – gleich neben den dort ebenfalls feilgebotenen Gewehren.

Dass das Schiff Kreuzfahrtgäste an Bord hat, mag zunächst keiner so recht glauben. Der ganze Fjord ist ja noch immer fast zwei Meter tief zugefroren, und im Ort reicht der Schnee bis zum Kirchendach. Die kleinen Fischerboote im Hafen stecken bereits seit dem Spätherbst fest. Was für ein Schiff kann es schaffen, jetzt nach Ittoqqortoormiit zu fahren?

Die Antwort überrascht: Es ist ein Schiff der französischen Reederei **Compagnie du Ponant**, welches durch das meterdicke Eis schneidet – der erste Luxuseisbrecher der Welt, 156 Meter lang und an diesem Tag mit etwas mehr als 100 Gästen an Bord. Die **Le Commandant Charcot** kam aus Island über die meist kabbelige Dänemarkstraße, eine nautische Sisyphusarbeit für Kapitän Étienne Garcia und seine Crew. „Eis so stark wie Felsen haben wir gebrochen", freut sich der Kapitän und verweist auf das technisch ausgereifte „Double-Action-Prinzip": Bei extremem Eis kann die Charcot vor- und rückwärtsfahren, um sich den Weg zum Ziel zu bahnen.

Der elitäre Markt der modernen internationalen Expeditionsschiffe wächst mit dem 46.227 PS starken Eisbrecher nunmehr um weitere Polargebiete. Während Mitbewerber wie Hapag-Lloyd Cruises aus Deutschland und Hurtigruten aus Norwegen über Schiffe der Eisklasse PC 6 (vormals E4) verfügen und damit sogenannte Sommerfahrten in mittlerem einjährigem Eis mit älteren Einschlüssen unternehmen können, konkurrieren die Franzosen jetzt mit der starken Polarklasse PC 2. Das bedeutet: Sie können ganzjährig Fahrten in mittlerem, mehrjährigem Eis unternehmen – und dabei routiniert bis zu etwa drei Meter dickes Eis brechen. Das weltweit erste Passagierschiff mit dieser Eisklasse wurde in Norwegen gebaut, verfügt über einen verstärkten Rumpf und einen umweltfreundlichen Hybridantrieb, der Flüssigerdgas und Elektrobatterien kombiniert.

Damit locken für die solventen Kunden neue, spektakuläre Ziele wie das Rossmeer in der Antarktis, bislang nicht erreichbare antarktische Inseln und die Kaiserpinguin-Kolonie von Snow Hill. Möglich sind nun ebenfalls Expeditionsfahrten zum Nordpol und in andere entlegene arktische Regionen wie Nordostgrönland, die sonst niemand zu dieser Jahreszeit ansteuern kann. Dazu kommt der bordeigene Helikopter, der nahezu täglich auf dem Vorschiff zu Erkundungsfahrten startet und ein aktuelles Bild für die Eiskarten übermittelt.

Von Bord geht es per Gangway direkt auf den weißen Eispanzer. Als Erste verlassen Mitglieder des 22-köpfigen Expeditionsteams das Schiff, um mit einem Gewehr auf dem Rücken Lage und Sicherheit für die Passagiere zu erkunden. An der Gangway begrüßt Expeditionsleiter Henry Wulff, ein 40 Jahre alter Deutscher, die herabsteigenden

NOBLESSE: Das Interieur an Bord ist hochklassig und mit einem „normalen" Eisbrecher nicht zu vergleichen

DATEN, FAKTEN, PREISE

Das Schiff hat **123 Kabinen und Suiten**, alle mit Balkon oder Terrasse. Es bietet maximal 245 Gästen Platz und hat **fünf Decks**, zwei Restaurants, einen Spa-Bereich und Außenpools. Für mitreisende Wissenschaftler gibt es Labore und weitere Arbeitsräume. An Bord arbeiten 215 Crewmitglieder. Der **Eisbrecher** wurde nach Jean-Baptiste Étienne Auguste Charcot (1867–1936) benannt, einem französischen Polarforscher und Arzt

Reisebeispiele: „Die Kaiserpinguine des Weddellmeeres", 16 Tage, 2. bis 17. November 2023 ab/an Ushuaia: ab 23.130 Euro pro Person. „Begegnungen mit den Inuit und ihren Frühlingstraditionen", 11 Tage, 15. bis 25. Mai 2023, ab/an Reykjavík, ab 15.140 Euro

Passagiere. Sie tragen orangefarbene Polarjacken. Henry und sein internationales Team haben jeden Abend ihren Auftritt im Theater. Bei den auf Expeditionsschiffen üblichen „Recaps" werden die Ereignisse des Tages zusammengefasst und Ausblicke auf den nächsten gegeben. Weil gut 80 Prozent der Gäste dieser Reise Franzosen sind, gibt es die Vorträge ausschließlich in französischer Sprache; es werden aber auch Veranstaltungen auf Englisch angeboten.

„Dogsladding" und „Polar Plunge" stehen bei Außentemperaturen von drei Grad Celsius auf dem Programm. Mehrere Schlitten mit jeweils elf Hunden, die wie Wölfe heulen können, warten auf die Touristen, um sie in knapp 15 Minuten nach Ittoqqortoormiit zu fahren. Die grönländischen Schlittenhunde (Canis lupus familiaris) stammen tatsächlich in direkter Linie von den Wölfen ab. Wie sie mit ihren Beinen über die Eiswüste flitzen, zeigt, dass sie Spaß an der schnellen Bewegung haben.

Während die Schlitten ins Dorf fahren und im geheizten Gotteshaus Organistin Ruth auf Kirchenbesucher wartet, steht Anna unter dem Pagodenzelt am Schiffsheck. Sie ist Polar-Plunge-Meisterin und gehört zum Expeditionsteam. Einige Gäste wagen tatsächlich den kurzen Sprung ins eiskalte Wasser. Wer diese Aktivität gebucht hat, muss ein höchstens ein Jahr altes EKG vorlegen. „Wir bieten den Sprung bis zu einer Wassertemperatur von minus 1,8 Grad Celsius an. Länger als zehn Sekunden, allerhöchstens eine Minute sollte man nicht im Wasser sein", sagt Laura und freut sich über die vergnügt aus dem Wasser steigenden Eisbader.

Nach einem Abendprogramm mit Inuit-Tanz nimmt das Schiff wieder seine Fahrt auf. Zum Dinner empfiehlt der Sommelier einen Château-Grillet, Jahrgang 2018, zum stolzen Preis von 340 Euro. Auf Wunsch werden Thai Curry mit Basmatireis, Lamm oder Seeteufel-Medaillons mit Kokosnuss-Soße serviert. Andere Gäste sitzen bereits in der Panorama-Bar auf Deck 9 und genießen bei klassischer Musik – Leopold Mozarts „Musikalische Schlittenfahrt" –, wie die Le Commandant Charcot krachend und in sicherer Entfernung an einem festgefrorenen Eisberg vorbeifährt. Da ertönt plötzlich die Stimme von Kapitän Garcia aus den Lautsprechern. „Polar bear starbord side! Polar bear starbord side!" Es ist nur eine von insgesamt 22 Eisbärsichtungen auf dieser besonderen zwölftägigen Expeditionskreuzfahrt. EDGAR S. HASSE

EISBAD: Wer an Bord des Schiffes in den gewärmten Pool springt, kann wesentlich länger baden als jene, die es tatsächlich im Meer bei minus 1,8 Grad versuchen

DEUTSCHSPRACHIG
BEGLEITETE KREUZFAHRT

CAPE HORN MARINER

Rio De Janeiro nach Santiago De Chile

24 Tage | 21. Januar 2024 – *MARINA*

PREISE PRO PERSON IN DER DOPPELKABINE*		
VERANDA	CONCIERGE	PENTHOUSE
ab 8.119 €	**ab 8.759 €**	**ab 11.469 €**

Wählen Sie aus:

GRATIS 8 Landausflüge

GRATIS Getränkepaket

GRATIS US$ 800 Bordguthaben

Zusatzleistungen verstehen sich pro Kabine

EXPERTEN TIPP:

Port Stanley, Falklandinseln | Brechen Sie auf zu einem Abenteuer auf dieser Insel im Südatlantik, besuchen Sie eine Pinguinkolonie, halten Sie Ausschau nach Albatrossen und Raubmöwen, oder besuchen Sie eine große Schaffarm.

DEUTSCHSPRACHIG
BEGLEITETE KREUZFAHRT

VIKING SHORES

Reykjavik nach Hamburg

14 Tage | 17. Juli 2024 – *SIRENA*

PREISE PRO PERSON IN DER DOPPELKABINE*		
VERANDA	CONCIERGE	PENTHOUSE
ab 7.249 €	**ab 7.689 €**	**ab 10.889 €**

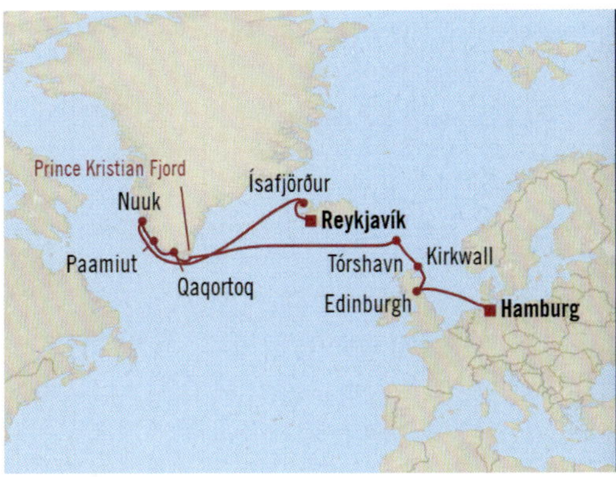

Wählen Sie aus:

GRATIS 8 Landausflüge

GRATIS Getränkepaket

GRATIS US$ 800 Bordguthaben

Zusatzleistungen verstehen sich pro Kabine

EXPERTEN TIPP:

Nuuk, Grönland | Nuuk, die größte Stadt Grönlands, ist das kulturelle und wirtschaftliche Zentrum des Landes. Erleben Sie Grönlands Geschichte und Kultur im Nationalmuseum, im Nuuk Museum of Art sowie im Katuaq Culture Centre. Das ausgedehnte Fjordsystem ist die Heimat vieler Wale, und die Region wird von Robben, Rentieren, Polarfüchsen, Schneehasen und Raben bevölkert.

*Die aktuellen Angebotsbedingungen und AGB des Reiseveranstalters Oceania Cruises auf: www.oceaniacruises.com.
Alle Angaben sind ohne Gewähr sowie vorbehaltlich Änderungen und Verfügbarkeiten. Tagesaktuelle Preise - diese können variieren.

GEREIST & GETESTET

HOCHSEE

NORDSEE, NICHT SÜDSEE: Manche Bilder sind zeitlos schön, auch wenn sich die Reederei-Farben dieses Schiffes inzwischen geändert haben

Foto: iStock/getty images

SONNIGER TAG AUF CASTAWAY CAY: Disneys private Insel auf den Bahamas lockt mit türkisblauem Wasser, Palmen, zahlreichen Aktivitäten und BBQ-Buffet die Gäste von Bord

MAKE A WISH

DAS JÜNGSTE SCHIFF VON DISNEY CRUISE LINE, DIE IN PAPENBURG GEBAUTE DISNEY WISH, VERZAUBERT IHRE PASSAGIERE SCHON BEIM EINSTEIGEN. DENN HIER GEHT ES KEINESWEGS NUR UM MICKY MAUS UND CO.

VON ANTONIA ISABEL SCHULZ (TEXT & FOTOS)

Foto: Disney

Port Canaveral, kurz vor 12 Uhr mitten im Juli. Draußen ist es heiß und drückend schwül, wie so oft in Florida zu dieser Jahreszeit. Am Pier liegt das brandneue Schiff des Micky-Maus-Konzerns Disney. Dort drinnen, hoch oben auf dem Balkon der sich über drei Decks erstreckenden und auf angenehme Temperaturen gekühlten Grand Hall, begrüßen Cinderella und Prinz Charming winkend und lächelnd alle Neuankömmlinge.

Die Lichter an der Decke und der aus Sternen geformte Kronleuchter funkeln, als würde der Cruiseliner selbst sich über den Besuch freuen. Und auch die Crew ist voll dabei. Jeder Gast wird märchenhaft empfangen. Es ist wie der Schritt durch einen magischen Schleier. Während man sich auf der Gangway, die Disneys Kreuzfahrtterminal mit dem Schiff verbindet, noch in einer eher tristen Alltagswelt befindet, führt der Schritt über die Schwelle den Gast mitten hinein ins maritime Wunderland.

„Willkommen! Darf ich deinen Namen erfahren?" Kevin strahlt, als hätte er nur auf einen persönlich gewartet – ein Moment, der bei Disney-Fans das Herz auf Hochtouren schlagen lässt. „Dann pass auf, das hier wirst du lieben!" Nur einen kurzen Augenblick später ertönt über die Lautsprecher Kevins Stimme, und durch die glitzernde, helle Empfangshalle tönt ein lautes: „Herzlich willkommen, Antonia, an Bord der Disney Wish!"

Fünf Monate sind zu diesem Zeitpunkt seit dem Ausdocken der Disney Wish in Papenburg vergangen. Dort, bei der Meyer Werft, wurde das 341 Meter lange Kreuzfahrtschiff gebaut. Vom äußeren Farbkonzept her angelehnt an Disney Magic, Disney Wonder, Disney Dream und Disney Fantasy, schob sich der Ozeanriese mit schwarzem Rumpf und roten Schornsteinen an einem verregneten Wintertag aus Halle 6 der Werft, um erstmals Wasser unter den Kiel zu bekommen.

Die Wish ist der dritte und bislang größte Disney-Liner, der in Deutschland gebaut wurde. 2024 und 2025 sollen noch zwei weitere, technisch weitgehend identische Schiffe aus der Meyer Werft zur Flotte dazustoßen. Eine Premiere für Disney ist der Antrieb mit Flüssiggas (LNG), der hier erstmals bei den Amerikanern zum Einsatz kommt.

Was macht eine Fahrt mit Disney Cruise Line eigentlich so besonders? Geht es hier die ganze Zeit nur um Captain Micky oder – wie auf der Disney Wish – Captain Minnie, also vor allem einen großen Spaß für Kinder? „Da gehen Vorstellung und Realität vorab meistens weit auseinander", sagt Iris, die im Sales Team bei Disney Parks & Resorts in München arbeitet. Viele würden bei einer Disney-Kreuzfahrt zunächst an einen quietschbunten Freizeitpark auf See denken, der den Nachwuchs begeistert, jedoch die Erwachsenen weitgehend außen vor lässt. Doch bereits nach wenigen Stunden an Bord zeigt sich, wie wenig dies mit der Realität zu tun hat – auch wenn der Anreisetag mit einer fröhlichen Show im Theater abgerundet wird. Goofy übernimmt dabei kurzfristig den Posten als Kapitän und entscheidet, einige bekannte Freunde zu besuchen.

Disney-Akzente und -Details sind natürlich zahlreich gegeben und beglücken eingefleischte Kenner täglich aufs Neue. Doch reichen die Anspielungen weit über Micky Maus und Co. hinaus, zudem ist der Stil des Schiffes – mit wenigen Ausnahmen – klassisch und luxuriös gehalten, er erinnert eher an Art-déco-Design als an einen bunten Spielplatz. So umspielen viele der Outlets die geliebten Geschichten mehr, als dass sie einem gleich auf dem Silbertablett serviert werden. Jemand, der nicht jeden Disney-Film mitsprechen kann, mag sogar manche Anspielung überse-

„A dream is a wish the heart makes – Ein Traum ist ein Wunsch deines Herzens" (aus dem Disney-Film „Cinderella" von 1950)

CAPTAIN MINNIE & CAPTAIN MICKY: Auf der Disney Wish haben die beiden Kult-Charaktere wortwörtlich das Ruder in der Hand und sorgen mit altbekannten Freunden für magische Momente, erstklassiges Entertainment und jede Menge Spaß

hen und sich bloß grundsätzlich an der Gestaltung erfreuen. Da heißt zum Beispiel die Bar, die an den Zeichentrickfilm „Küss den Frosch" angelehnt ist, „The Bayou" und bringt mit geschickter Dekoration die Sumpflandschaften rund um New Orleans, die Dreh- und Angelpunkt dieses Films sind, an Bord. Außerdem bietet die Karte neben Cocktails und anderen Drinks auch süße Beignets, vielleicht sogar nach Prinzessin Tianas Geheimrezept. Das „Cove Café" im Erwachsenenbereich auf Deck 13 baut thematisch auf dem Film „Vaiana" (im Englischen „Moana") auf, könnte so eins zu eins aber auch auf einem Schiff anderer Reedereien zu finden sein.

Wer den Weg zurück durch die Grand Hall geht, die auf der Disney Wish als zentraler Treffpunkt dient, kommt zu einem der drei Hauptrestaurants. Im „1923" – das ist jenes Jahr, in dem die Walt Disney Company gegründet wurde – schmücken skizzenhafte Zeichnungen klassischer Disney-Charaktere die Regale. Via App findet der Gast zudem noch heraus, ob er bei seiner Reservierung auf der „Walt Disney"- oder „Roy Disney"-Seite Platz nehmen muss.

Die Disney Wish verfügt über 1.254 Kabinen, wovon mit 70 Prozent die Verandakabinen den größten Anteil ausmachen. Die Anzahl an Suiten wurde erheblich erhöht im Vergleich zu den Schwesterschiffen. So zählen ungefähr 70 Kabinen zum „Concierge"-Level, inklusive der „Wish Tower Suite", die sich im vorderen Schornstein befindet. Wie bereits bei den anderen vier Schiffen der Flotte verfügt nur einer der beiden roten Schornsteine über echte Funktionen, während der andere das ästhetische Außenbild lediglich vervollständigen soll. Bei der Disney Wish wurde dieser Platz nun erstmals für eine über zwei Stockwerke gehende Luxussuite mit 182 Quadratmetern genutzt.

Die Kabinen locken im Sinne der durchgängigen „Enchantment"-Idee an Bord mit verzaubernden Details und magischem Charme. Jede von ihnen ist einem von vier unterschiedlichen Themen zugeordnet, erkennbar an einem entsprechenden Kunstwerk am Kopfende des Bettes und einem farblich abgestimmten Flurkonzept. „Fairytale Castle" lockt mit violetten Akzenten und einem Bild aus „Cinderella" oder der „Eiskönigin". „Forest & Animals" taucht das Deck in warme Grüntöne und erwartet den Gast mit einer Abbildung von „Küss den Frosch" oder „Dornröschen". Passend zum maritimen Flair einer Kreuzfahrt gibt es das Thema „Spirit of the Sea", das „Arielle, die Meerjungfrau" oder „Vaiana" ins Schlafzimmer holt. „Concierge"-Kabinen – das ist Disneys Suitenkategorie – haben zwei unterschiedliche Bilder von „Rapunzel – Neu verföhnt" (Originaltitel: „Tangled") integriert.

Doch ein Kreuzfahrtschiff lebt nicht nur von seiner Innenarchitektur. Es ist vor allem die Crew, die an Bord

HIER STIMMEN DIE DETAILS:
Ein Disney-Motiv nach Wahl im doppelten Cappuccino – an Bord der Disney Wish erfreuen selbst die Kleinigkeiten

STIMMUNG IN DER KABINE:
Über dem Bett erinnert ein großes Bild daran, dass man auf einem Schiff von Disney unterwegs ist. Es gibt vier Kategorien und eine Schornstein-Suite

Foto: Disney

alles dafür gibt, dass der eigene Urlaub unvergesslich wird. Das Betreten des Schiffes gibt also nur den Startschuss für den sehr persönlichen Gästeservice, dieser Ansatz wird auch über die restliche Zeit der viertägigen Kreuzfahrt wie ein Leitkonzept verfolgt. Heißt das Motto auf Schiffen oft „Mach es persönlich", nimmt Disney Cruise Line die nächste Stufe mit „Mach es noch persönlicher".

Beim Einzug hilft Kabinensteward Florence mit den Koffern und stellt sich offiziell vor. In den kommenden Tagen frischt er die Kabine jeden Morgen auf und überrascht jeden Abend mit einer neuen Handtuchtier-Kreation auf dem Bett. Barista Julian aus dem „Cove Café" weiß bereits beim zweiten Besuch, dass das mit Latte-Art kreierte Disney-Motiv im doppelten Cappuccino nicht fehlen darf, und winkt später freudig, als er durch die Fenster des Beauty-Salons guckt, während Susana gerade die „Feuer & Eis Pediküre" im Massagesessel verabreicht. Schnell wird klar: Obwohl bis zu 4.000 Passagiere auf diesem Schiff Platz haben, ist man hier bei den 1.555 Crewmitgliedern nicht irgendwer, nicht irgendein Gesicht unter vielen. Jeder Gast wird erinnert, bedacht und individuell umsorgt. Man bekommt das Gefühl, als sei man selbst die Disney-Prinzessin oder der Prinz im eigenen Märchen. Bloß ohne böse Stiefmutter, die als Antagonistin den Urlaub ruinieren will.

So eine Strategie kann nur gelingen, wenn die Prozesse sauber abgestimmt sind. Ein Beispiel dafür ist Disneys „Rotational Dining" – also rotierendes Dinieren. Dieses findet an Bord der gesamten Disney-Flotte statt. An jedem Abend wird in einem der drei Hauptrestaurants gespeist, die Reservierung beim Antritt der Cruise ist bereits automatisch in der App hinterlegt. Das Besondere: Jeden Abend hat man mit seiner Reisebegleitung dieselbe Tischnummer und dieselben Kellner. Nicht nur die Gäste rotieren durch die Restaurants, um die besonderen Dinner Experiences zu erleben, sondern auch die Servicekräfte. Sie sind allabendlich erneut zur Stelle und können schnell eine persönliche Bindung zum Passagier aufbauen.

So ist bereits am Anfang der Reise klar, dass John auch am zweiten und dritten Abend wieder seine Empfehlung auf der Karte zeigen wird. Und Malica merkt sich den Wein, der gerne getrunken wird, um ihn bei Bedarf erneut zu servieren.

VIEL ZU ENTDECKEN:
Ob drinnen in der Grand Hall – dem zentralen Treffpunkt des Schiffes – oder draußen auf dem weitläufigen Pooldeck, die Bedürfnisse der Gäste werden auf 341 Meter Länge vielfältig bedient

Foto: Disney

PIRATEN-PARTY MIT CAPTAIN REDD:
Am Abend des Seetages wartet auf die Gäste ein rockiges Piratenspektakel mit Live-Musik, Akrobatik, Special Guests und Feuerwerkshow

Das Essen, auszuwählen aus verschiedenen Menüvorschlägen, ist in den drei Hauptrestaurants immer inklusive, lediglich die Getränke kosten einen Aufpreis. Während man sich im „1923" eher an Gesprächen erfreut, geht es im „Worlds of Marvel" mitten hinein in die Superhelden-Welt. Hier hilft der Gast dann „Ant-Man" per tischeigenem „Quantum Core" dabei, das von Schurken bedrohte Schiff durch Schrumpfen und Vergrößern zu retten. Zudem begleiten einen auf den Monitoren Filmsequenzen mit altbekannten Lieblingscharakteren, die neu gedreht wurden.

Im „Arendelle – A Frozen Dining Adventure" darf sich derweil etwas zurückgelehnt werden, denn es steht eine Hochzeit an! Anna und Kristof haben sich verlobt, und Oaken plant nun die ultimative Verlobungsfeier, bei der alle eingeladen sind. Das Restaurantkonzept verbindet somit Abendessen mit dynamischen Musical-Inhalten, die über die kleine Bühne hinaus bis hin zum Gästetisch gehen.

Wer möchte, kann auch à la carte gegen Aufpreis in einem der zwei luxuriösen Restaurants „Enchanté" oder „Palo Steakhouse" im Adults-only-Bereich dinieren. Dort haben Erwachsene gänzlich kinderfrei, im Gegensatz zum Buffet-Restaurant „Marceline Market", wo es zum Frühstück leckere Eggs Benedict und zu Micky Maus geformte Waffeln gibt, aber auch eine Seafood Bar und tagesaktuelle Speisen zum Mittagessen. Ein weiterer beliebter gastronomischer Anlaufpunkt ist die Streetfoodmeile „Mickey and Friends Festival of Foods" auf dem Pooldeck, dort findet man Rippchen, Burger, Softeis sowie Mac & Cheese. Beides mit eigener Softdrink- und Kaffeestation, die ebenfalls vom All-inclusive-Konzept abgedeckt sind.

Das Routing der Disney Wish entspricht dem typischen Urlaubsverhalten der Amerikaner, die für sieben- oder gar 14-tägige Reisen vor der eigenen Haustür oft keine Zeit haben. So legt das neue Schiff vom Heimathafen Port Canaveral zunächst zu drei- und viertägigen Reisen auf die Bahamas ab. Die kurze Tour mit der Disney Wish wird mit einem Seetag eingeläutet, was Raum und Zeit schafft für Gäste, die zahlreichen Aktivitäten an Bord kennenzulernen. Verlangt das tropische Wetter in der Region nach einer Abkühlung, ist zum Beispiel „AquaMouse" die richtige Wahl, ein etwa 230 Meter langer Wasserrutschenspaß, der zusätzlich mit animierten Showsequenzen, Lichteffekten und weiteren Überraschungen im Inneren der Röhre aufwartet. Auf dem Außendeck gibt es sechs Pools, in denen Groß und Klein baden können, während auf der Leinwand im Hintergrund Disney-Filme laufen. Familien mit Kleinkindern finden im thematisch an „Toy Story" angelehnten Bereich eine Spritzzone, die auf die Bedürfnisse der Jüngsten an Bord abgestimmt ist. Am anderen Ende des Schiffes befindet sich der nur für Erwachsene zugängliche Bereich mit einem gläsernen Infinity-Pool, Bar und Café sowie luxuriös gepolsterten Liegen. Und natürlich gibt es auf einem Schiff wie diesem auch das „Senses Spa" für die ultimative Entspannung mit Ruhezone drinnen und draußen.

> Verlangt das Wetter Abkühlung, ist zum Beispiel „AquaMouse" die richtige Wahl

Die Aufteilung und Vielfalt der einzelnen Bereiche – es gibt auch noch zwei Kinos und den „Hero Space" für Familien – ist kein Zufall, so wie auch keines der großen und kleinen Details an Bord eines ist. Das verrät zumindest Claire Weiss, Interior Designer Principal und Teil des Disney Imagineering

„WORLDS OF MARVEL"-RESTAURANT:
Hier gibt es nicht nur Spezialitäten aus dem Marvel-Universum, sondern auch eine exklusive, interaktive Kinoerfahrung beim Abendessen mit „Ant-Man" in der Hauptrolle

Team in Papenburg. Sie betont: „Wenn man etwas entdeckt und sich fragt: Ist das Absicht? Dann lautet die Antwort immer: Ja, das ist Absicht!" Nichts auf diesem rund 900 Millionen Dollar teuren Schiff ist aus einer Laune heraus entstanden.

Am Abend des Seetages lockt es die Gäste nicht wie gewohnt ins zweistöckige Theater, es findet nämlich ganz nach Disney-Cruise-Tradition die „Pirates Parley Party" auf dem Pooldeck statt. Zu rockigen Beats wird getanzt, ehe Captain Jack Sparrow persönlich einen spektakulären Sprung vom roten Schornstein auf die Bühne hinlegt. Beendet wird der Abend mit einem bunten Feuerwerk auf hoher See – das große Finale der traditionellen Piratenparty.

An Tag drei begrüßt türkisblaues Wasser die Gäste der Disney Wish, sie macht halt auf der privaten Reederei-Insel Castaway Cay mitten auf den Bahamas. Diese Insel ist fast immer Bestandteil der Bahamas-Kreuzfahrten und auch nur mit Disney Cruise Line besuchbar. Das kleine, überschaubare Eiland unterteilt sich in verschiedene Bereiche, die durch gemütliche Fußwege oder einen Shuttle verbunden sind. Alternativ kann man sich auch ein Fahrrad leihen und so die Insel erkunden.

Am Familienstrand wartet ein ausgewiesener Schnorchelbereich, der neben tropischen Fischen und Korallen die eine oder andere Überraschung bereithält. Wer sich also schon immer mal wie „Arielle" in ihrer geheimen Wunderhöhle fühlen wollte, sollte die Augen offen halten. Gegen Aufpreis kann an anderer Stelle Bekanntschaft mit Rochen gemacht werden, oder man lehnt sich einfach zurück, lässt sich eine Mimosa an den Liegestuhl bringen und genießt nur die frische Meeresluft.

Foto: Disney

GROSSE „ARIELLE"-SHOW: Ein Highlight ist die neue Musical-Inszenierung „The Little Mermaid". Sie bringt die Geschichte der Meerjungfrau „Arielle" live auf die Bühne

Zur Mittagszeit wird ein großzügiges BBQ-Buffet aufgebaut, welches neben Rippchen, Burgern und Co. auch frisches Obst und süße Naschereien bereithält. Dies gehört zum All-inclusive-Konzept ebenfalls dazu und ist somit im Reisepreis inbegriffen. Lediglich alkoholische Getränke wie Cocktails oder besondere Smoothies kosten einen Aufpreis. Die Wege, die verschiedene Sektionen an Land verbinden, werden durch kleine Hütten gesäumt, die exklusive Merchandiseprodukte oder handliches Strandzubehör offerieren. Hier lässt es sich in Ruhe stöbern und nach Souvenirs für die Liebsten zu Hause suchen.

Am anderen Ende der Insel befindet sich die „Serenity Bay", die wie die „Quiet Cove" an Bord ausschließlich dem erwachsenen Publikum vorbehalten ist. Dort gibt es neben einem weiteren gastronomischen Bereich einen langen, ruhigen Sandstrand mit Liegen und privaten Cabanas, die gegen eine Extragebühr gemietet werden können.

Wer sich entscheidet, im Juli auf die Bahamas zu reisen, muss allerdings auf eine ausgeprägte Hitze gefasst sein. Das kristallklare Wasser hat sich dann schon ordentlich aufgeheizt und bietet kaum Abkühlung, sodass schon nach einigen Stunden der Weg zurück zum Schiff – und damit zur Klimaanlage – durchaus verheißungsvoll ist. Auch hier zeigt sich die Crew der Disney Wish mal wieder vorbereitet. Bei Ankunft am Anleger wartet bereits eine Getränkestation mit Gurken-, Zitronen- oder normalem Wasser zur Abkühlung, es werden großzügig gekühlte Handtücher verteilt, die endlich etwas Erfrischung bringen.

Gegen 17 Uhr legt die Disney Wish wieder ab und lässt Castaway Cay hinter sich. In der Zwischenzeit machen sich die Gäste bereit, um entweder zu ihrer Essensreservierung oder zur Show zu gehen. Hier gibt es immer zwei parallele Slots: Wer spät isst, geht früh ins Theater – und umgekehrt. So wird die Auslastung der einzelnen Restaurants gleichmäßig verteilt.

Passend zum neuen Schiff ist eine neue Theaterinszenierung auf Broadway-Niveau konzipiert worden, sie trägt den Titel „The Little Mermaid" und erzählt die Geschichte der Meerjungfrau „Arielle". Alle Kostüme für das Stück wurden aus Abfällen und Resten gefertigt, um ein Zeichen in Sachen Ressourcenschonung und gegen die Verschmutzung der Weltmeere zu setzen.

Doch so, wie man irgendwann aus schönen Träumen erwacht, kommt auch an Bord dieses Schiffes ein solcher Zeitpunkt, nämlich bei der Rückkehr nach Port Canaveral. Den Koffer hinter sich herziehend und die Türen zur Grand Hall mit jedem Schritt durchs Cruiseterminal weiter hinter sich lassend, scheint der Alltagsschleier zurückzukommen, der zu Beginn der Reise so plötzlich von einem abgefallen war. Aber all die Eindrücke, faszinierenden Details, netten Gespräche und freundlichen Gesichter lassen das Kopfkino noch lange nachflimmern. Und auch das zauberhafte Lächeln im Herzen, das bleibt.

SO SCHMECKT MEIN SCHIFF

VOM GROSSEN BUFFET-RESTAURANT „ANCKELMANNSPLATZ“ AUF DECK 12 BIS ZUM STEAKHOUSE „SURF & TURF“ AUF DECK 5: PASSAGIERE VON TUI CRUISES HABEN DIE WAHL UNTER ZWÖLF RESTAURANTS. WIR HABEN IMMERHIN DIE HÄLFTE DES KULINARISCHEN ANGEBOTS DER MEIN SCHIFF 6 DURCHPROBIERT

VON UWE BAHN (TEXT & FOTOS)

GROSSE AUSWAHL: Zwölf Restaurants gibt es an Bord der Mein Schiff 6. Sie fährt seit 2017 für TUI Cruises und war bei dieser Reise in der Ostsee unterwegs

A

All you can eat – Essen bis zur Atemnot. Die Versuchung ist groß auf einem Schiff. Bei TUI Cruises ganz besonders, setzt die Reederei doch auf ein „Inklusive"-Konzept. Bei Food & Beverage gehen die meisten Drinks aufs Haus, Pardon, aufs Schiff. Wer will, der kann sich in den Bars vom Aperol Spritz bis zum Sex on the Beach alphabetisch durch die Getränkekarte trinken. Das Bordhospital ist übrigens auf Deck 3. Bei den Restaurants sieht das schon anders aus. Buffet ist Vollpension, wer Spezialitäten möchte, zahlt hinzu. Unsere kulinarische TUI-Tournee ist eine Kombination aus free und charge.

DAS AUGE ISST MIT: Bei diesem Ausblick auf die Schären schmeckt das Frühstück doppelt gut

Atlantik

Die Gratis-Alternative zum hektischen „Anckelmannsplatz". Hier wird auf zwei Ebenen am Tisch serviert. Die untere auf Deck 3 heißt „Atlantik Klassik", die obere, in der wir sitzen, „Atlantik Mediterran". Da bekanntlich jeder Gang schlank macht, bestellen wir ein Menü mit fünf Gängen. Vorspeise, Suppe, Zwischengang, Hauptgang, Dessert. Dabei hüpfen wir zwischen den Positionen der Karte kreuz und quer hin und her. Etwas Veganes zum Einstieg, ist ja trendy und gesund. Sehr schmackhafte Spaghetti carbonara danach, dann als Hauptspeise ein Hummerragout, bei dem das Auge nicht unbedingt mitessen möchte. Aber insgesamt sehr solide Kost, die für ein Volumen-Restaurant okay ist. Zukünftig sollen „Mediterran" und „Klassik" zusammengelegt werden. Dann bitte die Tischdecken von Deck 3 mitbringen, die fehlen auf Deck 4.

Backstube

Am nächsten Morgen sind wir die „Early Birds", denn die Mein Schiff 6 fährt durch den Schärengarten von Stockholm. Wir passieren Tausende von kleinen Inselchen auf dem Weg in die schwedische Metropole. Dazu das frühe Frühstück in der „Backstube" auf Deck 12. Die öffnet bereits um 6.30 Uhr. Die Bordbäcker im Background sind schon länger am Start, denn sie können die Nachfrage kaum decken. Was uns dort an Brot gereicht wird, ist ein Fall für die Drogenfahndung: Das Artisan-Brot macht abhängig. Davon kann sich jeder Bäcker an Land eine Scheibe abschneiden! Wir türmen die köstlichen Krusten auf unserem Teller, dazu Olivenöl, Tomaten, Salz, Pfeffer. So frühstücken wir mit Blick auf eine der schönsten Passagen der Kreuzfahrt überhaupt. Wer will – und wir wollen –, bestellt das Artisan-Brot am Vorabend der Abreise vor, kann es dann am nächsten Morgen im Brotbeutel mit nach Hause nehmen. Für knapp fünf Euro. Haschisch ist teurer. Am Ende dieser Zeilen gibt es das Originalrezept zum Nachbacken.

Hanami by Tim Raue

Der gläserne Diamant im Heck der Mein Schiff 6 ist die Heimat der Spezialitätenrestaurants. Wer hier auf Deck 4 und Deck 5 speist, zahlt extra. Sternekoch Tim Raue steht natürlich nicht am Herd, ist aber kulinarischer Berater und hat das japanisch-chinesische Konzept fürs „Hanami" geliefert. Das asiatische Menü für 45 Euro heißt „Ruam Gan", was so viel bedeutet wie „gedeckter Tisch". Auf den kommt erst mal der Snack-Klassiker Edamame, dann die ganze Sushi/Sashimi-Palette. Basics. Danach beginnt das Roulette. Hier haben wir schon vor Begeisterung mit Stäbchen geklappert, so delikat waren die Speisen. Heute haben wir auf die falsche Zahl gesetzt: Das Rinderfilet Tataki ertrinkt in einer Trüffelrahmsauce, die mild sein soll. Etwas zu mild.

VON TIM RAUE INSPIRIERT:
Der bekannte Berliner Sterne-Koch verantwortet auf der Mein Schiff 6 das Konzept des Restaurants „Hanami"

FÜR FLEISCHLIEBHABER:
Im „Surf & Turf" wird zwar das Essen auf Wunsch gepfeffert, die Preise sind es zum Glück aber nicht

Momentaufnahme. Wir wissen ja, dass sie es besser können. Allerdings sind sie von der Sterneküche doch ein paar Seemeilen entfernt. Vielleicht haben wir aber auch einfach nur zu viel Artisan-Brot vorher gegessen.

Osteria

Der Borditaliener auf Deck 5 ist eine Kombination aus „free pasta" und „paid pasta". Ach ja, Pizza haben sie auch. Die ist als Margherita oder Prosciutto gratis, mit Belägen wie Gorgonzola, Parmaschinken oder Salsiccia kostet es einen kleinen Aufpreis. Hier lässt sich in guter Qualität lunchen von 12 bis 14.30 Uhr. Und es ist entspannt – wer möchte, nimmt sich sein Stück Italien mit nach draußen zu den seitlichen Außenplätzen mit Blick auf die Tenderboote. Die Pasta-Standards wie carbonara, bolognese und al Forno sind gratis und werden am Tisch serviert. Raffinierte Ravioli oder besondere Extrawürste kosten knappe sechs Euro mehr. Besonderer Tipp: die Dessertvariation „Osteria" mit Espresso-Cantuccini, Pannacotta, gefülltem Windbeutel und Cassata. Eine sündige Nachspeisenplatte für 7,50 Euro. Wer das noch auf die Spitze treiben will, der besucht genau gegenüber das „Tag & Nacht" und bestellt sich um drei Uhr in der Frühe einen Burger. So lässt sich der kommende Kater aus der Abtanzbar vielleicht doch noch vertreiben.

Diese Snackstation hat nur eine Stunde am Tag geschlossen. Von 5 bis 6 Uhr früh. Da macht dann auch bereits das Fitnessstudio auf, was an dieser Stelle nicht unerwähnt bleiben soll …

Surf & Turf

Es ist der Klassiker der Spezialitätenrestaurants bei TUI Cruises. Schon auf dem ersten Schiff 2010 gab es das Steakhouse. Hier wird das Fleisch nicht erst auf der Zunge zelebriert, sondern schon vorher. In großen Schauvitrinen im Gang baumelt es gut abgehangen. Heute schwingen die fleischigen Rechtecke etwas heftiger, draußen auf der Nordsee ist es stürmisch, die Wellen sind gute fünf Meter hoch. Trotzdem ist das „Surf & Turf" gut gebucht, und die Zeremonie nimmt Fahrt auf. Vor uns klappt die Bedienung einen Kasten mit fein verzierten Steakmessern auf. Wir dürfen aus sechs Exemplaren eines auswählen. Danach beginnt die kleine Salzkunde am Tisch. Welche Mühle darf es sein, denn das Pommernrind kommt – wie jedes gute Steak – ungesalzen auf den Tisch. Da wäre das Inka-Sonnensalz aus den Hochebenen der peruanischen Anden. Oder vielleicht das persische Blausalz aus dem Iran. Das rosa Himalajasalz, das traditionell von Hand abgebaut wird, ist die dritte Option. Wir entscheiden uns für Nummer vier: Es wird in einer Manufaktur über Buchenholz kalt geräuchert und heißt „Dänisches Rauchsalz". Wir waren gerade in Kopenhagen, das nehmen wir. Support the locals! Diese Aufgabe hat auch Küchenchef Hosam El Nemer. Manchmal. Obwohl das meiste unter Deck gelagert wird, soll es an Bord immer auch ein paar regionale Produkte geben. Zumindest in den Spezialitätenrestaurants, von denen wir das „Schmankerl" auf dieser Reise nicht mehr schaffen.

X-Lounge

Restaurant Nummer sechs ist Treffpunkt der Suitengäste vorne auf Deck 14 mit fantastischem Panoramablick. Abends ab 19 Uhr wird hier zum Dinner gedeckt, tagsüber gibt es ein kleines, feines Büfett mit Snacks. Sushi und Kaviar sind dabei die Grundnahrungsmittel, der Orangensaft wird frisch gepresst, den Cappuccino gibt es wahlweise auch mit Sojamilch. Und Champagner bereits zum Frühstück – wer möchte. Aber das Highlight versteckt sich in einem kleinen Körbchen unter einer weißen, großen Serviette: Artisan-Brot! Natürlich, was sonst. Da wir wissen, dass in dubiosen Wohngemeinschaften heimlich Hanf angebaut wird, können Sie auch das Brot selbst backen. Hier ist das Rezept. Übrigens mein Michelin-Stern geht an die „Backstube".

ARTISAN-BROT
Ein Genuss, den man auch mit nach Hause nehmen kann

REZEPT FÜR DREI KLEINE ARTISAN-BROTE

- **945 g Weizenmehl Type 550**
- **455 g Weizen-Vollkornmehl**
- **35 g Salz**
- **3,5 g Trockenhefe (1/2 Tütchen)**
- **1.120 g Wasser**

Die trockenen Zutaten vermengen. Das handwarme Wasser (38 °C) hinzufügen. Den Teig mit einer Küchenmaschine auf mittlerer Stufe 15 Minuten kneten, bis eine homogene, kompakte und elastische Masse entsteht. Den Teig eine Stunde bei Zimmertemperatur gehen lassen, kurz durchkneten, eine weitere Stunde gehen lassen, erneut durchkneten und über Nacht im Kühlschrank ruhen lassen.

Vorsichtig (ohne zu kneten) in drei runde Laibe falten und mit dem Schluss (das faltige Ende) nach unten in mit Mehl bestäubte, mit Tuch ausgelegte Schüsseln geben. Diese an einem warmen Ort nochmals gehen lassen, aus den Schüsseln stürzen und in einem Pizzaofen oder Ofen mit Pizzastein bei 260 °C backen. Nach 30 Min. auf 210 °C reduzieren und weitere 40 Min. backen. Dann essen und wieder von vorne beginnen.

COOL BRITANNIA:
Der Pavillon Pool auf Deck 9 ist in warmen Regionen vor allem an den Seetagen beliebt

WER EINE WOCHE MIT DER QUEEN ELIZABETH VON BARCELONA AUS DURCHS WESTLICHE MITTELMEER REIST, ERLEBT EINEN MIX AUS MEDITERRANEM FLAIR UND BRITISCHEM GEIST

VON MARLIES FISCHER (TEXT & FOTOS)

EINE KÖNIGIN

D

Die Durchsage von Kapitän Stephen Howarth kommt am zweiten Abend um 18 Uhr. Leider erlaube es die Wetterlage nicht, wie geplant die Häfen Cannes und Livorno anzulaufen und dort an Land zu gehen. Windstärke 7 bis 8 steht dagegen. An der französischen Riviera hätten die Gäste Tenderboote benutzen müssen. „Da gibt es Betriebsgrenzen für unsere Beiboote und den Ponton", so der Kapitän. Stattdessen stehe noch ein Seetag an, und man nehme Kurs auf Portoferraio auf der italienischen Insel Elba. „Wir entschuldigen uns dafür, dass die Änderungen notwendig waren, aber die Sicherheit hat wie immer Priorität und ist unser größtes Anliegen", sagt Howarth.

Die Natur hat das letzte Wort bei jeder Aktivität, die von Wind und Wetter abhängig ist. So auch bei dieser einwöchigen Mittelmeer-Kreuzfahrt von und nach Barcelona auf der Queen Elizabeth der Reederei Cunard. Während die Verantwortlichen an Bord und an Land in Hamburg oder Southampton neu planen, disponieren und organisieren, genießen die Passagiere alle Annehmlichkeiten, die das 294 Meter lange und 32,3 Meter breite Schiff auf zwölf Decks trotz der etwas rauen See bietet.

Die Queen Elizabeth, gebaut in Italien und am 11. Oktober 2010 von Königin Elizabeth II. in Southampton getauft, ist kein schwimmendes Hochhaus mit Wasserrutsche und Vergnügungspark, sondern ein Kreuzfahrtschiff in Cunard-typischer Farbgebung – schwarzer Rumpf, roter Schornstein –, mit eleganten Linien und gediegener Ausstattung. 1045 Unterkünfte in 24 verschiedenen Kategorien stehen zur Verfügung: von der kleinen Innenkabine ohne Tageslicht über Außen- und verschiedene Balkonkabinen bis hin zu luxuriösen Suiten wie der Charles Suite, die auf 80 Quadratmetern Wohn- und Essbereich, Schlafzimmer, Küchenzeile, mehrere Bäder und einen sehr großzügigen Balkon bietet.

In jeder Kabine, hier an Bord State Room genannt, wartet eine Flasche Sekt zur Begrüßung. Bademäntel, Kühlschrank und Safe, kostenpflichtiges WLAN sowie Tee- und Kaffeezubereitungsmöglichkeiten sind vorhanden. Überall finden sich helles Holz, großzügiger Stauraum mit ausreichend Kleiderbügeln, flauschiger Teppichboden und

bequeme Betten. Die Bäder sind mit Dusche oder Wanne ausgestattet, Pflegeprodukte stehen bereit. Und in allen Kabinen kann man sich das Frühstück oder einen nächtlichen Imbiss ans Bett bestellen. Gut 1.000 Crewmitglieder kümmern sich um mehr als 2.000 Passagiere.

Bordsprache ist Englisch, denn aus Großbritannien oder den USA kommen die meisten Gäste. Ab 100 deutschen Passagieren werden die wichtigsten Durchsagen auch in deren Muttersprache gemacht, es gibt immer übersetzte Menükarten und Tagesprogramme. Gleichwohl sind einige Teile des Bordprogramms sehr englisch: Bridge und Shuffle Board, Dart-Turnier und Vorträge über britische Geschichte. Die diversen Quiz-Angebote sind amüsant, die meisten Fragen werden deutsche Reisende wohl nicht beantworten können. But never mind!

Es gibt auch eine Galerie und Boutiquen für besondere Souvenirs, Kochkurse und Tanzlektionen, Kinderbetreuung auf Deck 10 und verschiedene Konferenzräume, Kunstvorträge und Tischtennisturniere, einen Jogging-Parcours auf Deck 3 sowie das Fitnesscenter, vier Whirlpools und zwei Schwimmbecken auf Deck 9. Livemusik erklingt vom einzelnen Pianisten bis zum großen Orchester. Und im Royal Court Theatre über drei Decks

im vorderen Schiffsbereich gehen jeden Abend aufwendige Shows mit Gesang, Konzert und Tanz, Comedy und Artistik über die Bühne.

Wer lesen, gucken, beobachten, schwatzen oder einfach nur da sein möchte, findet in den großzügigen Lounges oder draußen immer Platz. Bei entsprechendem Wetter sind die Sonnendecks gut besucht. Es gibt ausreichend Liegen und Handtücher. Die Suiten-Gäste haben ihre eigenen Flächen an der frischen Luft. Und auf den sehr dicken, kuscheligen Auflagen lässt es sich wunderbar wegdösen. Wer sich langweilt, ist selbst schuld. Und wer sich nicht außerhalb seiner Kabine vergnügen möchte, kann TV gucken mit Nachrichten, Filmen und Informationen über die Reise. Für deutschsprachige Zuschauer ist aus technischen Gründen nur RTL im Angebot.

Um 12 Uhr und gegen 18 Uhr machen Kapitän Stephen Howarth oder einer der Offiziere jeden Tag Durchsagen über Wetter, Wind, Positionsangaben, Kurs, Geschwindigkeit und nautische Besonderheiten. Wegen der Pandemie sind Treffen mit den Führungskräften wie zum Beispiel Dinner am Captain's Table derzeit noch nicht möglich. „Aber das kann sich je nach aktueller Lage ändern", sagt Anja Tabarelli, Director Sales und Marketing bei Cunard

Foto: M. Hernandez

TYPISCH CUNARD:
Auf der Queen Elizabeth finden sich viele Elemente, die modern auf früher verweisen: zum Beispiel die Freitreppen für den großen Auftritt

FUENTE DEL TURIA:
Auf der Plaza de la Virgen in Valencia huldigt dieser Brunnen dem Fluss Turia und den Bewässerungskanälen, die die Stadt mit Wasser versorgen

in Hamburg. „Inspiriert von der Vergangenheit, designt für die Zukunft“ ist das Motto der Reederei. Und auf der Queen Elizabeth finden sich viele Elemente, die modern auf früher verweisen: Freitreppen für den großen Auftritt, der Queens Room für glanzvolle Bälle, eine Bibliothek mit mehr als 1.000 Romanen, Nachschlagewerken, Hörbüchern und Reiseführern (zwei sogar zu Hamburg) über zwei Ebenen, Kronleuchter und Art-déco-Elemente an vielen Stellen. Dazu überall historische Fotos und Bilder, mehrere Gemälde von Queen Elizabeth II. sowie zwei große Vitrinen voll mit Erinnerungsstücken an die Royal Family. Und nach dem Tod der Queen am 8. September 2022 ist die Nachfrage nach Lesestoff über die langjährige Regentin besonders groß.

Nicht zu vergessen die vielen Spiegel an den zahlreichen Fahrstühlen und in den Treppenhäusern, um jederzeit Frisur und Kleidung zu überprüfen. Denn ein angemessen Äußeres ist wichtig auf der Queen Elizabeth. Sportklamotten oder zerrissene Jeans sind abends in den Bars und Restaurants tabu. Zu den Gala-Abenden zum Beispiel unter dem Motto „Rot und Gold“ oder „Roaring Twenties“ erscheinen die Herren im Smoking oder weißen Dinner Jacket, die Damen im langen Kleid und eleganter Robe, natürlich ergänzt mit den passenden Accessoires.

„Viele Passagiere buchen genau deshalb Kreuzfahrten mit uns“, sagt Deutschland-Chefin Anja Tabarelli. „Nach britischer Tradition sind unsere Reisen für die Menschen, die sich gerne verwöhnen lassen, ein mehrgängiges Menü genießen und persönlichen Service schätzen.“ Das sei eben der feine Unterschied.

So wie auch die Begeisterung vieler Gäste fürs Tanzen. Dazu gehören Andrea Feddern und ihr Mann Michael Globisch-Feddern. „So einen Ballsaal mit Holzparkett, Livemusik und toller Atmosphäre finden Sie nur auf den Queens“, sagt der 62-Jährige. „Deshalb ist das unsere fünfte Reise mit dieser Reederei.“ Nach dem Frühstück geht das Ehepaar aus Bad Salzuflen zum Line Dance, mittags verbessern die beiden Ärzte unter Anleitung des ukrainischen Tanzlehrers Sergej die Walzerschritte.

Nach dem Abendessen, in der Regel um 18 Uhr, schieben die zwei in großer Robe über das Parkett. „Am liebsten Tango“, sagt Andrea Feddern. Auch bei den anderen Tänzen sitzt jede Bewegung, jede Drehung, jeder Schritt. Die beiden Mediziner gehen zudem zu Hause regelmäßig tanzen. „Aber hier ist das etwas ganz Besonderes“, so die 60-Jährige.

TORRES DE SERRANOS:
Das frühere Stadttor ist das bekannteste Wahrzeichen von Valencia. Es wurde 1392 bis 1398 errichtet und war später zeitweilig ein Gefängnis

AJACCIO:
Im Hafen der Hauptstadt Korsikas haben auch einige große Motorjachten festgemacht

Das meinen auch Josephine und Allen aus Malaysia. Am liebsten bewegen sie sich zu lateinamerikanischen Rhythmen, und es macht großen Spaß, das Paar zu beobachten. „Wir haben schon viele Kreuzfahrten gemacht, aber dieses Angebot ist einmalig“, sagt Josephine, die mit ihrem Partner in Australien lebt.

Zu den Cunard-Eigenheiten, genannt Signatures, gehört ohne Frage die Kulinarik. Speisen gibt es rund um die Uhr: von der Seezunge über Hummer und verschiedene Steaks bis hin zu indischen Currys, deutschen Würsten, Eierspeisen, Sushi, Salaten, Suppen, Sandwiches, Pizza, Fish and Chips, Obst und Desserts.

Besonders beliebt ist die Tea Time mit und ohne Champagner im Queens Room, sehr britisch mit Scones, kleinen Kuchen, Erdbeermarmelade und Clotted Cream sowie Sandwiches mit Gurken und Lachs. Verführung allerorten. Zur Beruhigung des schlechten Gewissens verzichtet man wenigstens auf den Fahrstuhl oder zieht seine Bahnen in einem der beiden Pools auf Deck 9. Aber nach einer Kreuzfahrt geht wohl jeder mit ein paar Kilos mehr von Bord.

70 Tonnen Fleisch, 54.000 Eier, acht Tonnen Mehl und 43.000 Liter Milch werden innerhalb von 14 Tagen an Bord der Queen Elizabeth durchschnittlich verzehrt. „In den Häfen besorge ich oft noch lokale Spezialitäten“, sagt Küchenchef Marc Oldroid. „Aber alle unsere Produkte bekommen wir aus Großbritannien, da sind Preis, Qualität und Menge garantiert.“ Rund 200 Frauen und Männer gehören zum Küchenteam und müssen immer häufiger das Speisenangebot an Nahrungsmittelunverträglichkeiten, Allergien und religiöse Besonderheiten anpassen.

Was darf unterwegs nie ausgehen? „Salz, Mehl und vor allem Reis für das Crew-Essen, denn die meisten Mitarbeiter kommen von den Philippinen“, weiß Food-and-Beverage-Manager David Lea. Und natürlich Bier. Mehr als 2.000 Liter Fassbier rinnen in zwei Wochen durch durstige Kehlen, mehr als 5.500 Flaschen Wein und Champagner werden ausgetrunken.

Die Bars sind nicht minder verlockend. Mehr als 250 verschiedene Spirituosen, davon allein etwa 40 Gins, dazu auch dort Weine und Champagner sowie 13 Tonics, wollen genossen werden. „Gin and Tonic oder Piña colada ist sehr beliebt“, sagt Marco Lucas, der portugiesische Chef aller Bars. „Und die Deutschen bestellen gerne Aperol Spritz.“ Am trinkfreudigsten seien allgemein Gäste aus Australien und Großbritannien. Eine spezielle Happy Hour gibt es auf der Queen Elizabeth nicht, „bei uns ist man immer happy“, sagt Lucas. Die beliebteste Bar ist der „Commodore Club„ mit breiter Fensterfront vorne auf Deck 10. Nur dort stehen sieben besondere Cocktails wie „Over the Top“ mit Gin and Sherry Brandy oder „The Commodore's Cure“ mit Gin, Champagner sowie getrockneten Erdbeeren in der Karte. Gewidmet sind die Mixgetränke sieben früheren Cunard-Commodores. Und Barkeeper Ryan, der schon mehrere Wettbewerbe gewonnen hat, erklärt, mixt, schüttelt und rührt mit Enthusiasmus.

PORTOFERRAIO: Auf die Insel Elba kommen auch Segler gerne, hier gibt es nette Bars, Restaurants und Geschäfte

Immer ein Lächeln auf den Lippen haben, sich gerne kümmern und Gastgeber sein – das verlangt die Reederei von ihren Angestellten an Bord und nennt diese Dienstleistung „White Star Service“. Dafür müssen alle bestimmte Trainings absolvieren“, erläutert Cunard-Vertreterin Anja Tabarelli. „Wer die Lehrgänge besteht, darf dann den White-Star-Pin tragen. Und jeder ist stolz darauf.“

Sieben Tage lang müsste man das Schiff nicht verlassen. Aber es wäre schade drum, nicht mal wieder festen Boden unter den Füßen zu haben. Portoferraio auf der italienischen Insel Elba, die Hauptstadt Ajaccio auf der französischen Insel Korsika und die spanische Hafenstadt Valencia locken uns mit mediterranem Charme, historischen Bauten, trubeligem Strandleben sowie lokalen Spezialitäten auf Märkten und in den Bars von Bord.

Und dann ist der Hafen von Barcelona wieder erreicht. Die Woche ist um, 1.130,5 Seemeilen (entspricht 2.093 Kilometern) hat das Cunard-Schiff im Kielwasser. Ein letztes Frühstück mit Porridge, Toast, Bacon und Omelette. Dann muss man bis acht Uhr die Kabinen verlassen haben, damit das Housekeeping die State Rooms für die nächsten Gäste vorbereiten kann. Bye-bye, Queen Elizabeth! Ja, es gibt ein Leben nach der Kreuzfahrt. Aber auch eins vor der nächsten Seereise.

HARTE HANDARBEIT: Immer wenn es geht, lässt der Kapitän Segel setzen. Das ist das Erlebnis. Pro Mast sind fünf Crewmitglieder verantwortlich

SEGEL SETZEN

GERADE IN ZEITEN DER KLIMADEBATTE SIND LUXUSREISEN AUF SEE NICHT UNUMSTRITTEN. ES SEI DENN, DEN ANTRIEB ÜBERNIMMT HAUPTSÄCHLICH DER WIND – SO WIE AUF DER SEA CLOUD SPIRIT

VON UWE BAHN (TEXT & FOTOS)

RAUM-SCHIFF: Der Segler bietet den Passagieren viel Platz, es gibt sogar 25 Balkonkabinen

I

In Hamburg muss nur ein Matrose Geburtstag haben, schon pilgern Zehntausende zum Hafen, um zu feiern. Heute ist wieder so ein besonderer Tag für die maritimen Maniacs in der Hansestadt. Ein Schiff wird kommen. Nein, nicht die Queen Mary 2, Hamburgs schwimmender Michel. Eines, das noch nie im Hafen war. Eines, das etwas hat, was AIDA, TUI Cruises & Co. komplett fehlt: Masten und Segel.

Staunende See-Sucht überall beim Anblick der Sea Cloud Spirit: „Was für ein Windjammer!" Seit September 2021 gehört der zu Sea Cloud Cruises und ist das größte Schiff der Flotte. Allerdings lag der Segler gemeinsam mit den beiden Schwesterschiffen die meiste Zeit auf dem Pandemie-Parkplatz in Las Palmas auf Gran Canaria. Keine leichte Zeit für die kleine Reederei. Aber nun hat die Sea Cloud Spirit endlich richtig Segel gesetzt. Und wir sind mit an Bord. Fein hat sie sich gemacht, als sie die Elbmündung bei Cuxhaven erreicht. Insgesamt 28 Segel werden von Hand gesetzt. Die meisten sind tatsächlich aufgezogen. Unter vollem Tuch in den Hamburger Hafen einzufahren – das wär's. Dazu dürfte der Wind allerdings nur die Stärke eines Taschenventilators haben. Sonst ist das Manöver zu riskant. Zu viel Schiffsverkehr auf der Elbe, viele Freizeitkapitäne werden uns mit Booten und Jachten eskortieren. Sechs Stunden Zeit bleiben noch bis zur Überseebrücke, dem Liegeplatz im Herzen von Hamburg.

INTERIEUR MIT STIL: Marmor, vergoldete Armaturen, edle Hölzer – das Interieur der Kabinen ist Grandhotel 2.0

Unsere Reise mit der Sea Cloud Spirit beginnt in Portsmouth an der Südküste Englands. Ein Einschiffungshafen, der kaum Zeit zur Erkundung lässt. Auf den ersten Blick ist das auch gut so. Noch am selben Abend wirft das Schiff seinen Anker vor der Isle of Wight und dem kleinen, beschaulichen Hafenstädtchen Cowes. Das wird am nächsten Morgen erkundet. In den idyllischen Gassen entdecken wir kleine, individuelle Stores, Straßencafés und: Willy. Der hat dort einen Guitarshop und erzählt uns, dass die Isle of Wight einst das musikalische Mekka war: Das Isle of Wight Festival wurde schon 1968 gegründet und übertraf zwei Jahre später sogar Woodstock. Fast 700.000 Menschen sollen dort gewesen sein.

Einer von ihnen: Jimi Hendrix. Willy gerät ins Schwärmen zwischen seinen ganzen alten Fender-Gitarren. Weil eben auch noch The Who, The Doors, Chicago und viele andere seiner Heroes vor der Haustür auftraten. Cowes hat Flair und passt zum Routing der Sea Cloud Spirit. Im Gegensatz zu Ostende, dem nächsten Stopp. Oder sind wir in Benidorm? Immerhin ist der Bahnhof direkt neben dem Terminal, und so gelingt die Flucht ins belgische Brügge. Hier wird Westflandern zu Venedig, kleine Kanäle durchziehen die ehemalige Hansestadt, in den romantischen Gassen wird das einheimische Brugse Zot serviert. Auch

FOTO-TENDER: Kapitän Vukota Stojanovic hat alle Segel setzen lassen. In Zeiten von Social Media sind solche Bilder die beste PR

uns. Zwei belgische Biere reichen. Sonst kehren wir singend mit „What shall we do with the drunken sailor" zurück an Bord…

Was auf der Sea Cloud Spirit verbaut wurde, ist edel. Wir machen den Klopftest. Auf großen Schiffen entpuppt sich hinter der Fassade so mancher Fake, hier ist alles echt. Hölzer, Marmor, vergoldete Armaturen – das hat Stil. Und ganz sicher seinen Preis. Das Interieur der Unterkünfte, das ist Grandhotel 2.0. Die 25 Kabinen auf dem Promenadendeck haben sogar einen eigenen Balkon. Sehr ungewöhnlich für ein Segel-Kreuzfahrtschiff.

> Der Weg zur Sea Cloud Spirit war lang und nicht gerade begleitet von leichter See

Dass dieses überhaupt jemals zu Wasser gelassen wurde, ist eine kleine Sensation. Im Jahr 2008 wurde das Schiff als Sea Cloud Hussar im spanischen Vigo auf Kiel gelegt. Zwei Jahre später ging die Werft pleite. Der Rumpf lag herum und konnte sich selbst wohl kaum vorstellen, 2022 unter Segeln in den Hamburger Hafen einzufahren. Finanzierungsprobleme, Fehlplanungen, dann auch noch das Coronavirus – leichte See ist etwas anderes.

Dafür ist der Ärmelkanal zahm wie noch nie. Hier haben schon Generationen von Kreuzfahrtpassagieren ihr Frühstück ein zweites Mal gesehen – bei uns ist das Wasser spiegelglatt. Und so werden die Zodiac-Schlauchboote zu Wasser gelassen für den Fototender. Das heißt: Die Passagiere mit Kameras und Smartphones können das Schiff von außen fotografieren. Kapitän Vukota Stojanovic hat alle Segel setzen lassen. In Zeiten von Social Media sind solche Fotos die beste PR für die Sea Cloud Spirit.

Dass die besser nach Antigua passt als nach Antwerpen, ist kein Geheimnis. Segeln zwischen den karibischen Inseln hat mehr Magie als eine Passage auf der Schelde durch die Industrieanlagen von Europas zweitgrößtem Hafen. Vielleicht ist das Schiff auch deshalb nicht ganz ausgebucht. Aber auch Antwerpen hat Flair, eine multikulturelle Modestadt, Diamanten-Umschlagplatz mit jüdischem Viertel. Dazu ein Bahnhof, der auch als Dom durchgehen würde. In zehn Minuten sind wir am Grote Markt, flanieren über den Groenplaats und kehren ein ins „Elfde Gebod" neben der Kathedrale. Eine Kneipe wie eine Kirche. Zwischen Altären und Kruzifixen wird hier – was sonst – belgisches Bier serviert. Mönche wussten, wie man braut.

Der Seetag vor Hamburg. Daniel Schäfer, seit 2014 Geschäftsführer von Sea Cloud Cruises, ist mit an Bord. Dass aus einem rostigen Rohbau noch eine wunderschöne Sea Cloud Spirit wurde, liegt auch an ihm und seinem Team. „Traumschiff" bekommt so eine ganz andere Bedeutung, denn dieser Traum wurde doch noch wahr. Nun sitzt er auf dem Sonnendeck und hat seinen Laptop aufgeklappt. Vermutlich tippt er nicht „Mein schönstes Ferienerlebnis" hinein. Wie bei allen Kreuzfahrtunternehmen gilt es,

AUF DER SONNENSEITE:
Wer die Seefahrt liebt, der genießt Momente wie diesen. Wenn dazu noch das Meer spiegelglatt ist, geht ein perfekter Tag zu Ende

KEINE HÖHENANGST:
Um die Segel zu setzen und einzuholen, müssen die Matrosen hinauf in die Masten

jetzt wieder Fahrt aufzunehmen. Passendes Personal zu finden, eine Mammutaufgabe nach dem Lockdown. Akribisch scheint er seine To-do-Liste durchzugehen. Auf der steht weit oben sicher die Gastronomie. Denn die hat auf dieser Reise längst nicht das Niveau erreicht, welches die zahlungskräftigen Passagiere von Sea Cloud kennen – und erwarten dürfen. Wenn Sie diese Zeilen lesen, sollte das Manko behoben sein und wird deshalb hier mit einfühlsamer Nachsicht und Toleranz abgehakt.

Dass wir in Antwerpen mit zünftiger Blasmusik und einem Volkslieder-Potpourri verabschiedet wurden, war ein „Geschenk" der Stadt. Daniel Schäfer betont im Gespräch, dass er in dieser Sache unschuldig ist. Wir glauben es ihm. Möge dieser Soundtrack uns nicht auch in Hamburg empfangen. Eine berechtigte Hoffnung, dass kein Shantychor „Ick heff mol en Hamborger Veermaster sehn" singt – die Sea Cloud Spirit hat nur drei Masten. Glück gehabt. Das Schiff will nicht Shanty sein, auch wenn sie einen eigenen Crew-Chor hat. Für einen Abend.

Immer wenn es geht, lässt der Kapitän Segel setzen. Das ist das Erlebnis. Pro Mast sind fünf Crewmitglieder verantwortlich. Wenn über Funk das Kommando kommt, dann klettern sie in die Höhe und lösen die Ösen. Über fünfzig Meter misst der höchste Mast. Und was dort runterhängt, ist in diesen Zeiten auch der größtes Image-Trumpf des Schiffes. Die Kreuzfahrt ist im Fadenkreuz der Nachhaltigkeitsdebatte. Auch wenn sie nur zwei Prozent des gesamten Schiffsverkehrs ausmacht, technologischer Vorreiter in

DIE MISCHUNG MACHT'S:
Der Barkeeper kennt natürlich alle gängigen Cocktails und erfüllt auch Sonderwünsche

Sachen Landstrom und Flüssiggas ist. Der NABU wird die Sea Cloud Spirit vermutlich mit einer La Ola in Hamburg empfangen. Eine Welle der Sympathie quasi. Vielleicht ist ja die Windenergie in der Kreuzfahrt die Technologie der Zukunft – nicht nur für Sea Cloud. Plötzlich wird die Nische zur Messlatte der Moral. Auch in Sachen Overtourism: Wenn die Sea Cloud Spirit kommt, dann gehen maximal 140 Passagiere an Land und keine 6.000, die die Häfen überfluten. Das hat natürlich seinen Preis, der diese Reise nur für eine Minderheit erschwinglich macht.

Kurz vor Wedel lässt der Kapitän die Segel einholen, es ist zu windig, wir werden nicht unter vollen Segeln in den Hamburger Hafen einfahren. Die Aufregung an Bord wird trotzdem immer größer, immer mehr Schiffe begleiten die Sea Cloud Spirit, ab Blankenese wird es fast zur Triumphfahrt. Das Elbufer ist gesäumt von Menschen, die dem Schiff zuwinken. Die Sympathie ist fühlbar. Und auch die Sehnsucht, einmal mitzufahren. Schon von Weitem sehen wir die überfüllten Landungsbrücken. Sie sind alle gekommen, um den Erstanlauf der Sea Cloud Spirit in Hamburg zu erleben. Wir krallen uns an der Reling fest und schwenken kleine Fähnchen. Was für ein Moment, mit so einem Schiff in der Heimatstadt anzukommen! Hamburg feiert uns an der Überseebrücke, an der wir noch eine Nacht liegen. Nicht auszudenken, wenn jetzt auch noch ein Matrose Geburtstag hat.

KEIN MATROSE:
Sondern der Autor des Textes auf der Sea Cloud Spirit. Er schätzt das Schiff auch deshalb, weil es der Klimadebatte einfach davonsegelt

MEHR BLICK:
Die Norwegian Prima hat mehrere Infinity-Pools, darunter diesen am Infinity Beach auf Deck 8

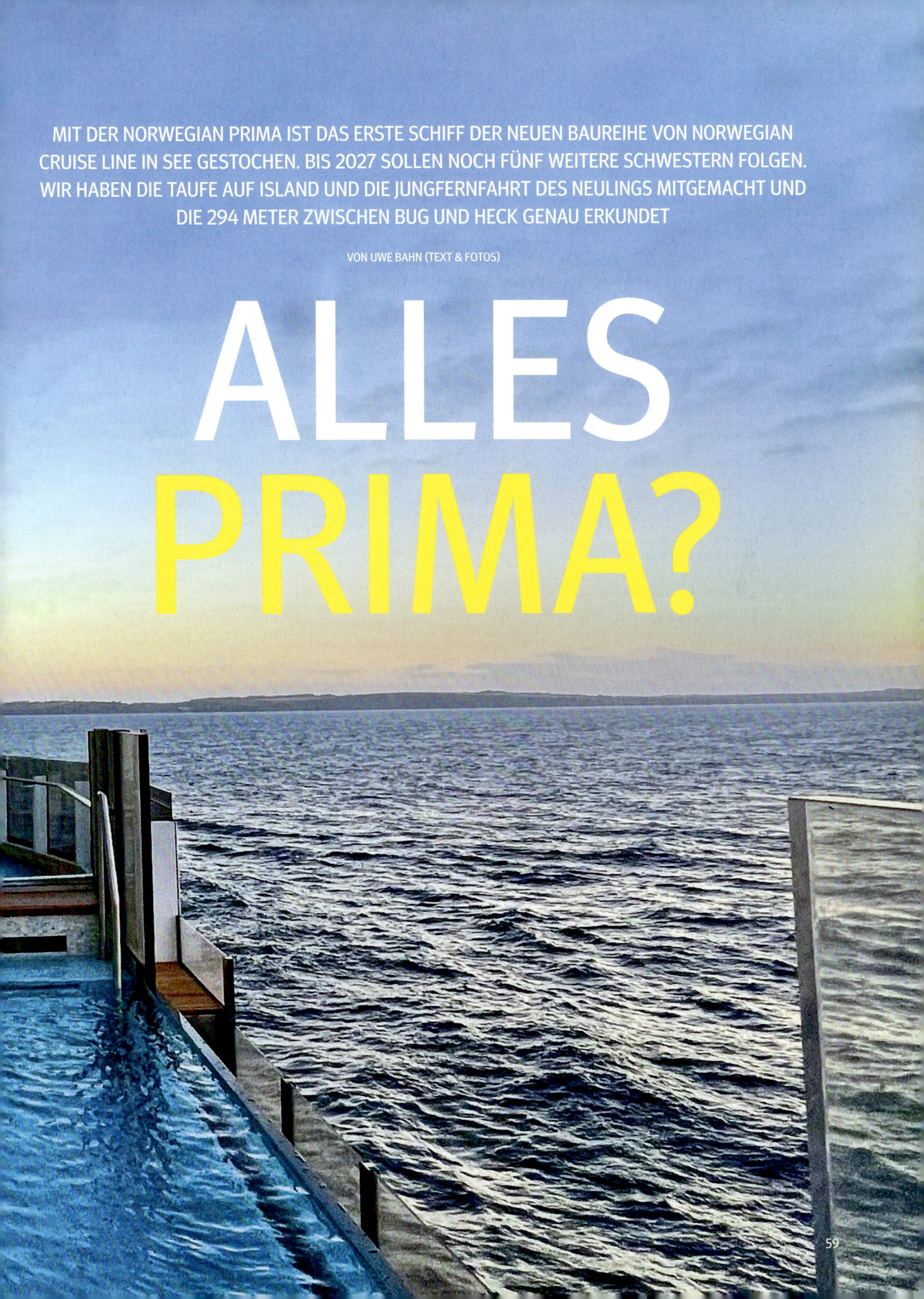

MIT DER NORWEGIAN PRIMA IST DAS ERSTE SCHIFF DER NEUEN BAUREIHE VON NORWEGIAN CRUISE LINE IN SEE GESTOCHEN. BIS 2027 SOLLEN NOCH FÜNF WEITERE SCHWESTERN FOLGEN. WIR HABEN DIE TAUFE AUF ISLAND UND DIE JUNGFERNFAHRT DES NEULINGS MITGEMACHT UND DIE 294 METER ZWISCHEN BUG UND HECK GENAU ERKUNDET

VON UWE BAHN (TEXT & FOTOS)

ALLES PRIMA?

Das Schiff ist prima. So viel schon mal vorweg. Und es hat ein unschlagbares Highlight. Dazu mehr in ein paar Absätzen. Was die italienische Fincantieri-Werft mit der Norwegian Prima abgeliefert hat, kann sich sehen lassen. Das beginnt schon im modernen und hell gestylten Atrium, das die meisten Passagiere auf Deck 6 beim Einschiffen zuerst betreten. Ein Deck höher im Atrium ist das „Starbucks", Lifestylemarke und ein prima Treffpunkt. Da sitzen sie mit ihren aufgeklappten MacBooks. Wie auf dem Festland. Bestes Internet-Interieur. Nur das Bord-WLAN könnte ein paar Knoten zulegen. Bevor der Nerd zum Nerv wird. Nicht ganz so prima. Wer sich zwischen 3.215 Passagieren verlieren sollte, trifft sich hier immer wieder. Meeting Point plus Latte macchiato. Prima.

Noch ein Deck höher öffnen sich die Türen zum ersten Highlight, dem Ocean Boulevard. Flanieren an der frischen Luft, einmal um das ganze Schiff herum. Ein Walk auf den Wellen. Vorbei am Skulpturengarten „The Concourse" des US-Künstlers Alexander Krivosheiw. Den treffen wir direkt bei einem seiner Werke und lassen ihn posieren. Prima, dass eine Reederei so viel Bruttoraumzahl der Kunst gibt! Beliebtes Fotomotiv ein paar Schritte weiter sind die beiden seitlichen Infinity-Pools, deren Wasser direkt ins Meer zu fließen scheint. Beten wir, dass niemand über die niedrige Hartglasverkleidung klettert. Risiko an der Reling!

Prima ist das Lounge-Mobiliar aus hochwertigem Material, das sich auf dem Ocean Boulevard verteilt. Von „Daybeds" bis zu chilligen Schaukelsesseln. Diese Relax-Landschaft mit reichlich Liegen erstreckt sich bis zur „Soleil Bar" im Heck, dem perfekten Ort für den Sundowner zur See. Dort treffen wir Bernhard Meyer. Auf seiner Werft in Papenburg hat die NCL-Reederei die letzten sechs Schiffe

ACTION, ESSEN, AUSSPANNEN:
An Bord ist das Entertainmentprogramm groß. Wer zwischendurch mal Appetit bekommt, ist in der Streetfoodmeile richtig. Unten links: Blick von Bord auf den Sonnenuntergang

gebaut. Nun begutachtet er, was die Nachfolger aus Italien so beruflich gemacht haben. Mit einem wohlwollenden Nicken gibt er zu, dass es ihm gefällt. Was so viel heißt wie: „Prima Schiff!" Mehr als das. Es ist alles etwas edler geworden, Passagiere können hier am Luxus nippen, den sie sonst eher bei Regent Seven Seas Cruises oder Oceania Cruises finden. Die gehören ja auch zur Großfamilie der Reederei. Und die Norwegian Prima ist erfreulich kleiner ausgefallen als ihre Vorfahren der Breakaway-Klasse. Größer, höher, weiter – das darf nicht das Motto für die Zukunft der Kreuzfahrt werden. Auch nicht für die Gegenwart.

DAS Highlight an Bord ist das „Prima Theater". Es ist mehr als ein Theater. Multifunktional, lässt es sich in wenigen Minuten zur Großraumdisco Studio 54 umrüsten. Oder in einen Nachtclub mit verschiebbaren Lounge-Ecken. Mit einer für alle Zwecke variablen Lightshow und fettem Sound. Auch die Bestuhlung ist flexibel. Von komplett bis halb oder im Innenraum unbestuhlt. Alles ist möglich.

Was während dieser Jungfernreise auf der Bühne stand, das wird es so bei keiner anderen Reise mehr geben: Kool & the Gang! Chaka Khan! Katy Perry! Sie waren alle an Bord und gaben Konzerte im Theater. Mehr geht nicht. Schade nur, dass die Stars – bis auf Katy Perry – mehr oder weniger in der Bordkommunikation „versteckt waren". Wir entdeckten das „Kleingedruckte" durch Zufall und konnten es kaum glauben. Prima auch die bordeigene Show „Summer". Ein Musical über das Leben und die Musik der Sängerin und ehemaligen Disco-Queen Donna Summer.

Beim Finale mit „Hot Stuff" steht das ganze Theater. Zu Recht. Showbusiness, das kann Norwegian Cruise Line wie keine andere Reederei auf den Weltmeeren. Mit ihrer Agentur Sixthman produzieren sie ja auch ganz besondere

Foto: NCL

DIE PATIN:
US-Star Katy Perry taufte nicht nur das Schiff, sondern lieferte auch eine große Show ab

Event-Kreuzfahrten. Dann cruisen Weltstars wie Kiss oder Bon Jovi mit den Fans auf einem NCL-Schiff mehrere Tage vor Kalifornien oder durch die Karibik. Da sollen im März 2023 von Miami aus auch die Beach Boys in See stechen. Übrigens: Sixthman hätten das komplette Schiff mit Kool & the Gang und Chaka Khan plakatiert.

Vielleicht hätten sie auch die Taufe in Reykjavík produzieren sollen. Denn die war alles andere als prima. Der Taufakt mit Katy Perry und ihr Konzert im Theater blieb einer Minderheit von rund 700 Auserwählten vorbehalten. Der Rest schaute in die Röhre: Überall wurden gewaltige Flatscreens aufgebaut, vor denen sich dann zwei Drittel der Passagiere zum Fernsehabend versammelten. Verstanden haben sie kaum etwas, und alles war auch nicht so richtig im Bilde.

Dem anschließenden Gala-Menü im „Hudson" fehlte die Feierlichkeit – und leider auch der Geschmack. Nicht

GAS GEBEN:
Die rund 420 Meter lange Kartbahn über drei Decks ist eine der Hauptattraktionen auf der Norwegian Prima. Der Antrieb erfolgt elektrisch

prima. Auch nicht, dass die Spezialitäten-Restaurants fast die gesamte Reise über nicht buchbar waren. Immerhin: Im Teppanyaki-Event-Japaner „Hasuki“ und im Bord-Mexikaner „Los Lobos“ konnten wir „durchschlüpfen“ und feststellen, dass es delikat war. Und auch die Fusionküche der „Food Republic“ war „fine dining“ ... Mehr können wir nicht beurteilen, aber das Probierte war prima.

Ein originelles Gastro-Highlight ist im Heck auf Deck 8 die „Indulce Food Hall“. Eine Art Streetfoodmeile mit enormer kulinarischer Vielfalt. Bestellt wird am Tisch per iPad. Das System ist einfach und auch für digitale Greenhorns durchschaubar. Keiner kann auf dem Tablet aus Versehen einen Yogakurs buchen. Auch prima. Viel der Bordatmosphäre wird geprägt durch die kleinen Bühnen, auf denen live musiziert wird. Ob im Atrium oder in der „Local Bar“ auf Deck 8. Die beste Coverband, die wir je auf einem Schiff gehört haben, spielte ein Deck tiefer im „Syd Norman's“.

Das ist der Musikpub auf der Norwegian Prima. „Rumours“ von Fleetwood Mac stand auf dem Abendprogramm. Die Band ohne Namen aus den USA coverte das berühmte Album in der Original-Reihenfolge derart perfekt, dass sich viele fragten: Singt da Stevie Nicks und ist das etwas die Originalgruppe? Diese Fleetwood-Mac-Show war prima plus, also quasi „Big Mac“.

Wenn ihr auf das Schiff geht, schaut euch diese großartige Band an! Und beim Interieur vom „Syd Norman's“ hat der Innenarchitekt wirklich ganze Arbeit geleistet. Alles im Rock-'n'-Roll-Retro-Style gehalten, ist es einer unserer Lieblingsorte an Bord geworden. Direkt gegenüber: ein weiterer Hotspot für Kreuzfahrtkultur, der Comedy-Club „Improv at Sea“. Auch wenn die Jokes auf Englisch sind, die Stimmung kommt auch in deutschen Ohren rüber. Und ist der beste Beweis: Eine Seefahrt, die ist lustig. Diese ging übrigens von Reykjavík über Cobh (Irland), Portland (England) und Le Havre nach Amsterdam.

Das nächste Highlight findet man tatsächlich am höchsten Punkt des Schiffes. Nein, nicht am Schornstein. Aber drumherum. Die größte Gokartbahn auf See ist ein Spektakel über drei Decks mit echtem Formel-1-Feeling. Das gab es zwar auch schon auf dem Vorgängerschiff Norwegian Encore, aber dieser Kurs ist länger und eben über drei Decks. Muss ein Schiff eine Kartbahn haben? Nein, muss es nicht, aber der „Prima Speedway“ ist trotzdem ein Erlebnis. Auch für die Zuschauer, die schon in der Boxengasse die Smartphone-Fotos schießen können. Es sind leise E-Karts, die knatternden Geräusche werden den Piloten über den Sturzhelm digital zugespielt. Eher crazy als prima. Die E-Technologie wünscht man nicht nur den Karts, sondern

ANGELEGT:
2023 wird die Norwegian Prima zwischen Island, Großbritannien und den Niederlanden fahren, aber auch in der Karibik und ab New York

dem gesamten Schiff als Antrieb. Diese neue Leonardo-Klasse, dessen erstes Schiff die Norwegian Prima ist, hat in Sachen nachhaltiger Technologie leider keine innovativen Maßstäbe gesetzt. Das werden wir in Zukunft aber von einer so kreativen Reederei erwarten (können).

Ein weiteres Highlight haben wir nicht ausprobiert. Mutproben sind nicht so unser Ding. Aber es gibt sie, die erste Free-Fall-Trockenrutsche der Welt. Sie heißt „The Drop" und stürzt über zehn Decks in die Tiefe. Wer schneller zum Essen in der „Indulge Foodhall" auf Deck 8 sein möchte, für den ist das durchaus eine Alternative zu den Fahrstühlen.

Unser Fazit: Die Norwegian Prima ist insgesamt ein großartiges Schiff, das seine Highlights im Entertainment, dem modernen, teils luxuriösen Interieur und der vielfältigen Gastronomie hat. Wenn es schon im fernen Island getauft wurde, dann wäre es doch mehr als kreativ gewesen, den Neubau nach Islands berühmtem Aschevulkan zu benennen. Dann hätte die Taufe mit Katy Perry selbst vor dem Fernseher Spaß gemacht. Vor allem beim Taufspruch: „Ich taufe dich auf den Namen ‚Norwegian Eyjafjallajökull'!" Prima Idee, oder?

UNTERWEGS:
Nur bei der Taufreise im Programm gewesen, aber nicht im Routing 2023: Honfleur bei Le Havre

RÜCKWÄRTS EINGEPARKT: Die MSC Seaview erreichte die estnische Hauptstadt Tallinn als eines der ersten Kreuzfahrtschiffe nach dem Corona-Restart

DER NEUSTART

WIE MSC NACH DER CORONA-PAUSE MIT DER SEAVIEW WIEDER FAHRT AUFGENOMMEN HAT: EINE SOMMERLICHE RUNDREISE VON KIEL NACH SCHWEDEN UND INS BALTIKUM

VON GEORG J. SCHULZ (TEXT & FOTOS)

A

Als Italiens Torwart Gianluigi Donnarumma am Ende eines langen Fußballabends den Elfmeter von Englands Bukayo Saka pariert und sein Land so zum Europameister macht, ist auch auf Deck 16 der MSC Seaview die Stimmung außer Rand und Band. Schließlich befinden sich unter den Passagieren, die das EM-Endspiel gemeinsam draußen auf einem riesigen Monitor verfolgen, so gut wie keine Engländer, dafür aber – wie immer bei MSC – eine ganze Reihe Italiener. Und die mehrheitlich Deutschen, die auf diesem ersten Nach-Corona-Ostsee-Törn ab Kiel eingecheckt hatten? Sie können sich im Urlaub zumindest mit ihren Gastgebern freuen.

Obwohl MSC unter maltesischer und panamaischer Flagge fährt, den Hauptsitz in Genf hat und sich selbst als paneuropäische Marke sieht, ist die Kreuzfahrtreederei stark italienisch geprägt. Angefangen hatte nämlich alles im Jahr 1970, als Gianluigi Aponte aus Sorrent – damals ein junger Seemann und ehemaliger Bankangestellter – sein erstes Schiff kaufte: die Patricia. Aus dem kleinen Unternehmen wurde ein Familienkonzern von Weltrang mit mehr als 560 Schiffen, darunter neben vielen Containerriesen auch 22 Cruiseliner in zum Teil gigantischen Ausmaßen. Weitere Ozeanriesen sowie eine Reihe kleinerer Luxusschiffe sind zudem noch im Bau oder in Planung. Auf dem deutschen Markt hält MSC hinter AIDA und TUI Cruises derzeit den dritten Platz, in Südeuropa ist man hingegen Marktführer.

Eines der aktuell größten Schiffe der Flotte, die Seaview, ist im Juli 2021 das erste, das nach dem Pandemie-Stopp wieder Abfahrten ab Deutschland aufnimmt. Da die Behörden in Hamburg aufgrund der strengeren Corona-Restriktionen damals den Neustart von Cruiselinern verzögern, entscheidet sich der Deutschland-Chef von MSC, Christian Hein, für Kiel als ersten Abfahrtshafen der noch verbleibenden Saison. Die Wiederaufnahme von Kreuzfahrten ab dem Ostufer sei „das Ergebnis von intensiven und erfolgreichen Verhandlungen zwischen der Reederei, den lokalen Behörden und dem Seehafen Kiel“ gewesen. Erst Monate später wird auch an der Elbe die Rückkehr gelingen – mit der Magnifica, die dann zwar erneut pausiert, am Ende aber einer der Stars bei den Cruise Days 2022 ist.

Doch zurück zur Seaview, die in Kiel manch eingerostetes Prozedere erst wieder in Gang bringen muss. Trotz der zuvor mit sechs Schiffen in anderen Destinationen gemachten Erfahrungen läuft damals vieles noch nicht rund. Das beginnt schon beim Check-in: Weil jeder neue Passagier zusätzlich zum schon für die Anreise vorgeschriebenen Impf- oder Testzertifikat noch vor Ort einen Coronatest durchlaufen muss und obendrauf wegen zahlreich nötiger Updates IT-Probleme auftreten, staut sich der Zulauf erheblich. Mancher Gast steht Stunden in praller Sonne – und ist entsprechend bedient, als er endlich an Bord darf. „Das werden wir und unser Dienstleister bei den nächsten Abfahrten besser machen“, verspricht MSC-Deutschland-chef Hein. Und er hält Wort, wie Rückmeldungen vom zweiten Törn zeigen.

Das Routing der MSC Seaview ab Kiel ist bei der von uns begleiteten Premierenfahrt auf drei Stopps zugeschnitten, der Rest sind Seetage – etwas später kommt mit Warnemünde ein weiterer Stopp hinzu. Los geht es mit dem beschaulichen Visby auf der schwedischen Insel Gotland, wo sich vor allem ein Spaziergang durch die unweit vom Kai gelegene historische Altstadt und den botanischen Garten lohnt. Diese Visite allerdings muss man wie jeden der weiteren Ausflüge kostenpflichtig und vor allem rechtzeitig buchen, individuell ist zumindest bei MSC zu diesem Zeitpunkt noch kein Landgang möglich, auch nicht für Geimpfte. Streng achtet das Team um Myra Petri, die in neu geschaffener Führungsposition die Einhaltung der Corona-Protokolle überwacht, zudem darauf, dass die lokalen Tourguides niemanden aus dem Blickfeld verlieren und sich beim Ausflug keiner heimlich von der Gruppe entfernt. Ansonsten könnte passieren, dass der Landgänger aus Corona-Furcht nicht mehr zurück an Bord darf – was bei den Mittelmeertörns bereits das eine oder andere Mal durchgezogen wurde.

Drei Stunden auf Gotland, immer im Schlepptau des Stadtführers, reichen natürlich nicht, um auf dieser Reise echtes Schwedengefühl aufkommen zu lassen. Zwar beeindruckt die alte Hansestadt Visby mit ihrer mittelalterlichen Festungsmauer und ihren pittoresken Häusern, doch weitaus mehr bietet Stockholm, das am nächsten Tag angelaufen wird. Frei nach dem abgewandelten Bankenretter-Motto „Too big to fail“ (zu groß zum Scheitern) heißt es beim potenziell schönsten Teil der Passage, dem Einlaufen durch die Schären bis hinein in die Stadt, für MSC allerdings „Too big to sail“ (zu groß zum Segeln).

Statt wie die kleine Hanseatic inspiration von Hapag-Lloyd mitten im Zentrum zu liegen, steuert die 323 Meter lange, 41 Meter breite und 72 Meter hohe Seaview den Hafen Nynäshamn an. Der ist zwar auch ganz okay, aber doch rund 60 Kilometer von Stockholm entfernt, sodass jeder Ausflug dorthin zunächst mit einer Busfahrt beginnt. Besonderheit im Jahr zwei der Pandemie: Wer diesen Bus wenigstens vor Ort verlassen und unter kundiger Führung durch die Stadt spazieren will, muss sich das Kürzel NYNAM merken. Unter diesem wird nämlich der Landgang „A walk in Stockholm, picnic lunch included“ angeboten. Das kostet mit 73 Euro pro Person zwar etwas mehr als die klassische Stadtrundfahrt, befreit einen zu Fuß aber zumindest vom sonst gebotenen Maskenzwang. Außerdem bleibt eine wirklich schöne Mittagspause nahe den Traditionsseglern gegenüber dem Vasa-Museum in Erinnerung.

Als „Bubble“ (Blase) erleben nicht nur die Passagiere die MSC Seaview, sondern auch die Crew den ersten Ostseetörn nach Pandemiebeginn. Jeder, der an Bord arbeitet, muss zuvor für 14 Tage in strenge Quarantäne und wird mehrfach getestet. Unterwegs ist den über 1.200 Crewmitgliedern bis auf wenige Ausnahmen das Verlassen des Schiffes und vor allem des Hafens dann untersagt. Zum Ausgleich darf sich das Team abends auf einem gesperrten Teil von Deck 19 erholen, um auch mal an die frische Luft zu kommen.

Platz zum Luftholen gibt es zum Glück genug, denn der Schiffstyp hat gefühlt mehr Außenflächen als zwei gewöhnliche Nordlandschiffe zusammen – und er ist bei unserer Tour nicht einmal halbvoll. Der Umlauf auf Deck 8 sieht von außen zwar etwas gewöhnungsbedürftig aus, bietet aber den Gästen des Buffetrestaurants – hier gibt es natürlich immer auch Pizza und Pasta – sehr viele Sitzplätze im Freien. Im Normalfall wird allerdings in einem der inkludierten Bedienrestaurants auf Deck 5 oder 6 gespeist, vor allem abends. Oder in einem der aufpreispflichtigen Spezialitätenrestaurants auf Deck 16.

Anders als die Wasserrutschen, die Pools, Teile des Wellnessbereichs, die Bars und das Theater ist die Zipline, an der man über das Pooldeck fliegen könnte, für uns noch nicht geöffnet. „Hier müssten wir wegen Corona immer gleich die Ausrüstung desinfizieren, das ist zu aufwendig“,

LICHTSPIELE:
Spektakuläre Sonnenuntergänge sind auf dem sommerlichen Ostseetörn nicht selten. Kleinere Wolken lassen den Himmel zur Leinwand werden

STOCKHOLMS HÜBSCHE ALTSTADT:
Die schwedische Metropole ist eines der Highlights auf unserer Route – auch wenn das Schiff rund 60 Kilometer entfernt anlegt

AB DURCH DIE MAUER:
In Visby auf Gotland zeigt ein Tourguide, was man in dem mittelalterlichen Ort alles gesehen haben sollte. Die historische Stadtmauer gehört dazu, aber auch ein botanischer Garten

ZU GROSS FÜR DIE SCHÄREN:
Beim Stockholm-Stopp liegt die MSC Seaview im Hafen von Nynäshamn. Myra Petri erinnert an die damals noch geltende Maskenpflicht im Bus

erklärt Andrea Spezie, der wie viele Führungskräfte aus der Heimat des Unternehmensgründers kommt. Spezie leitet beim Restart den Hotelbetrieb des Schiffes und muss bei manchem Gast Abbitte für anfängliche Einschränkungen leisten. Luft nach oben hat bei der Premierenfahrt auch der „Yacht Club", der als exklusive Luxusetage mit Butlerservice und eigenem Edelrestaurant eigentlich allerhöchste Ansprüche erfüllen soll. Immerhin: Nach wenigen Tagen ist im Bordleben spürbar Routine eingekehrt und ein Teil der Anspannung gewichen.

Der letzte Landgang – ein Spaziergang durch die estnische Hauptstadt Tallinn – bestätigt dann noch einmal auf eindrückliche Weise, wie sehr die Menschen in Orten wie diesem auf eine Rückkehr der Touristenschiffe gehofft haben. „Ich hatte anderthalb Jahre keine Arbeit mehr gehabt", sagt Tourguide Annastassia. „So schön, dass ihr endlich wieder da seid."

Fehlt noch der Epilog: Ein Jahr nach dem von Donnarumma gehaltenen Elfmeter haben die Engländer im Juli 2022 dann mehr Fortune, genau genommen sind es aber diesmal die Engländerinnen. Der Gegner heißt nicht Italien, sondern Deutschland, dessen Team sich mit dem Titel Vizeeuropameister begnügen muss. In Kiel startet an diesem Tag nicht mehr die Seaview, sondern die Preziosa, während auch der komplette Rest der MSC-Flotte wieder auf den Meeren unterwegs und Corona fast schon vergessen ist. Und die Seaview? Sie tourt nun im Mittelmeer statt in der Ostsee, mit reichlich Platz an der Sonne.

AUF ZEITREISE

DIE AIDACOSMA, DAS ZWEITE LNG-SCHIFF DER ROSTOCKER, SOLL DIE REEDEREI IN DIE ZUKUNFT FÜHREN. AN BORD GEHT ES ABER ERST MAL ZURÜCK IN DIE VERGANGENHEIT

VON GEORG J. SCHULZ

Foto: AIDA/Tom Merkel

TSCHÜSS, HAMBURG: Nach sechs Vorabfahrten auf der Metropolenroute wurde die AIDAcosma in der Hansestadt getauft – und dann in wärmere Gefilde verlegt

„Schön, Sie endlich alle begrüßen zu können, hier in meiner wunderbaren Zeitmaschine. Mein Name ist Tempus, Professor Tempus, und ich habe Sie alle eingeladen, um meine Augen und Ohren zu sein auf dieser Reise. Wann immer Sie etwas Außergewöhnliches da draußen in den Fenstern entdecken, lassen Sie es mich wissen. Es könnte für uns alle noch sehr nützlich sein."

Mit diesem Hinweis beginnt auf der AIDAcosma ein Besuch im Erlebnisrestaurant „Time Machine", nachdem sich die Gäste zuvor in Zehnergruppen mit einem absichtlich etwas rumpelnden Fahrstuhl in die imaginäre Unterwelt des Ozeanriesen begeben haben. Das dunkle Ambiente dort erinnert an die Maschinenräume der ersten Dampfschiffe oder an ein altes U-Boot. Doch es gibt etwas mehr Platz: Bis zu 180 Personen können in der Zeitmaschine ein

IM „BEACH HOUSE" kommen Gerichte auf den Tisch, die es an Bord so noch nicht gab: Ceviche mit Maracuja, Cajun-Calamari oder Hähnchenkeulen mit Schoko-Chili-Sauce

Foto: AIDA

Drei-Gänge-Menü genießen und zugleich eine Mischung aus Sprechtheater, Tanzeinlage und Videoanimation erleben. Ohne zu viel über die im Vergleich zum Schwesterschiff AIDAnova modifizierte Story zu verraten: Vor allem für Kinder ist die Show ein großer Spaß.

Eine echte Reise durch die Zeit machen zu können, das haben sich viele Kreuzfahrtfans in den mehr als zwei Jahren, die von der Corona-Pandemie überlagert waren, sehnlichst gewünscht – hinein in eine neue Epoche, in der weder das Virus noch anderes globales Ungemach wie Kriege oder die Erderwärmung eine Rolle spielen. Gleiches gilt, sogar in noch höherem Maße, natürlich auch für alle, die auf diesen Schiffen arbeiten, sie bauen und betreiben.

AIDA Cruises aus Rostock hat sich im Laufe der Jahre innerhalb des Carnival-Konzerns – zu dem bekanntlich auch Marken wie Cunard und Costa gehören – auf vielen Gebieten zum Trendsetter entwickelt. Erst ging es nach dem Motto „Clubtanz statt Captain's Dinner" um die Entstaubung des Kreuzfahrterlebnisses an sich, dann geriet die Reduktion von Emissionen in den Fokus. Früher und konsequenter als Mitbewerber setzte AIDA das Thema Landstrom auf die Agenda, jetzt testet man Akku-Packs und Brennstoffzellen, zudem vergab die Reederei an die Meyer Werft in Papenburg den Auftrag, die weltweit ersten Flüssiggaskreuzfahrtschiffe zu konstruieren.

Deren wesentlicher Vorteil: Sie verbrauchen durch zahlreiche Modifikationen und ihre höhere Kapazität pro Passagier bis zu 55 Prozent weniger Energie, und sie stoßen fast keine Partikel mehr aus, weil verflüssigtes Erdgas (Liquid Natural Gas, kurz: LNG) viel sauberer verbrennt als Schiffsdiesel oder gar Schweröl. Kapitän Tommy Möller, der sich das Kommando mit dem Taufkapitän Vincent Cofalka teilt, schwärmt aber nicht nur wegen des Treibstoffs für das neue Schiff: „Wir haben auch bei der Wärmerückgewinnung viel erreicht. Das klappt hier so gut, dass wir das jetzt auf anderen Schiffen nachrüsten werden."

Übrigens: Da man LNG, laut AIDA „eine Brückentechnologie", auch synthetisch herstellen kann, wäre bei ausreichend großem Angebot von Ökostrom irgendwann sogar ein klimaneutraler Betrieb möglich. Michael Thamm, als CEO von Costa Crociere auch Chef von AIDA, sagt: „Bis 2030 wollen wir mit einem ersten Schiff und 2040 dann komplett klimaneutral unterwegs sein, und das schaffen wir auch. Dazu brauchen wir sowohl bei Systemtechnologien wie auch bei der Entwicklung von synthetischen, CO_2-neutralen Kraftstoffen noch mehr Forschung und Entwicklung.

Foto: AIDA

Eine erste Brennstoffzelle mit Methanol-Reformer werden wir auf der AIDAnova einbauen, den Verbrennungsmotor würde ich aber dennoch nicht abschreiben. Großanlagen, wie wir sie haben, besitzen eine hohe Effizienz. Und die kann man so weiterentwickeln, dass sie mit karbonfreien Treibstoffen gut funktionieren."

Es bestehe zudem die Möglichkeit, direkt an der Maschine CO_2 zu binden und das dann woanders wiederzuverwenden, statt es in die Umwelt abzugeben. „Manches, was wir heute noch als Abfall betrachten, kann morgen schon ein Rohstoff sein", sagt Thamm. Bei Lebensmittelrückständen mache man das schon. „Das nennt sich dann Cradle to Cradle, auf Deutsch: Kreislaufwirtschaft."

Hätte es Corona nicht gegeben, wären bald vier LNG-Schiffe für AIDA im Einsatz gewesen. Doch weil der Markt zwischenzeitlich einbrach, wurde nach der Premiere der AIDAnova der zweite Neubau an Costa abgegeben, Schiff Nummer vier übernimmt der Carnival-Konzern für seine US-Eigenmarke. Also blieb für AIDA neben Nummer eins, der AIDAnova, nur noch die Nummer drei. Und die hat am 26. Februar 2022 unter dem Namen AIDAnova zum ersten Mal Gäste an Bord genommen.

Die Premierenfahrt ab und bis Hamburg ist mit rund 3.000 Passagieren ausgebucht – mehr als 60 Prozent lässt das mit dem Flaggenstaat Italien abgestimmte Corona-Konzept, zu dem auch eine Maskenpflicht in Innenräumen gehört und eine doppelte Testpflicht vor dem Boarding, damals nicht zu. Vor allem Wiederholer wollen das neue

Foto: Georg J. Schulz

ZEITMASCHINE: Professor Tempus begrüßt die Gäste in der „Time Machine" (Foto oben)

Fotos: AIDA

Schiff vor seiner offiziellen Taufe am 9. April kennenlernen. Insgesamt sechsmal fährt die AIDAcosma die sonst von der dort eingesetzten AIDAprima – sie ist zu diesem Zeitpunkt in der Werft – übernommene Metropolenroute mit Anläufen in England (Southampton), Frankreich (Cherbourg), Belgien (Zeebrügge) und den Niederlanden (Rotterdam). Die einwöchige Reise ist zugleich ein weiteres Aufbruchsignal für die Branche. „Jetzt sind schon elf Schiffe wieder in Betrieb", freut sich Steffi Heinicke, die als Senior Vice President bei Aida vor allem für den Hotelbetrieb an Bord zuständig ist und die Tour begleitet. Das zwölfte folgt bald.

An Bord kann Heinicke die Unterschiede zwischen der AIDAnova und der neuen AIDAcosma schnell erklären: „Wir haben hier noch etwas mehr Kabinen. Deshalb haben wir auf das Kochstudio verzichtet und den Platz für das neue Spezialitätenrestaurant ‚Beach House' genutzt. Dort kommen Gerichte auf den Tisch, die wir so noch nicht hatten." In der Tat: Ceviche mit Maracuja, Cajun-Calamari oder Hähnchenkeulen mit Schoko-Chili-Sauce findet man sonst nicht, und auch das weiße Interieur sticht heraus.

Aufgerüstet wurde das „Brauhaus", dort gibt es jetzt zusätzlich einen Außengrill. Das Italo-Restaurant „Casa Nova" ist durch eine Trattoria namens „Mamma Mia" ersetzt worden, die nun offener und mit ihren rot karierten Tischdecken auch rustikaler und einladender wirkt. Insgesamt gibt es 17 Restaurants sowie 23 Bars und Cafés, die fast alle Geschmäcker bedienen. Selbst Labskaus steht auf der Karte, das an sich matschige Leibgericht der Norddeutschen, hübsch angerichtet mit Rollmops, Ei und Gurke.

Wie immer gilt eine Dreiteilung: Es gibt Buffetbereiche wie das „Marktrestaurant" und den „Yachtclub", in denen neben dem Essen auch Tischgetränke inklusive sind, dann Bedienrestaurants wie „Beach House", „Brauhaus", „Mamma Mia" und Co., in denen nur die Getränke extra gezahlt werden, sowie Spezialitätenrestaurants wie den „Teppanyaki Asia Grill", das „Rossini" oder die „Churrascaria", wo auch für das Essen ein Aufpreis fällig wird. Eine Besonderheit ist der Besuch der „Time Machine", er kostet pro Erwachsenen inklusive Getränke 19,90 Euro, für Kinder 9,90 Euro.

Ein baulicher Unterschied betrifft die Gestaltung des Hecks. Da die AIDAcosma nach dem Start im Norden künftig eher in wärmeren Gefilden unterwegs sein soll, ist der Activity-Bereich offener gestaltet worden. Hinten, am Ocean Deck auf Ebene 16, befindet sich ein Infinity-Pool. Und auch die AIDA Lounge für Suitengäste hat einen größeren Außenbereich mit Liegen und Pool bekommen.

ABWECHSLUNG GARANTIERT: An Bord der AIDAcosma gibt es 17 Restaurants sowie 23 Bars und Cafés, die fast alle Geschmäcker bedienen, zudem einen riesigen Activity-Bereich mit Wasserrutsche

Noch ein Novum ist die Möglichkeit, die Seenotrettungsübung an Bord per App zu absolvieren: Hat der Gast nach dem Check-in zu einem passenden Zeitpunkt alle Schritte erfolgreich mit dem Smartphone erledigt, muss er sich nur noch einmal kurz mit Schwimmweste an der Musterstation zum digitalen Abhaken melden. Das entzerrt diese vorgeschriebene Maßnahme erheblich.

Bleibt die Frage: Brauchen wir im Kreuzfahrtjahr 2023 eine Zeitmaschine, die uns über schwierige Wochen hinweghilft? Hoffentlich nicht. Aber falls doch, könnte es ja die auf der AIDAcosma sein.

ARKTISCHE ABENTEUER

WER MIT DER HANSEATIC INSPIRATION VON WEST- NACH OSTGRÖNLAND REIST, ERLEBT DORT NICHT NUR EIN NATURWUNDER MIT WALEN UND EISBERGEN, SONDERN SIEHT AUCH DIE FOLGEN DER KLIMAERWÄRMUNG AUS NÄCHSTER NÄHE

VON HENRIK JACOBS (TEXT & FOTOS)

PANORAMA-FOTOSTOPP:
Wo früher die Spiegelreflexkamera gezückt wurde, kommt heute das Smartphone zum Einsatz. Spektakulär sind die meisten Motive dennoch

Foto: A. Laible

DER KAPITÄN:
Ulf Wolter, hier vor seinem ehemaligen Schiff in der Hamburger Heimat, hat nun das Kommando über die Hanseatic inspiration

K

Kapitän Ulf Wolter sitzt gerade im HanseAtrium und erzählt den Passagieren der Hanseatic inspiration aus seinem Leben auf hoher See, als er einen Anruf bekommt. Alarm von der Brücke. Es ist 20.45 Uhr. Wolter legt das Telefon zur Seite, greift erneut zum Mikrofon und grinst. „Heute ist ein großer Tag. Wir haben Polarlicht", sagt Wolter. Wenig später spricht dann auch Expeditionsleiter Hans-Joachim Spitzenberger über den Bordfunk zu Gästen, die schon auf ihren Zimmern liegen, und informiert sie über das seltene Naturschauspiel.

Wolter und seine Besatzung dunkeln das Kreuzfahrtschiff ab, die 197 Passagiere strömen über die Flure, steigen auf Deck 8 und suchen sich einen passenden Aussichtspunkt. Dann knipsen die Kameras im Konzerttakt, während am Himmel die Sonnenwinde auf dem Weg in die Erdatmosphäre über dem Mondschein tanzen. Rund 30 Minuten lang schweben und gleiten die Polarlichter über dem Schiff und formieren sich zu grünlich schimmernden Vorhängen. Vorhang auf für das perfekte Foto, als dazu das Mondlicht auf dem Atlantik reflektiert. Kapitän Wolter spricht hinterher von einem „sensationellen Erlebnis" und dem „intensivsten Polarlicht-Moment", den er hier im Osten von Grönland als Seemann je erlebt hat.

Es ist Tag fünf der Expeditionskreuzfahrt von West- nach Ostgrönland. Wolter steuert die Hanseatic inspiration von Hapag-Lloyd bei dieser Reise von Kangerlussuaq zum Scoresbysund, weiter über den Atlantik und vorbei an der kleinen Ozeaninsel Jan Mayen bis nach Tromsø in Norwegen – 5.176 Kilometer durch das nördliche Polarmeer. Oder wie Kapitän Wolter sagen würde: 2.795 nautische Seemeilen. Zwölf Tage lang erleben die Gäste des Hamburger Seemanns eine ganz besondere Welt voller Gletscher, Eisberge und Meeressäugern. Dazu Polarlichter – in dieser kristallklaren Nacht sind sie einer der Höhepunkte der Reise und erfüllen vielen Passagieren einen großen Traum.

Was Grönland für Menschen bedeutet, wird bereits beim Landeanflug auf Kangerlussuaq klar: Es ist überwiegend eben nicht grün hier, wie einst Erik der Rote behauptete, um Siedler anzulocken, sondern eine Insel voll von Eis, ein großer weißer Fleck auf der Landkarte. Oder in Zahlen ausgedrückt: eine 1,7 Millionen Quadratkilometer große Eisfläche, die 80 Prozent der weltgrößten Insel bedeckt und somit nach der Antarktis als zweitgrößtes Eisschild der Erde gilt. Ein Mythos. Und ein Ort, der sogar Menschen fasziniert, die noch nie dort gewesen sind.

Ulf Wolter hat Grönland schon mehrfach besucht. Der auf der Elbinsel Krautsand bei Glückstadt aufgewachsene und in Hamburg-Övelgönne lebende Kapitän aus einer Seefahrerfamilie fuhr schon vor einigen Jahren mit den früheren Expeditionsschiffen Bremen und Hanseatic in die Arktis, ehe er sechs Jahre lang die Europa 2 steuerte. Seit 2019 ist der 57-Jährige nun auf der Hanseatic inspiration zu Hause und führt das mit vier Dieselgeneratoren ausgestattete Expeditionsschiff – 138,70 Meter lang, 22 Meter breit, 39 Meter hoch – zum ersten Mal nach Grönland. Und was Wolter dort sieht, löst nicht nur Glücksgefühle bei ihm aus. Der ständige Rückgang der Gletscher ist allgegenwärtig. Wo vor Jahren noch das Eis direkt in die Fjorde kalbte, ist heute an vielen Stellen nur noch das Geröll der Gletschermoränen zu sehen. Das Grönlandeis schmilzt unaufhaltsam. Viele Gäste haben die Reise gebucht, um Grönland noch so zu erleben, wie es lange war. Doch der Ist-Zustand verändert sich jedes Jahr. „Der Klimawandel ist ein großes Problem. Der ist in der Arktis nicht zu übersehen. Nach all den Reisen, die ich über die Jahre hinweg gefahren bin, erkenne ich, wie das Eis hier zurückgeht", sagt Wolter.

Er sitzt neben seinem Schreibtisch auf Deck 7 direkt hinter der Brücke und zeigt ein zehn Zentimeter langes Geschenk, das ihm ein Inuit überreicht hat: den Zahn eines Belugawals. In Siorapaluk, der nördlichsten Siedlung der Westküste Grönlands, hatte sich Wolter bei seinem

KÄLTEKAMMER:
Mit dem Zodiac geht es dicht heran an die monumentalen Eismassen. Doch man sieht schon, wie sehr sie bedroht sind

bislang letzten Besuch mit einem der 42 dort lebenden Ureinwohner unterhalten. Und dieser schenkte ihm nicht nur den Zahn, sondern auch die Zeit, um ihm von der Klimaveränderung zu erzählen. Die Winter seien nicht mehr so kalt wie früher. „Wenn das schon jemand erzählt, der in der Arktis lebt, wird es einem noch bewusster", sagt Wolter und legt den zeigefingerlangen Belugawahlzahn zurück auf seinen Schreibtisch. Das Bewusstsein für den Klimawandel bei den Gästen zu erzeugen ist eines der Ziele, die der Kapitän mit seiner Crew auf dieser Reise verfolgt.

Vor allem aber geht es ihnen darum, einzigartige Erinnerungen zu schaffen. So wie am ersten Morgen entlang der Küste auf dem Weg in die Hauptstadt Nuuk. Passagiere mit Balkonkabinen, die gerade zufällig aufs Meer gucken, können die Wasserfontänen auf der Backbordseite aus der Ferne bereits beobachten. Eine Gruppe Buckelwale zieht hier gerade ihre Kreise. Es ist 9.30 Uhr, manche Gäste sitzen noch beim Frühstück und essen ihren ersten Krabbencocktail, als Expeditionsleiter Spitzenberger erstmals über die Bordlautsprecher das Wort ergreift und erklärt, dass auch die Buckelwale gerade Krebstiere verspeisen. Oder, wie es Carina Gsottbauer, die Meeresbiologin an Bord, später bezeichnet: Krill. Rund 20 Buckelwale genießen hier ihre Mahlzeit. Kapitän Wolter dreht bei und nähert sich den Tieren vorsichtig. Sie lassen sich vom Schiff ebenso wenig beim Essen stören wie eine große Gruppe rückenschwimmender Sattelrobben. Fast 30 Minuten lang stoppt Wolter den Kurs der Hanseatic inspiration und genießt selbst den Anblick und die Geräusche der Wale. Die bis zu 16 Meter langen Meeressäuger sind dem Schiff so nah, dass die Gäste ihnen beim Atmen zuhören können. Es klingt fast ein wenig wie in der Geisterbahn auf dem Hamburger Dom. Gespenstische Geräusche, faszinierend zugleich. Immer wieder tauchen die Wale auf und mit ihren riesigen Fluken wieder ab. Das Bild der ins Wasser gleitenden Schwanzflossen dürfte auf allen Kameras der Passagiere abgespeichert sein. Bucketlist: Buckelwale. Check.

Kapitän Wolter macht zwar selbst keine Fotos mehr, dafür genießt er diese Momente doppelt. „Es war ein unglaubliches Geschenk. Außergewöhnlich. Es hat perfekt funktioniert. Das sind die besonderen Momente, die die Gäste begeistern", sagt der Mann, der in seinem Leben auf

EISKLASSE:
Die Hanseatic inspiration ist eines von drei weitgehend baugleichen Expeditionsschiffen

den Weltmeeren schon so viele Tiere gesehen hat. Aus dem Wasser springende Wale, auf Eisschollen treibende Eisbären, Pinguine am Südpol. Wolter fährt mit seiner Hanseatic inspiration nicht nur in die Arktis, sondern auch in die Antarktis. Seit Juni ist er nun aber im Norden unterwegs. Von Island ging es nach Spitzbergen und weiter in die kanadische Hocharktis auf den Spuren der Nordwestpassage. Im Januar beginnt in seinem Heimathafen Hamburg seine nächste Tour – über die Kanaren und Kapverden durch den Südatlantik nach Montevideo und weiter bis nach Patagonien, zu den Falklandinseln und bis Südgeorgien. „Wir pendeln zwischen den Polen", sagt Wolter und nimmt Kurs auf Nuuk.

Der Kapitän legt erstmals in der Hauptstadt an, die der norwegische Missionar Hans Egede im Jahr 1721 gründete. Rund 18.000 Menschen leben hier heute, ein Drittel aller Grönländer. Die Einwohnerzahl hat sich in den vergangenen 40 Jahren verdoppelt. Es gibt ein Einkaufszentrum, ein Fußballstadion, eine Brauerei – und doch fühlt sich das Leben hier ziemlich anders an. Das könnte mit der Entfernung zum Rest der Welt zu tun haben. Oder aber auch mit der Ursprünglichkeit zwischen den 3,8 Milliarden alten Steinen, die man hier noch finden kann. Derlei Details erklären Diedrich Fritzsche und Ulrich Dornsiepen, die beiden Geologen, die auf dem Schiff in täglichen Vorträgen über die Geschichte Grönlands berichten. Dabei lernen die Gäste, dass es vor zehn Millionen Jahren tatsächlich noch gar kein Eis auf Grönland gab und die größte Insel der Welt damals am Äquator lag. Erst vor 2,7 Millionen Jahren wurde Grönland im bislang letzten Eiszeitalter voll vergletschert.

Während das Grönlandeis Stück für Stück abschmilzt, wächst die Hauptstadt. Das sieht man an den vielen Hochhäusern, die am Stadtrand entstehen und architektonisch so gar nicht passen zu den bunten Holzhäusern, die den kleinen Städten hier sonst ihren charakteristischen Charme verleihen. Städtebaulich regiert in der Hauptstadt die Willkür. In Qaqortoq oder Tasiilaq an der Ostküste gelingt es den Einheimischen noch besser, den alten Stil der Inuit zu bewahren. Die ursprünglich als Eskimos bezeichnete indigene Volksgruppe hat sich in den Städten niedergelassen und erzählt den Touristen heute in Form von Trommeltänzen mit Schuhen aus Seehundfell und dem Quilaat, dem einzigen traditionellen Musikinstrument Grönlands aus Eisbärmagen, ihre Geschichte von der Eisbärenjagd mit Harpunen, Kajaks und Schlittenhunden sowie ihrem Leben als Nomaden.

Verlassene Holzhütten sind es auch, die den Großteil der Expeditionen auf dieser Reise auszeichnen. Expeditionsleiter Hans-Joachim Spitzenberger plant in Absprache mit Kapitän Wolter, an welchen Orten die Hanseatic inspiration festmacht. Der 73-Jährige, der als Biologe an der Universität Hamburg unterrichtete und seit 2004 für Hapag-Lloyd um die Welt reist, kennt fast jeden Gletscher von Grönland. Trotzdem gelingt es ihm auf jeder Expeditionskreuzfahrt, neue Ziele anzusteuern. „Wir versuchen, in die entlegenen Regionen Grönlands zu gelangen. An Orte, die sonst kaum jemand besucht", sagt Spitzenberger, als er mit seinem Schlapphut vor einer alten Holzhütte in Hekla Havn im Scoresbysund an der Ostküste steht. „Es ist ein Privileg, hier sein zu können – und für mich immer wieder Ansporn herzukommen. Wir lernen Orte kennen, an denen einen der Mantel der Geschichte streift."

So wie im Scoresbysund, dem größten Fjordsystem der Welt. Ein dänisches Expeditionsteam hatte hier 1892 ein ganzes Jahr in einer selbst gebauten Hütte gelebt und wissenschaftliche Untersuchungen betrieben. Die Hinterlassenschaften in den Hütten sind allerdings noch nicht ganz so alt. Gulaschsuppen, Tanzschuhe oder Tageszeitungen mit Fußballtabellen, in denen der HSV noch auf Champions-League-Plätzen gelistet ist, liegen in den Zimmern.

An die Expeditionsorte werden die Gäste in Zodiacs gebracht. Das sind kleine Schlauchboote, die vom Schiff aus ins Wasser gelassen werden und dann an die Küstenstellen fahren. In Gummistiefeln und blauen Jacken schwärmen die fast 200 Passagiere nach den Anlandungen aus. Sie wirken wie eine Horde Schlümpfe bei einer Mondlandung,

ABGESCHIEDENHEIT:
In Orten wie Tasiilaq an der Ostküste gelingt es den Einheimischen noch, den alten Stil der Inuit zu bewahren

Foto: iStockphoto

FÜR DIE SICHERHEIT:
Thomas Schimmelpfennig ist eigentlich zum Schutz vor Eisbären dabei, er hat aber auch die Passagiere stets im Blick

die etwas planlos durch die unbekannte Landschaft läuft. Gut zu beobachten für die sechs Eisbärenwächter, die eigentlich aufpassen sollen, dass die weißen Raubtiere nicht in die Nähe kommen. Vielmehr müssen die ausgebildeten Jäger aber darauf achten, dass die Kreuzfahrttouristen auf den abgesteckten Wegen bleiben. Von Eisbären ist dagegen nichts zu sehen. Wer höhere Chancen haben will, sie zu sichten, sollte besser die Tour nach Spitzbergen buchen. Auf dieser Reise gibt es viele Krähenbeeren und Rauschbeeren, aber keine Polarbären.

Die Expeditionen in Grönland sind stattdessen etwas für Natur- und Landschaftsliebhaber. Wer die Gabe in sich trägt, sich in den Anblick von Wollgras, grönländischen Glockenblumen oder Polarweide zu verlieben, wird die Wanderungen durch die Tundra lieben. Wer überall nur Spektakuläres erwartet, könnte hingegen etwas enttäuscht sein. Und fährt dann eben mit dem ersten Zodiac zurück zum Schiff und wandert zielgerichtet zu den Jakobsmuscheln am Mittagsbuffet.

Spektakulär, da sind sich alle einig, ist die einstündige Zodiacfahrt durch den sogenannten Eisbergfriedhof am Rande der Roten Insel im Scoresbysund. Gigantische Eisberge sind hier von den kalbenden Gletschern auf Grund gelaufen. Manche brauchen vier bis fünf Jahre, ehe sie schmelzen und sich auf den Weg ins offene Meer machen. Und so können die Zodiacfahrer ihre Passagiere ganz nah an die Eisberge fahren. Das kraftvolle Blau, die abstrakten Formen und das gelegentliche Knacken rauben den Touristen die Sprache. Manche sehen in den wie von Bildhauern geschaffenen Kunstwerken den Taj Mahal, die Titanic oder die Elbphilharmonie. Vielmehr als ein ehrfürchtiges „Wow" in verschiedenen Varianten fällt den meisten aber nicht ein. Selbst Kapitän Wolter, der schon viele Eisberge in seinem Leben gesehen hat, verschlägt es beim Anblick der „ganz besonderen Exemplare", wie er sie übers Bordmikro mehrfach nennt, die Sprache. „Eisberge faszinieren mich immer wieder aufs Neue. Jeder ist anders, jeder hat seine eigene Geschichte. Besonders an der Ostküste sind wir beschenkt worden von magischen Eisbergen. Das löst bei mir Begeisterung aus", sagt der Kapitän auf seiner Brücke, als das Schiff den Scoresbysund verlässt und der Autopilot für die Fahrt über den Atlantik Richtung Jan Mayen und Tromsø eingestellt wird.

Eine gewisse Traurigkeit schwingt aber nicht nur bei Kapitän Wolter und Expeditionsleiter Spitzenberger mit, als wir Grönland hinter uns lassen. Das Abschmelzen der Gletscher konnten die Gäste zwar nur erahnen, dennoch ist diese sich abzeichnende Veränderung der Natur ein ständiger Begleiter gewesen. Auf der Fahrt durch den Prins Christian Sund im Süden Grönlands etwa sieht man zwar wunderschönes Splittereis und schneebedeckte Bergketten, doch das Eis einiger Gletscher ist bereits weg.

Eine Expeditionswanderung in Igdlorssuit endet Hunderte Meter vor der Gletscherzunge. Vor drei Jahren, erzählt Expeditionsleiter Spitzenberger, konnte man diese an gleicher Stelle noch nahezu anfassen. „Es ist ein Trauerspiel", sagt der Biologe, der seine wahrscheinlich letzte Expeditionskreuzfahrt nach Grönland begleitet hat. Kapitän Wolter dagegen wird wiederkommen. „Ich hoffe, den Gästen ist bewusst geworden, was sich hier so massiv verändert – und dass sie dieses Bewusstsein mit nach Hause nehmen. Sie sind auch Botschafter", sagt Wolter und atmet tief durch. „Wir müssen alle umdenken."

WORLD TOUR

EL HIERRO: Diese kleine Kanareninsel liegt noch abseits vom Massentoursimus

DIE WELT VON NICKO CRUISES – DAS WAREN JAHRELANG RHEIN, MAIN, DONAU UND ALL DIE ANDEREN FLÜSSE, AUF DENEN DIE 22 SCHIFFE DES VERANSTALTERS KREUZEN. EBEN PASSAU STATT NASSAU. SEIT EINIGEN JAHREN FÄHRT NICKO NUN AUCH MIT ZWEI SCHIFFEN ZUR SEE. EINES DAVON IST DIE NEUE WORLD VOYAGER

VON UWE BAHN (TEXT & FOTOS)

D

Der Name ist Programm: World Voyager. Das Expeditionsschiff von Nicko Cruises soll die Weltmeere erkunden. Von der Südsee bis zur Nordsee. Ja, auch unser „Hausmeer" gehört zum Routing. Helgoland und Borkum, das ist Expedition light. Bei Minikreuzfahrten vor der Haustür ist die Hemmschwelle nicht so hoch wie bei einer Anreise zu den chilenischen Fjorden oder nach Panama. So schnuppern wir auf der ersten von zwei Reisen auch erst mal ohne einen Flugtransfer.

Von Kiel geht es über Kopenhagen und Sylt nach Hamburg. Ein sehr kleiner Abschnitt einer „World Tour". Mit an Bord ist Randolph Hess. Einst war er *der* Vorzeigekapitän bei AIDA, ein Traumschiff-Kapitän der neuen Generation, der 2003 bei der Taufe der AIDAaura Heidi Klum an seiner Seite hatte. Die kämpfte damals beim Taufspruch um jeden Satz. Als die Kussmund-Schiffe immer größer wurden, verabschiedete sich Randolph Hess in den Lotsendienst nach Bremerhaven. Und nun ist er wieder an Bord und macht keinen Hehl daraus, dass ihm die kleinen Schiffe besser gefallen.

Solche, wie die World Voyager. „Schon das Entrée ist entscheidend, wie die Crew den Gästen im ersten Moment begegnet", erzählt er aus seinem Erfahrungsschatz. Es ist ihm auch sofort aufgefallen, dass die Gangway unverhältnismäßig groß ist. Dann gibt es immerhin keinen Check-in-Stau. Bei einem Schiff mit maximal 200 Passagieren sowieso eine Seltenheit. Und auf unseren Reisen ist sogar

LANDGANG:
Lektor Wolfgang Pröhl erklärt den Passagieren der World Voyager, was es mit der Sisi-Bronze auf Madeira auf sich hat

TENDERN:
In Strandnähe ankert das Schiff vor der Insel Sylt. Die Gäste setzen per Boot über, während ein Fischkutter vorbeizieht

ABENDSTIMMUNG:
In Funchal, Hauptstadt Madeiras, lohnt sich der Bummel durch die schmalen Gassen

nur ein Bruchteil von ihnen an Bord. Die Nachwirkungen von Covid sind zum Zeitpunkt der Reise auch hier noch zu spüren, viele Schiffe sind sehr beschwerlich aus dem Trockendock gekommen.

Randolph Hess könnte sofort das Ruder auf der World Voyager übernehmen. Es juckt ihn. Vielleicht erst mal eines der Zodiacs fahren? „Auch das Schlauchbootfahren muss trainiert werden. Gerade in den Gebieten der Antarktis ist ja eine Anlandung nicht ungefährlich. Man muss da manchmal mit der Welle reinreiten", erzählt Randolph Hess, während seine Augen leuchten. Er gehörte zu den Pionieren bei AIDA, wurde als Kapitän geduzt und war auch immer ein Stück Entertainment. Die neue Lockerheit auf See hat er miterlebt und mitgestaltet. Vor seiner AIDA-Zeit ist er auch auf Expeditionsschiffen gefahren. Und das ist genau die Größe, die ihm gefällt. Auf einer World Tour werden eben auch Häfen angelaufen, die für die großen Schiffe außen vor bleiben müssen.

Kopenhagen gehört nicht dazu, aber auch hier liegt die World Voyager citynäher in unmittelbarer Nähe der kleinen Meerjungfrau. Die ging ja selbst einmal auf World Tour. 2010 war sie an die Weltausstellung in Shanghai ausgeliehen, da stand an ihrer Stelle auf dem Sockel eine kleine LED-Wand mit dem Live-Bild aus China. Schrill. Wir passieren das Original auf dem Weg zum Nyhavn, der Pflichtstation einer Kreuzfahrt nach Kopenhagen. Randolph Hess ist oft dort gewesen.

Die World Voyager fährt nicht in einer Liga mit den Luxus-Expeditionsschiffen wie der Hanseatic-Flotte von Hapag-Lloyd, auch preislich nicht. Und manchmal fällt auf, dass es eben noch nicht mal fünf Jahre Hochseeerfahrung sind, die Nicko Cruises hat. So fehlt ein Gastgeber an Bord, gerade auf einem kleinen Schiff sind Ansprache und persönlicher Kontakt noch wichtiger. Wasserrutschen, Eislaufbahnen und Autoscooter sind verzichtbar. Die World Voyager setzt auf Infotainment und gepflegte Unterhaltung. Sängerin Zhanna aus Riga verzaubert mit ihrer Stimme und ihrem Klavierspiel in der Observation Lounge. Sie werden wir irgendwann in Konzerthallen erleben.

Auch vor der Insel Sylt können nur die kleinen Schiffe ihren Anker werfen. Per Tenderboot geht es in den Hafen von List, der mittlerweile gefühlt zu 50 Prozent „vergoscht" ist. Dazu ein gutes Dutzend Souvenirläden und eine Atmosphäre, als sei die Butterfahrt auferstanden. Einst hat hier Jürgen Gosch mit einer kleinen Fischbude begonnen. Wer so etwas in List sucht, der findet es außerhalb des Hafens. „Sylter Suppen" heißt die kleine Bude von Maurice Morell in der Dünenstraße 1. In einem kleine Wildwuchsgarten können die Gäste die köstlichen veganen Suppen verzehren. Die Öffnungszeiten sind variabel: solange der Vorrat reicht. Der ist meist schnell aufgebraucht.

Die World Voyager hat Hamburg erreicht, liegt dort zentral am kleinen Terminal Baakenhöft in der HafenCity. Wieder ein Vorteil, denn die großen Schiffe im Terminal Steinwerder müssen auf das martime Flair der Landungsbrücken verzichten. Die World Voyager passiert den historischen Ort. In Hamburg verlässt Randolph Hess über die zu breite Gangway das Schiff. Es arbeitet in ihm.

Die zweite Tour mit der World Voyager startet ein paar Monate später auf Teneriffa. Es geht also etwas weiter in die Welt hinaus. Die Kanarischen Inseln gehören allerdings zum Standardprogramm aller Reedereien. Ausgelassen wird dabei meist die kleinste Insel El Hierro. Nicht bei dieser Reise. Eine auf dem Schiff gebuchte Inselrundfahrt macht hier durchaus Sinn. Taxis sind auf El Hierro genauso selten wie Touristen. Ein großes Stück kanarische Ursprünglichkeit kann man in Valverde erleben. Sie ist die einzige kanarische Hauptstadt, die nicht an der Küste liegt. Es geht über Serpentinen auf 700 Meter hinauf.

Architektur und Geschichte sind ein Thema für Wolfgang Pröhl, er ist der Lektor an Bord der World Voyager und erklärt den Passagieren die Welt. Das macht er gut. Schließlich hat der promovierte Wiener davon auch schon einen Großteil gesehen. Mit zwei Vespas und einem himmelblauen Maskottchen-Elefanten ist er von Berlin nach Indien gereist, hat das als Roadmovie verfilmt. Es läuft in Programmkinos und natürlich auch auf der World Voyager. Denn die hat genau den passenden Ort dafür: das Auditorium. Dieser Schiffshörsaal mit großer Leinwand ist ein Eldorado für Lektoren und Keynote Speaker.

Wolfgang Pröhl fühlt sich wie ins Studium zurückversetzt, erzählt aber den Passagieren hier etwas über die Insel Madeira. Muss er sich bei manchen Zielen schnell einlesen, schüttelt er das als Österreicher aus dem Ärmel: Kaiserin Sisi verbrachte einige Zeit auf Madeira. Ihr Leibarzt hatte sie dorthin im Jahre 1860 für fünf Monate zur Kur geschickt. Und so lebte sie mit ihrem hundertköpfigen Hofstaat in der Quinta Vigia in Funchal.

Beim privaten Landgang durch die Inselhauptstadt ist Wolfgang weiter im Dienst. Er ist immer im Dienst. An jeder Hausecke wartet eine Story, ehe er „rein zufällig“ vor der Statue von Sisi steht. Familienzusammenführung. Er ist wirklich ein Lektor mit Leidenschaft. Das zweite Denkmal in Funchal ist kaum zu verfehlen. Jeder, der dort ein

SEEMANN:
Kapitän Randolph Hess hatte früher selbst das Kommando auf großen Schiffen. Heute ist er Gast

Kreuzfahrtschiff verlässt, kommt an Cristiano Ronaldo aus Bronze vorbei, dem berühmtesten Sohn der Stadt. Sein Seepferdchen hat er vermutlich nicht auf Madeira gemacht, sondern auf der Nachbarinsel Porto Santo. Die hat einen langen Sandstrand und ist diesmal auch Ziel der World Voyager. Eine Pflichtstation für ein Entdeckerschiff, schließlich hat Christoph Kolumbus einige Jahre auf Porto Santo mit seiner Frau gelebt, die von dort kam. Das soll an dieser Stelle reichen, wir wollen Wolfgang nicht den Stoff stehlen …

Wir ziehen ein Bad in Porto Santo dem Pool an Bord der World Voyager vor. Der ist einfach eine Fehlplanung. Um Deckplatz darunter zu sparen, wurde er nicht ins Sonnendeck integriert, sondern hochgebaut. Die zweitbeste Lösung. Ansonsten ist die World Voyager ein gut designtes Schiff mit lockerer Bordatmosphäre, das sich gar nicht erst in die Luxusfalle begibt.

Auch wenn die Flottenschwester Vasco da Gama im Jahr 2023 auf eine echte Weltreise geht – die Entdeckerin selbst der kleinsten Häfen ist die World Voyager. Auf ihrer Route 2023 stehen Polarexpeditionen nach Spitzbergen, Grönland und Island, aber auch Badehosen-Destinationen wie die Isla Tortuga in Costa Rica oder Bequia in der Karibik sind auf dem Fahrplan.

Lektor Wolfgang Pröhl kann sich schon mal einlesen. So ist das, wenn man auf Welt-Tournee geht …

ZIELSICHER:
Kopenhagen und Porto Santo:
Die World Voyager hatte bei unseren
Reisen beides im Programm

WIEGE DER RIESEN

PAPENBURG LIEGT NICHT DIREKT AM MEER, DENNOCH ENTSTEHEN HIER GIGANTISCHE SCHIFFE, MIT DENEN KREUZFAHRER WELTWEIT AUF REISEN GEHEN. WER MÖCHTE, KANN DEN INGENIEUREN DER MEYER WERFT BEI DER ARBEIT ÜBER DIE SCHULTER GUCKEN – UND IM ORT NOCH MEHR ERFAHREN

VON ALEXANDER SULANKE

MASSARBEIT:
Wenn bei Meyer gebaute Kreuzfahrtschiffe (wie hier die Spectrum of the Seas) über die Ems in die Nordsee überführt werden, kommt es auf jeden Zentimeter an

Foto: Christophe Gateau/dpa

IDYLLE:
Die ganze Gegend ist von Kanälen durchzogen, die früher zum Verschiffen von Torf genutzt wurden

W

Wer sich Papenburg von der Autobahn 31 aus annähert, erkennt schon aus der Ferne, wo Ostfriesland endet und das Emsland beginnt. Etwa zwei Kilometer nordwestlich, unmittelbar nach einer leichten Rechtskurve, gibt die platte Landschaft den Blick frei auf die Grenze, die hier ein kurzes Stück dem natürlichen Verlauf der Ems folgt. Wie eine Mauer ragt dort etwas empor. Eine weiße Wand, mit vielen Fenstern, Balkonen – und einem Schornstein obendrauf. Die Arvia, 344 Meter lang, 20 Decks hoch, mit Platz für 5.200 Menschen. Ein Kreuzfahrtschiff kurz vor seiner Auslieferung. Und ein Markenzeichen dieser Stadt von knapp 40.000 Einwohnern, die heute weltweit vor allem über ihren größten Arbeitgeber definiert wird: die Meyer Werft.

Auswärtige staunen bei diesem Anblick, der sich etwa dreimal im Jahr bietet, wenn ein fast auslieferungsfertiger Ozeanriese im Werfthafen liegt. Einheimische erfüllt er mit Stolz, vermittelt ihnen ein Gefühl des Nachhausekommens und des Zuhauseseins. „Es gibt kaum eine Familie in der Stadt, die niemanden kennt, der auf der Werft gearbeitet hat oder noch arbeitet", sagt Vanessa Gattung, die junge Bürgermeisterin. „Viele hier haben Kapitäne als Vorfahren. Jeder kann dazu eine Geschichte erzählen", bestätigt Sabine Pinkernell, die Museumschefin. „Ohne die Werft wäre die Region nur eine schöne Gegend zum Radfahren und zum Wandern im Moor", gibt auch Christoph Assies zu, der Sprecher von Papenburg Marketing.

Die Werft, sie ist also so etwas wie das Herz dieser Stadt, obwohl an ihrem Rand gelegen. Ein Ort in der Provinz, an dem Fernweh erwächst und Urlaubsträume Gestalt annehmen. Selbst wenn sie hier noch nach Stahl und Schweißarbeiten riechen, nicht nach salziger Meeresluft. Das echte Meer liegt rund 40 Kilometer nordwestlich entfernt. Wie kann man bloß auf die Idee kommen, hier Schiffe zu bauen? Und dann noch so große?

Die Suche nach einer Erklärung beginnt gut drei Kilometer südöstlich der Werft. Dort ducken sich einige unscheinbare Backsteinhäuser am Ufer des Splittingkanals, eine der vielen künstlich angelegten Wasserstraßen, die Papenburg durchziehen. Van-Velen-Anlage heißt das Ensemble. Vor dem Häuschen ganz vorn am Kanal sitzt Hans Vosse in einem Sessel aus Korbgeflecht, lässt sich die Sonne ins Gesicht scheinen und wartet auf Besucher. Der 75-Jährige ist ein wandelndes Geschichtsbuch, er weiß alles über Papenburgs Vergangenheit – und erzählt auch gern davon.

Vosse hält das Jahr 1631 für ein besonders bedeutendes in der Papenburger Geschichte. Es ist jene Zeit, in der Drost Dietrich Graf von Velen beschließt, genau hier, auf dem ihm überlassenen Land, eine Fehnkolonie nach holländischem Vorbild zu errichten, also Moor zu besiedeln und Torf abbauen zu lassen. Es soll die erste Fehnkolonie Deutschlands werden – und bis heute die längste bleiben. Doch der Weg dorthin ist beschwerlich. „Zunächst mussten Kanäle gegraben werden, um das Land zu entwässern", sagt Hans Vosse. „43 Kilometer lang, 14 Meter breit, 1,80 Meter tief." Die ersten Siedler leben in Plackenhütten ohne Fenster, sie

TECHNIK: Neue Kreuzfahrtschiffe entstehen bei der Meyer Weft in einem ausgeklügelten Baukastensystem. Hier gibt es auch ein Besucherzentrum

Fotos: Alexander Sulanke

schlafen im Sitzen, weil das Moor giftige Gase ausdünstet, die sich in Bodennähe halten. Die Kindessterblichkeit ist hoch, das Durchschnittsalter liegt unter 30.

1638 beginnt der Torfabbau. „Und mit ihm entstehen die ersten Tagewerkschiffe. Das sind Plattbodenboote, auf die ein Tagewerk passte: 10.000 Stück Torf, gestochen von fünf Personen", berichtet Vosse. An diesem Punkt der Geschichte kommen nun die Ostfriesen ins Spiel. Sie wollen Torf, und sie haben Ziegelsteine. „Für 10.000 Stück Torf gab's 23 Steine", so Vosse. Ein gemauertes Haus zu bauen dauert unter diesen Umständen drei Generationen. „Dem Ersten der Tod, dem Zweiten die Not und dem Dritten das Brot" – ein Schlüsselsatz in Papenburgs Geschichte.

Vosse eilt nun zum Ufer des Splittingkanals, an dem das Modell eines Tagewerkschiffs an Land liegt. „Die Papenburger dachten: Wenn wir kleine Schiffe bauen können, dann können wir auch große bauen." 1780 beginnt die Blütezeit der Segelschifffahrt, 1860 erreicht sie ihren Höhepunkt. „23 Schiffswerften gab es in Papenburg. Jedes Jahr wurden 60 Schiffe gebaut. Über 200 Großsegler hatten wir im Einsatz, mehr als Hamburg." Er blickt den Kanal entlang, als halte er Ausschau nach einem schwer beladenen Großfrachter aus Übersee, der unter vollen Segeln einläuft, holt tief Luft, seufzt. „Ja, wir waren eine Macht!"

Doch gegen Ende des 19. Jahrhunderts kommen die ersten Stahlschiffe auf. Die Papenburger Reeder sind außer sich ob dieses Schwachsinns, einer von ihnen wirft der Legende nach ein Hufeisen in den Kanal, das dann auch prompt untergeht. Der Beweis dafür, dass Metall nicht schwimmen könne. Und dann zeigt sich, was passieren kann, wenn der Falsche zum falschen Zeitpunkt ein Hufeisen ins Wasser wirft. Alle sind ganz schnell pleite, fast alle. Josef Lambert Meyer (1846–1920) beurteilt den Sachverhalt mit dem Hufeisen etwas anders. Der Rest ist bekannt.

Sabine Pinkernell ist Geschäftsführerin der städtischen Tochtergesellschaft LGS gGmbH und verantwortet außer Citymanagement und Touristeninformation auch die neueste Attraktion der Stadt. In einem alten Backsteinspeicher auf dem früheren Betriebsgelände der Meyer Werft hat Papenburg für 3,6 Millionen Euro ein Geschichtsmuseum mit dem Schwerpunkt Schifffahrt erschaffen, „Maritime Erlebniswelt" genannt und erst im Mai 2022 eröffnet. Es ist eine auch interaktive Mitmachausstellung, die den ganz großen Bogen schlägt von der Moorsiedlung bis zur Traumschiff-Fabrik. Besucher können ein virtuelles Schiff konfigurieren und auf wandfüllenden Bildschirmen dessen Stapellauf anschauen – mittendrin im Papenburg der 1850er-Jahre. Doch auch auf der Werft von heute sind nicht grundlos Busse geparkt, von Tor 1 sind es nur ein paar Hundert Schritte bis zum Besucherzentrum. Dort steht Oswald Tinnemeyer vor dem originalgroßen Modell einer Schiffsschraube, das ihn deutlich überragt, und erklärt einer Reisegruppe, wie moderner Passagierschiffbau funktioniert. Mit rund 250.000 Gästen in normalen Jahren ist das Besucherzentrum der Meyer Werft die Hauptattraktion der Stadt, Papenburg Marketing mit Christoph Assies betreibt es in Meyers Auftrag. Die Gäste können dort durch eine Glasscheibe von einer Galerie aus direkt in die Produktion blicken. Der Anblick ist atemberaubend. „Näher kommt man dem Schiffbau nirgendwo auf der Welt", sagt Assies.

Begonnen hat die Geschichte dieser Einrichtung vor 30 Jahren mit einer kleinen Tribüne. Die Bevölkerung sollte sehen können, wie die großen Schiffe gebaut werden. Die Werftarbeiter, berichtet Assies, hätten zunächst dagegen

GUT DRAUF:
Papenburgs Bürgermeisterin Vanessa Gattung im Museum „Maritime Erlebniswelt“

opponiert, weil sie sich ausgestellt gefühlt hätten, ein bisschen wie im Zoo. Inzwischen ist die Anlage 3.500 Quadratmeter groß, in neun Themenwelten gegliedert und bietet Einblick in vier Originalkabinen der neuesten Ozeanriesen. In einem Panoramakino läuft, opulent in Bild und Musik, der Imagefilm „Sinfonie der Meere“. Botschaft: Ein Schiff zu bauen steht einer Komposition in nichts nach.

716 Partituren haben sie laut firmeneigener Chronik bisher bei Meyer komponiert, die Arvia für die Reederei P&O Cruises ist beim Besuch des Kreuzfahrt Guide die jüngste. Viele Schiffe sind im Besucherzentrum als Modell zu sehen, darunter moderne Legenden wie die Quantum of The Seas (Baujahr 2014, Nummer 697), aber auch die Homeric mit der Nummer 610 – das erste, 1985 von Meyer gebaute Kreuzfahrtschiff, welches mit 204 Meter Länge für heutige Verhältnisse eher klein ist und die letzte Fahrt Richtung Türkei bereits angetreten hat. Dort werden einst stolze Cruiseliner abgewrackt.

Nummer 717 liegt im Herbst 2022 gerade im Trockendock, mit mehr als einem halben Kilometer Länge, 125 Meter Breite und 75 Meter Höhe das größte überdachte Dock der Welt. Der Kran an der Decke erreicht jeden Winkel der Halle und kann 800 Tonnen heben. Zuerst werden dort Stahlkammern von der Größe etwa einer Kabine zusammengeschweißt, dann zu sogenannten Sektionen vereint, schließlich werden daraus Blöcke. „Sieben bis zehn Sektionen ergeben einen Block, 80 bis 100 Blöcke ein Schiff“, erklärt Meyer-Sprecher Florian Feimann unten in der Halle. 80.000 Quadratmeter Fläche, 400 Kilometer Rohrleitungen. Nummer 717 war ursprünglich als AIDA Helios III geplant, nun wird es die Caribbean Jubilee für denselben Konzern, nur für eine andere Marke, aber auch mit LNG-Antrieb. „In Nordamerika spielt Corona keine Rolle mehr, da hat sich das Kreuzfahrtgeschäft noch schneller erholt als in Deutschland“, sagt Feimann und hebt stolz die Flexibilität der Papenburger Schiffsbauer hervor. Ein anderes Branding brauche der Luxusliner jetzt, „und ob nun eine 300 Meter lange Wasserrutsche aufs oberste Deck kommt oder eine 200 Meter lange Achterbahn, macht dann auch keinen großen Unterschied mehr“.

1.000 bis 2.000 Menschen arbeiten gleichzeitig an einem Schiff, rund 1.300 Ingenieure beschäftigt die Meyer Werft. Ganz oben auf der Agenda stehen umweltfreundliche Antriebe – neben LNG, das Experten als Brückentechnologie sehen – etwa mit Brennstoffzellen.

Ein weiteres neues Geschäftsfeld Meyers sind schwimmende Immobilien. Feimann: „Was wir auf unseren Schiffen machen, nämlich eine autarke Kleinstadt bauen – das kann man durchaus in den Wohnungsbau übertragen.“

2022 ERÖFFNET:
Die „Maritime Erlebniswelt“ wurde von der EU, dem Land Niedersachsen, dem Landkreis Emsland und der Stadt Papenburg finanziert

Fotos: Alexander Sulanke

AIDA CRUISES 101 /// AZAMARA CLUB CRUISES 106 ///
CARNIVAL CRUISE LINE 107 /// CELEBRITY CRUISES 111 ///
CELESTYAL CRUISES 114 /// COSTA KREUZFAHRTEN 115 ///
CUNARD LINE 118 /// DISNEY CRUISE LINE 121 ///
HANSA TOURISTIK 125 /// HAPAG-LLOYD CRUISES 126 ///
HAVILA 130 /// HOLLAND AMERICA LINE 131 ///
HURTIGRUTEN 133 /// ICELAND PROCRUISES 136 ///
MSC KREUZFAHRTEN 138 /// NICKO CRUISES 142 ///
NORWEGIAN CRUISE LINE 145 /// OCEANIA CRUISES 149 ///
PHOENIX REISEN 152 /// PLANTOURS 157 ///
PONANT 159 /// POSEIDON EXPEDITIONS 163 ///
PRINCESS CRUISES 164 /// REGENT SEVEN SEAS CRUISES 167 ///
ROYAL CARIBBEAN INTERNATIONAL 169 ///
SEABOURN CRUISE LINE 173 /// SEA CLOUD CRUISES 176 ///
SEADREAM YACHT CLUB 179 /// SILVERSEA CRUISES 180 ///
STAR CLIPPERS 183 /// SWAN HELLENIC 186 ///
TUI CRUISES 187 /// VIRGIN VOYAGES 191 ///

SCHIFFE & ROUTEN

SALZWASSER

DER MARKT

Vier Big Player teilen sich bislang rund 85 Prozent des weltweiten Angebots an Hochseeschiffen: Carnival, Royal Caribbean, Norwegian und MSC Cruises. Nach Corona und wegen einiger Neubauten verschieben sich die Machtverhältnisse in den nächsten Jahren allerdings zum Teil deutlich

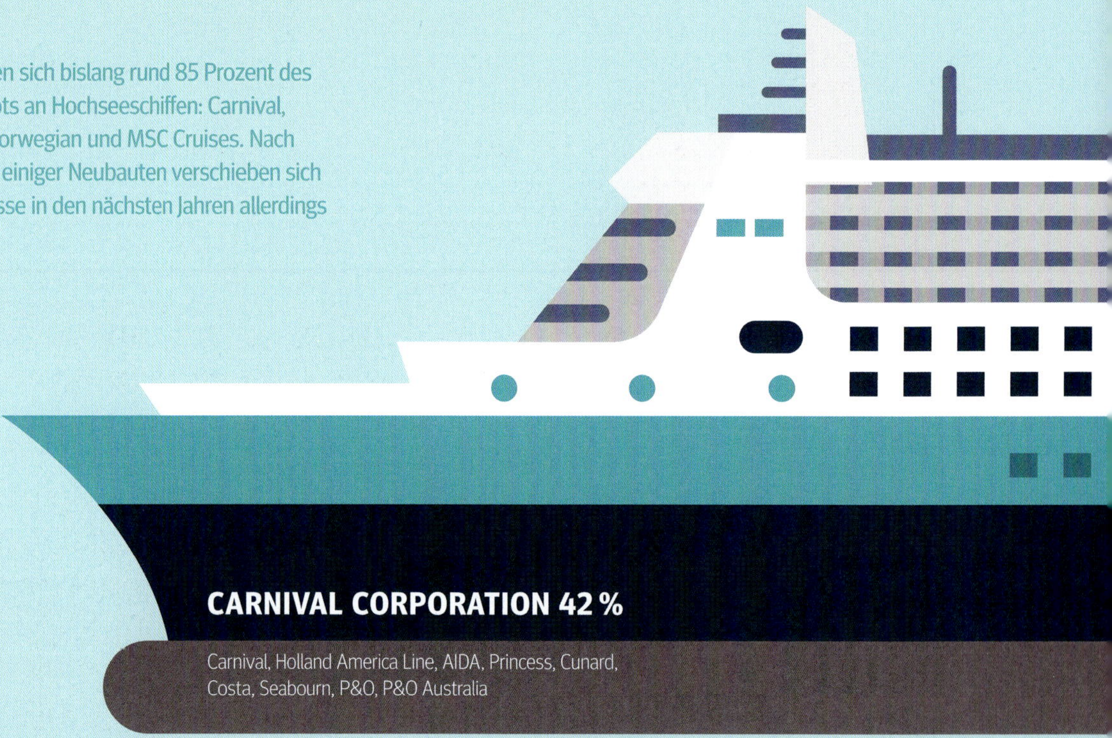

Rund 325 Kreuzfahrtschiffe fahren derzeit über die Weltmeere, die wichtigsten unter der Regie von Großkonzernen. Gut 90 Schiffe gehen allein auf das Konto der **Carnival Corporation** aus Miami. Als erster Coup gelang dem Marktführer 1989 die Übernahme der Holland America Line. Neben der „Hausmarke" Carnival Cruise Line zählen inzwischen der italienische Big Player Costa, aber auch die Edelmarken Cunard und Seabourn zum Portfolio. Eine Machtübernahme durch den größten Konkurrenten, Royal Caribbean, konnte 2003 durch den Einkauf von Princess Cruises verhindert werden. Zugleich verleibte sich Carnival auch P&O Australia und die bekannteste deutsche Marke ein: AIDA Cruises. Insgesamt stellt die Carnival Corporation zurzeit rund 232.000 Betten zur Verfügung, weitere acht Schiffe sind bestellt.

Gigant Nummer zwei startete in den 1970er-Jahren als norwegische Gesellschaft: **Royal Caribbean Cruises**. 1997 kaufte das inzwischen amerikanisch-norwegische Unternehmen Celebrity Cruises, 2007 kam die Nobelmarke Azamara hinzu. Die französische Beteiligung Croisières de France ging 2017 in der spanischen Tochter Pullmantur auf. 2009 stieg Royal Caribbean mit 50 Prozent bei TUI Cruises (hierzu

zählt auch Hapag-Lloyd) ein, 2018 kamen zwei Drittel der Anteile am Luxusanbieter Silversea Cruises hinzu. Der Konzern betreibt (teilweise im Joint Venture) aktuell 64 Schiffe, die zu rund 1.000 Zielen weltweit fahren. Geplant sind aktuell zehn Neubauten, darunter auch Riesen wie Utopia of the Seas (2024) mit rund 6.000 Passagieren.

Der nach beförderten Passagieren im Jahr 2021 dritte große Player ist im Gegensatz zu den anderen nicht börsennotiert, sondern ein Familienunternehmen: **MSC Cruises** mit Sitz in Genf. Es gehört der Familie Aponte aus Neapel, die auch in der Containerschifffahrt ganz oben mitspielt. Aktuell zählt das Unternehmen 19 Schiffe, zwei weitere – nach der Seascape auch die World Europa – werden in Kürze fertig. Danach kommen neben neuen Riesen auch sechs Expeditionsschiffe unter der Marke Explora Journeys. Diese sollen teilweise mit LNG und später mit grünem Wasserstoff fahren.

Von MSC überholt worden ist die **Norwegian Cruise Line Holding**, zu der neben NCL auch Oceania und Regent Seven Seas gehören. Doch auch dort plant man mit neuen Schiffen, und in den Zahlen von 2021 ist auch die gerade erst getaufte Norwegian Prima noch nicht enthalten. ///

NEUE SCHIFFE

UM DIE 20 NEUBAUTEN GEHEN 2023 AN DEN START, NEBEN MEGALINERN SIND AUCH DANN WIEDER KLEINE EXPEDITIONS- UND LUXUSSCHIFFE DABEI. EIN ÜBERBLICK

MSC-ABLEGER

Im Mai 2023 schickt die Reederei MSC mit der **Explora I** das erste von sechs geplanten Schiffen der neuen Luxuskreuzfahrtmarke **Explora Journeys** auf Jungfernfahrt. Für den Start werden nicht nur interessante Routings auch jenseits der üblichen Häfen versprochen, sondern ebenso günstige Einzelbelegungszuschläge sowie viele Inklusivleistungen. Kapitänin wird Serena Melani, die von Regent Seven Seas Cruises zu Explora wechselt. Das Schiff ist 248 Meter lang, wird bei Fincantieri gebaut und hat Platz für 900 Passagiere und voraussichtlich 640 Crew-Mitglieder.

SCHICK AM POOL

Die **Vista** von **Oceania** startet im April zur Jungfernfahrt und bietet ihren (bei Doppelbelegung) bis zu 1.200 Passagieren ein eindrucksvolles Ambiente an Bord. Der Poolbereich mit Holz-Look und Loungemöbeln ist ein Hingucker, das Restaurantkonzept verspricht neue gastronomische Auswahlmöglichkeiten. Und auch das Kabinenangebot für die Zielgruppe der Alleinreisenden wird verbessert. Gebaut wird das Schiff zurzeit bei Fincantieri in Italien.

NOCH ZWEI LADYS

Virgin Voyages erweitert die Flotte um die **Resilient Lady** (Taufe im Sommer, war ursprünglich schon für 2022 geplant) und die **Brilliant Lady**, dann hat man ab dem Jahr 2023 vier weitgehend baugleiche Schiffe in der Flotte. Alle wurden oder werden bei Fincantieri in Italien gebaut und bieten bei Doppelbelegung rund 2.700 Passagieren Platz.

ERST HEISS, DANN EIS

Die **Seabourn Pursuit** ist das zweite Expeditionsschiff von Seabourn und soll ab Oktober mit maximal 264 Passagieren auf Expeditionsreisen gehen. Gebaut wird das Schiff mit Eisklasse PC 6 bei T. Mariotti in Genua. Das Interieur verspricht gediegenen Luxus, die Routen führen nicht nur ins Eis, sondern zunächst nach Guyana und nach Brasilien ins Amazonasbecken. An Bord sind 24 Zodiacs und ein 26-köpfiges Expeditionsteam.

Fotos: Reedereien

GEBURT EINER IKONE

Wenn **Royal Caribbean** für seine Hauptmarke ein neues Schiff auflegt, dann wird es ein Megaliner, so viel ist sicher. Auch die **Icon of the Seas**, das erste Schiff der LNG-angetriebenen Icon-Klasse, ist ein Gigant, der nicht nur Bordentertainment ohne Ende bietet, sondern auch (bei Doppelbelegung) Platz für 5.650 Passagiere. Mit einer kolportierten BRZ von rund 232.500 ist das Schiff viel größer als die Quantum-Klasse und erreicht in etwa das Format der Oasis-Klasse. Die bei der Meyer Werft in Turku gebaute Icon of the Seas soll im dritten Quartal in Dienst gestellt werden und neben Innovationen für den Gast auch welche bei der Nachhaltigkeit mitbringen.

KARTBAHN AUF SEE

„Fahren Sie ein Rennen über eine mehr als 400 Meter lange Strecke und erleben Sie Adrenalin pur." Mit diesem Satz wirbt NCL für die **Norwegian Viva**, deren Kartbahn wie auf der Prima über drei Decks geht. Auch sonst verspricht der Megaliner jede Menge Entertainment an Bord: von einer der schnellsten Trockenrutschen auf See bis zum Erkunden virtueller Welten. Das Schiff für rund 3.300 Passagiere wird wie die Schwester bei Fincantieri in Italien gebaut.

JUBELN BEI CARNIVAL

Ein weiteres Schiff der LNG-getriebenen Edge-Klasse, zu der auch AIDAnova, Costa Smeralda und Carnival Mardi Gras gehören, wird von der Meyer Wert an den US-Konzern übergeben. Der Name des Schiffs lautet **Carnival Jubilee**.

ALLES INKLUSIVE

Wie von **Regent Seven Seas** nicht anders zu erwarten, soll auch die **Seven Seas Grandeur** höchste Standards im Bereich Service, Komfort, Design und Kulinarik erfüllen. Deshalb werden auf dem 224 Meter langen Kreuzfahrtschiff maximal 732 Gäste von rund 540 Crew-Mitglieder versorgt. Die Gäste kommen in den Genuss des Alles-inklusive-Konzepts, das bei dieser Reederei auch Landausflüge inkludiert. Alle Passagiere wohnen in Balkonsuiten. Die Jungfernfahrt soll im November ab Barcelona starten, Werft ist Fincantieri (Ancona).

Fotos: Reedereien

WENN DER HELI LANDET

Die **Scenic Eclipse II** wird im August in Dienst gestellt und ist baugleich mit der Eclipse von **Scenic Luxury Cruises**. Das bedeutet: Es gibt an Bord Platz für lediglich 228 Passagiere in 114 Suiten verschiedener Kategorien. Die in Kroatien bei Uljanik Shipyard gebaute Expeditionsjacht bietet viel Luxus, darunter einen Butlerservice. Bordeigene Zodiacs, ein Helikopter, der auf dem Schiff starten und landen kann, sowie ein eigenes U-Boot unterstreichen den Abenteueranspruch dieses Schiffs. Das Crew-Gäste-Verhältnis soll in etwa bei 1:1 liegen, Flughafentransfers, Landausflüge und Trinkgelder sind im Reisepreis bereits enthalten. Neben Destinationen wie Karibik, Mittelmeer und Nordeuropa stehen auch Australien, Indonesien, Polynesien und die Antarktis auf dem Programm der Reederei.

WELCHES SCHIFF PASST ZU MIR?

Bei der Beantwortung dieser entscheidenden Frage sollen Ihnen die folgenden Seiten helfen: mehr als 100 Hochseeschiffe in detaillierten Porträts

Weltweit gibt es heute mehr als 300 Kreuzfahrtschiffe auf hoher See. Wir haben all jene ausgewählt, die für deutschsprachige Passagiere im Jahr 2023 von Interesse sind. Diese Schiffe betrachten wir im Detail, in von Fachjournalisten verfassten Porträts, mit allen wichtigen Daten, Fakten und Kennzahlen – und mit Charakterisierungen im „Profil", in dem in je sechs Kategorien bis zu fünf Anker vergeben werden. Diese Aufteilung ermöglicht Ihnen die Auswahl des Schiffs, das am besten zu Ihnen passt. Und sie ersetzt die – problematische – Bewertung mit einer Gesamtnote in Sternen oder Ähnlichem. Die Ankerpunkte definieren wir wie folgt:

INFOTAINMENT & ENTERTAINMENT

- 1 Anker – einfache Unterhaltung; Musik, Spiele etc.
- 2 Anker – Bordprogramme mit Künstlern und/oder Lektoren
- 3 Anker – gehobene Bordprogramme mit Künstlern und/oder Lektoren
- 4 Anker – professionelle Bordprogramme, Lektorate/Vorträge; zusätzliche Angebote wie z. B. Diskothek, Kino o. Ä.
- 5 Anker – hochklassige Bühnenshows in großen Theatern; Lektorate/Vorträge; professionelles Equipment; viele Zusatzangebote

SPORT & WELLNESS

- 1 Anker – Gymnastik ohne spezielle Geräte
- 2 Anker – einfache Sportgeräte vorhanden; kein Wellnessangebot
- 3 Anker – Fitnessbereich und Wellnessangebot mit Betreuung; Pool(s) und Sauna vorhanden
- 4 Anker – Fitnessbereich und Wellnessangebot mit professioneller Betreuung; Zusatzangebote wie z. B. Joggingpfad, Spielflächen für Ballsport o. Ä.
- 5 Anker – hochklassig geführter Fitness-, Spa- und Wellnessbereich; großzügiger Pool bzw. Pool-Landschaft; Zusatzangebote wie Mountainbikes, Kletterwand, Golfsimulator o. Ä.

GASTRONOMIE

- 1 Anker – einfachstes Angebot in schlichtem Ambiente
- 2 Anker – solides Angebot ohne besonderen Anspruch
- 3 Anker – gutes Angebot in gepflegtem Ambiente
- 4 Anker – anspruchsvolles und vielfältiges Angebot in niveauvollem Ambiente
- 5 Anker – herausragendes Angebot auf Sterneniveau in exklusivem Ambiente

FAMILIENFREUNDLICHKEIT

- 1 Anker – für Kinder eher ungeeignet
- 2 Anker – für Kinder bedingt geeignet; keine speziellen Einrichtungen
- 3 Anker – Kinder willkommen; einfache Einrichtungen und/oder Aktivitäten für Kinder
- 4 Anker – Kinder willkommen; gute Einrichtungen und Aktivitäten mit professioneller Betreuung
- 5 Anker – Kinder willkommen; vorbildliche Einrichtungen und Aktivitäten mit professioneller Betreuung; Zusatzangebote wie z. B. Babysitter

SERVICE

- 1 Anker – nur passive Gästebetreuung
- 2 Anker – solider Service auf einfachem Niveau
- 3 Anker – guter Service in Restaurants, Kabinen und allen anderen öffentlichen Bereichen
- 4 Anker – freundlicher und professioneller Service; jederzeit aufmerksames und ansprechbereites Personal
- 5 Anker – perfekter Service – der Gast ist König

ROUTING

- 1 Anker – langweilige Häfen, feste Standardroute
- 2 Anker – wenige im Wechsel befahrene feste Routen in einem Gebiet, in das viele Reedereien fahren
- 3 Anker – im Wechsel befahrene feste Routen mit einigen Highlight-Häfen in unterschiedlichen saisonalen Fahrgebieten
- 4 Anker – drei oder mehr variable Routen in aller Welt, meist ohne „neue" und/oder seltene Häfen und Fahrgebiete. Auch: Spezialrouten, die sonst keiner hat
- 5 Anker – kreative „neue" Routen in aller Welt mit wenigen Wiederholungen und ungewöhnlichen Häfen sowie echten Pionier-Anlandungen

SCHIFFE, DATEN, FAKTEN – HINWEISE ZU DEN PORTRÄTS

Auf den ersten Blick mag manches verwirrend erscheinen – doch die wichtigsten Kennzahlen eines Schiffs geben objektiv Auskunft über seine Stärken und Schwächen. Um Ihnen eine Hilfestellung zu geben, haben wir für Sie Profile erstellt. Wie man sie richtig deutet, erfahren Sie hier:

BRZ: Die Bruttoraumzahl bezeichnet die Größe der Schiffe. Früher sprach man von BRT (Bruttoregistertonnen), doch die Raumzahl ist präziser und wird daher auch im „internationalen Schiffsmessbrief" für jedes Schiff geführt

Passagiere: Soweit verfügbar, stehen hier zwei Werte. Der erste nennt die Gästezahl bei Standardbelegung aller Kabinen und Suiten, der zweite die Maximalbelegung, d. h. inklusive aller Zustell- und Oberbetten

Preis pro Nacht: Werte auf Basis einer Stichtag-Datenbankabfrage eines führenden Internetportals für Kreuzfahrten. Siehe dazu auch die hintere Buchinnenklappe

Profil: Zu den Kriterien bitte einmal zurückblättern

DATEN & FAKTEN

BRZ 141.000	**Crew-Mitglieder** 1.346
Länge 330,10 m	**PCR (Pass. pro Crew)** 3,2
Breite 47,25 m	**PSR (Platzangebot)** 39,6
Indienststellung 2013	**Passagierdecks** 17
Bordsprache Englisch	**Restaurants** 9
Passagiere 3.560/4.340	**Bars** 121

Kabinen	1.780 (1.438 außen, 342 innen), davon 40 Suiten u. 306 Minisuiten mit Balkon, 360 Deluxe-Balkonkab., 732 Balkonkab.; Größen: 15–60 qm
Sport & Wellness	3 Pools, 6 Whirlpools, Fitnesscenter, Lotus Spa und Sanctuary für Erwachsene, Driving Range, Putting Green, Jogging
Info-/Entertainment	Showtheater, Casino, Nightclub, „Movies under the Stars", Bibliothek, Internetcafé, Kinderclub
Dresscode	meist leger, zwei formelle Abende
Preis pro Nacht	€ 81 bis € 587; Durchschn. € 162
Info	Princess Cruises München, Tel. (089) 51 70 34 50 www.princesscruises.de

PROFIL

Info-/Entertainment	⚓⚓⚓⚓⚓
Sport & Wellness	⚓⚓⚓⚓○
Gastronomie	⚓⚓⚓○○
Familienfreundlichkeit	⚓⚓○○○
Service	⚓○○○○
Routing	⚓○○○○

PCR (Passenger Crew Ratio): Diese Kennzahl misst das Verhältnis zwischen Passagieren und Crew-Mitgliedern. Z. B. hier: Auf 1 Crew-Mitglied kommen 3,2 Passagiere. Spitzenwerte liegen bei 1,2 bis 1,6 – schlechte Werte bei 3,5 und höher

PSR (Passenger Space Ratio): Diese Kennzahl gibt Auskunft über den Platz, der einem einzelnen Passagier rein rechnerisch an Bord zur Verfügung steht. Dafür wird die Tonnage durch die Gästezahl (Standard-Vollbelegung) geteilt. Bei Werten unter 10 ist das Platzangebot sehr beengt, bei Werten über 40 sehr großzügig

Passagierdecks: Gezählt werden hier nur die Decks, die auch für Passagiere zugänglich sind, also keine reinen Crew- und Maschinendecks

AIDA Cruises

Aura, Sphinx, Hyperion, Helios: In vier Klassen präsentiert sich die deutsche Nummer eins

1996 begann es: Mit der ersten **AIDA** (der ehemaligen **AIDAcara**) führte die Deutsche Seereederei aus Rostock die „Clubschiff"-Idee ein – und warf mit ihr fast alles über Bord, was bis dahin in der deutschen Kreuzfahrt etabliert war. Statt Service am Tisch gab es Buffets, Dresscodes wurden abgeschafft, man duzte die Gäste sogar. Dafür rückten Entertainment, Sport und Wellness ins Zentrum. Und mit dem Kussmund am Bug erhielten die 2003 unter das Dach der Carnival Corporation geschlüpften Schiffe ihr geniales Markenzeichen. AIDA ist heute deutscher Marktführer, eine Position, die man durch immer wieder progressive Ideen zu halten weiß. Dazu zählen das Theatrium und das „Brauhaus" zur See bei der **Sphinx-Klasse** oder der Beach Club unter einfahrbarem Foliendach, der die in Japan gebauten **Hyperion-Schiffe** zu Allwetter-Linern macht. Auch die beiden Schiffe der neuen Helios-Klasse – also **AIDAnova** und **AIDAcosma** – setzten Maßstäbe, waren sie doch die ersten mit Flüssiggasantrieb (LNG). Gemeinsam mit der ausführenden Meyer Werft hat AIDA damit in Sachen Nachhaltigkeit eine Vorreiterrolle übernommen. Als erstes großes Kreuzfahrtschiff wurde die **AIDAprima** testweise mit einer Mischung aus Biokraftstoff, der zu 100 Prozent aus nachhaltigen Rohstoffen wie Altspeiseöl hergestellt wird, und Marinegasöl (MGO) betankt. Bei den Oldies wurde derweil ausgedünnt, drei ältere Schiffe hat AIDA vom Markt genommen und verkauft.

Schiff	Baujahr	Passagiere
AIDAaura	2003	1.266/1.528
AIDAdiva	2007	2.050/2.500
AIDAbella	2008	2.050/2.500
AIDAluna	2009	2.050/2.500
AIDAblu	2010	2.194/2.500
AIDAsol	2011	2.194/2.500
AIDAmar	2012	2.194/2.500
AIDAstella	2013	2.260/2.250
AIDAprima	2016	3.286/3.300
AIDAperla	2017	3.286/3.300
AIDAnova	2018	5.200/6.600
AIDAcosma	2021	5.228/6.880

Fotos: AIDA

MOMENTE: Kristina Vogel hat die AIDAcosma getauft, die auch über einen Infinity-Pool verfügt. Beliebt ist das Buffet-Konzept

AIDAaura

Foto: AIDA

DATEN & FAKTEN

BRZ 42.289	**Passagiere** 1.266/1.582
Länge 202,85 m	**Crew-Mitglieder** 339
Breite 28,10 m	**PCR (Pass. pro Crew)** 3,7
Indienststellung 2003	**PSR (Platzangebot)** 33,4
Renovierung laufend	**Passagierdecks** 10
Bordsprache Deutsch	**Restaurants/Bars** 4/5

Kabinen	Gesamt: 633. Es gibt Innenkabinen (14,5 qm), einfache Außenkabinen (13,5 qm,) Balkonkabinen (20,5 qm) und Suiten (57 qm) auf Deck 7
Sport & Wellness	Body & Soul Spa, Fitnessraum, Mountainbikes für Landausflüge, 2 Pools
Info-/Entertainment	Wechselnde Shows im Theater, Livemusik, Kinderbetreuung, Disco
Dresscode	leger bis sportlich-elegant
Preis pro Nacht	€ 48 bis € 615 Durchschnitt € 163
Info	AIDA Cruises, Rostock Tel. (0381) 20 27 07 22 www.aida.de

PROFIL

Info-/Entertainment	⚓⚓⚓⚓
Sport & Wellness	⚓⚓⚓⚓
Gastronomie	⚓⚓⚓½
Familienfreundlichkeit	⚓⚓⚓⚓
Service	⚓⚓⚓
Routing	⚓⚓⚓⚓½

AIDAaura

Von der noch vor der Corona-Pandemie drei Schiffe umfassenden Ur-Flotte ist nur noch dieses im Dienst

Die **AIDAaura** ist eines jener AIDA-Schiffe, die den Anfang der Kussmund-Reederei prägten. Sie wurde als Schwesterschiff der **AIDAvita** auf der Aker Werft gebaut und im April 2003 von Heidi Klum getauft. 2013 und 2018 folgten Renovierungen. Die AIDAaura verfügt über zwei Pools, fünf Bars, vier Restaurants, einen Kids Club und eine Kunstgalerie. Eingesetzt wird das nunmehr kleinste AIDA-Schiff nach wie vor im Rahmen der Selection-Angebote, bei denen das Thema „intensiver Reisen" im Vordergrund steht – was vor allem spannende Routings beinhaltet. An Bord ist nicht mehr alles brandneu, Stammgäste stört das aber nicht, im Gegenteil: Sie schätzen die „heimelige Wohlfühlatmosphäre". Kein Wunder: Die maximale Passagierzahl liegt nur bei der Hälfte der nächstgrößeren AIDA-Schiffe. Das Abendprogramm wird hier noch in einem traditionellen Theater auf Deck 8 und 9 zelebriert, es gibt interessante Vorträge zu Land und Leuten. Für Abwechslung sorgen aber auch der Spa-Bereich, ein Golfsimulator, das Fitnessstudio samt Kursen sowie ein Joggingparcours und ein Volleyballfeld. Gäste lieben die „Anytime Bar" am Heck als Rund-um-die-Uhr-Treffpunkt, doch auch an der Pool-Bar lässt es sich gut aushalten.

Fahrgebiete 2023

2023 hat die **AIDAaura** schöne Routings auf Lager, etwa von Hamburg nach Schottland und zurück. Auch möglich: Kanaren, Azoren, Norwegen und Grönland. Weltenbummler zieht es nach Südafrika und Namibia.

AIDAbella

Foto: AIDA

AIDA Sphinx-Klasse

diva, luna, bella, mar, sol, blu & stella

Sieben Schiffe, ein Konzept: Am Theatrium in der Schiffsmitte erkennt man sie

Mit der glamourösen Taufe der **AIDAdiva** in Hamburg begann 2007 die Ära der neuen Sphinx-Klasse aus der Meyer Werft. 2008/09 gesellten sich **AIDAbella** und luna dazu; bis zur stella folgten noch vier weitere. Herzstück aller ist das Theatrium, ein Mix aus Marktplatz und Theater, wo (Vorteil für die Passagiere wie für die Reederei) während der Shows fleißig konsumiert werden kann. Das AIDA-Ensemble präsentiert hier und auf einer Zweitbühne auf dem Sonnendeck sein teils an TV-Formate angelehntes Programm; dazu zählen auch Kunstauktionen und die Vorstellung der Landausflüge. Auf **AIDAblu**, sol, mar und stella gibt es zudem eine Institution, die auf die deutsche Volksseele zielt: das „Brauhaus", in dem bei Oktoberfestatmosphäre an Bord gebrautes „AIDA Zwickel" serviert wird. Ebenfalls an Bord bei dem Quartett sind das orientalische Buffetrestaurant „East" und der vergrößerte Spa-Bereich. Auf allen Sphinx-Schiffen ausgebaut wurde die Privatsphäre der Gäste: Fast die Hälfte der Kabinen hat einen Balkon (auf Anfrage mit Hängematte). Und wem es am Buffet zu voll ist, der findet gegen Aufpreis Alternativen im Gourmetrestaurant „Rossini", in der Sushi-Bar oder im „Buffalo Steak House".

Fahrgebiete 2023

diva & luna: Karibik, Nordeuropa; **bella**: große Winterpause Karibik, Nordeuropa, Asien; **mar & sol**: Kanaren, Nordeuropa, Weltreise (**sol**); **blu**: Indischer Ozean & Mittelmeer; **stella**: Kanaren & Mittelmeer.

DATEN & FAKTEN AIDADIVA

BRZ 68.200	**Passagiere** 2.050/2.500
Länge 252,00 m	**Crew-Mitglieder** 646
Breite 32,20 m	**PCR (Pass. pro Crew)** 3,9
Indienststellung 2007	**PSR (Platzangebot)** 32,2
Renovierung laufend	**Passagierdecks** 11
Bordsprache Deutsch	**Restaurants/Bars** 7/11

Kabinen	1.025 (666 außen, 359 innen), davon 439 mit Balkon, 18 Suiten; Größen: 13,5–44 qm
Sport & Wellness	3 Pools, 4 Jacuzzis, Wellnessbereich, Behandlungskabinen/Spa-Suite, Golfabschlag, Volleyball, Jogging, Fitness, Tauchen, Biken
Info-/Entertainment	Theatrium mit täglich wechselnden Shows, Poolpartys, Livebands, DJ, Disco, Casino, Vorträge, Bord-TV und -Radio, 4-D-Kino
Dresscode	leger bis sportlich-elegant
Preis pro Nacht	€ 42 bis € 569; Durchschnitt € 210
Info	AIDA Cruises, Rostock Tel. (0381) 20 27 07 22 www.aida.de

PROFIL

Info-/Entertainment	⚓⚓⚓⚓½
Sport & Wellness	⚓⚓⚓⚓⚓
Gastronomie	⚓⚓⚓½
Familienfreundlichkeit	⚓⚓⚓⚓⚓
Service	⚓⚓⚓
Routing	⚓⚓⚓⚓

AIDAperla

Foto: Imago

DATEN & FAKTEN AIDAPRIMA

BRZ 125.000	**Passagiere max.** 3.300
Länge 300,00 m	**Crew-Mitglieder** 900
Breite 37,60 m	**PCR (Pass. pro Crew)** 3,6
Indienststellung 2016 (prima), 2017 (perla)	**PSR (Platzangebot)** 37,9
	Passagierdecks 15
Bordsprache Deutsch	**Restaurants/Bars** 12/18

Kabinen	1.643 in 14 versch. Kategorien (u. a. Verandakabinen, Familiensuiten, Lanaikabinen mit Wintergarten); Größen 20–50 qm
Sport & Wellness	Wasserpark mit mehreren Pools, Organic Spa, Fitnesscenter, Eislaufbahn, Sportplatz, Joggingpfad, Kletterwand, Skywalk u. v. m.
Info-/Entertainment	Theatrium mit Lichtershows, Casino, LED-Shows, Livemusik, Vorträge, Kurse u. v. m.
Dresscode	leger bis sportlich-elegant
Preis pro Nacht	€ 68 bis € 686; Durchschn. € 185
Info	AIDA Cruises, Rostock Tel. (0381) 20 27 07 22 www.aida.de

PROFIL

Info-/Entertainment	⚓⚓⚓⚓½
Sport & Wellness	⚓⚓⚓⚓⚓
Gastronomie	⚓⚓⚓½
Familienfreundlichkeit	⚓⚓⚓⚓⚓
Service	⚓⚓⚓
Routing	⚓⚓½

AIDA Hyperion-Klasse

AIDAprima und AIDAperla sind die beiden Japaner in der Flotte und fahren meistens feste Routen

Bis zur Helios-Klasse waren die in Japan gebauten **AIDAprima** und **AIDAperla** die größten deutschen Cruiseliner. Zu den Highlights dieser auch für schlechtes Wetter konzipierten Schiffe zählt der überdachte Beach Club auf Deck 15, zwar ohne echten Strand, dafür aber mit Palmen und Pool. Abends verwandelt er sich in eine Großraumdisco mit Livemusik, dann flimmern dort farbige Lichteffekte unterm UV-durchlässigen Foliendach. Innovativ auch das Lanaideck, eine nach oben offene Promenade mit vielen Außenplätzen, die fast rund um das Schiff reicht. Das Schiffsheck gehört den Familien; Four Elements heißt hier die drei Decks hohe Action-Zone mit Klettergarten, Pools und Wasserrutschen. Ganz das Gegenteil ist das Patiodeck, der Ruhebereich für Suitengäste und Bewohner der Panoramakabinen auf Deck 16. Ein Schmuckstück ist das (aufpreispflichtige) Organic Spa: Es dürfte führend auf den Meeren sein. Positive Zeichen setzen die Schiffe auch bei der Umweltverträglichkeit. Sie können (nur) in Häfen mit Flüssigerdgas betrieben werden, haben Landstromanschlüsse, gleiten auf einem Luftblasenteppich und bekamen große Akkupacks für den Hybridbetrieb. In Restaurant- und anderen öffentlichen Bereichen ist das Gedränge bei Vollbelegung manchmal groß.

Fahrgebiete 2023

AIDAprima: Nordeuropa & Westeuropa sowie westliches Mittelmeer; **AIDAperla**: Karibik, Nordland, Transatlantik, Westeuropa.

AIDAnova

Foto: AIDA

AIDA Helios-Klasse

Die AIDAnova war das weltweit erste Schiff, das mit LNG–Flüssiggas fahren kann, AIDAcosma folgte

Als erstes Kreuzfahrtschiff weltweit konnte die **AIDAnova** zu 100 Prozent mit LNG (Flüssigerdgas) betrieben werden, im Hafen und auf See. In ihrer Jungfernsaison hat sie bewiesen, dass es funktioniert. Gebaut wurde sie auf der Meyer Werft, wo weitere Helios-Schiffe im Orderbuch standen bzw. noch stehen. Eines davon: das Schwesterschiff **AIDAcosma** (siehe Reportage), das noch ein paar Kabinen mehr hat. Im August 2018 wurde die **nova** direkt vor der Dockhalle getauft – für Papenburg und die Werft ein epochales Event. Bei höchster Auslastung haben mehr als 6.500 Passagiere auf dem Schiff Platz. Sie können in 17 verschiedenen Restaurants speisen. Neu sind dabei eine Street-Food-Meile und das „Churrascaria Steakhouse“, in dem auf offenem Feuer gegrillt wird. Auch einen Teppanyaki-Grill, in dem auf großen heißen Platten mit viel Show direkt am Tisch zubereitet wird, gibt es nun bei AIDA. Das bekannte „Brauhaus“ hat auf der **nova** einen großen Biergarten mit Meerblick. Bekannte Features sind der Beach Club und das Theatrium, dessen Kapazität deutlich erhöht wurde. Das neue TV-Studio hat jetzt Platz für 500 Zuschauer, die dort Gameshows, Kochsendungen und Comedy verfolgen können. Auch beliebt: die „Rock Box Bar“.

Fahrgebiete 2023

AIDAnova: Kanaren, Nordeuropa (oft Ostsee), Westeuropa; **AIDAcosma**: westliches Mittelmeer ab Mallorca, Orient und Emirate, Rotes Meer mit Passage durch den Suez-Kanal.

DATEN & FAKTEN AIDANOVA

BRZ 183.900	**Crew-Mitglieder** 1.500
Länge 337,00 m	**PCR (Pass. pro Crew)** 3,5
Breite 42,00 m	**PSR (Platzangebot)** 35,4
Indienststellung 2018	**Passagierdecks** 16
Bordsprache Deutsch	**Restaurants** 17
Passagiere 5.200/6.600	**Bars** 23

Kabinen	2.600 (1.880 außen, 720 innen) in 21 Kategorien, z. B. Innenkabine (10 qm), Verandakabine (22–32 qm), Penthouse-Suite (73 qm)
Sport & Wellness	Pools, Day Spa über 2 Decks mit Sauna, Tepidarium, Rasul, Massage etc., Wasserspaß im Four Elements, Fitnessstudio, Sportdeck, Joggingparcours
Info-/Entertainment	TV-Studio, „Mystery Room“, Rock Box Bar, Beach Club, Theatrium mit wechselnden Shows, Disco
Dresscode	leger bis sportlich-elegant
Preis pro Nacht	€ 50 bis € 990; Durchschn. € 189
Info	AIDA Cruises, Rostock Tel. (0381) 20 27 07 22 www.aida.de

PROFIL

Info-/Entertainment	⚓⚓⚓⚓½
Sport & Wellness	⚓⚓⚓⚓⚓
Gastronomie	⚓⚓⚓⚓
Familienfreundlichkeit	⚓⚓⚓⚓⚓
Service	⚓⚓⚓
Routing	⚓⚓½

Azamara Quest

Foto: Azamara Cruises

DATEN & FAKTEN AZAMARA QUEST

BRZ 30.277	**Passagiere** 702
Länge 180,45 m	**Crew-Mitglieder** 408
Breite 25,46 m	**PCR (Pass. pro Crew)** 1,7
Indienststellung 2000	**PSR (Platzangebot)** 43,9
Renovierung 2019	**Passagierdecks** 8
Bordsprache Englisch	**Restaurants/Bars** 5/5

Kabinen	351 (325 außen, 26 innen), davon 200 mit Veranda und 46 Suiten mit Butlerservice; Größen: 14,7–73,7 qm
Sport & Wellness	Pool, zwei Whirlpools, The Sanctum Spa (u. a. Thalasso, Akupunktur, Hot Stone), Fitnessstudio und -kurse, Tischtennis
Info-/Entertainment	Showprogramme, Vorträge, Livemusik, Bibliothek, DJ, Karaoke, Gastkünstler, WLAN
Dresscode	sportlich-leger bis elegant
Preis pro Nacht	€ 109 bis € 1.511; Durchschn. € 360
Info	Azamara Tel. 0800 724 03 47 www.azamara.com

PROFIL

Info-/Entertainment	⚓⚓⚓◐○
Sport & Wellness	⚓⚓⚓○○
Gastronomie	⚓⚓⚓⚓◐
Familienfreundlichkeit	⚓◐○○○
Service	⚓⚓⚓⚓○
Routing	⚓⚓⚓⚓⚓

Azamara Club Cruises

Vier stylishe Boutiquecruiser für besondere Erlebnisse – vor allem bei den Landprogrammen

2007 als Tochter des US-Konzerns Royal Caribbean gegründet und 2021 an US-Finanzinvestoren verkauft, konzentriert sich Azamara mit ihren vier Boutiqueschiffen der ehemaligen Renaissance-Flotte auf ungewöhnliche Routen: **Azamara Quest**, **Azamara Journey**, **Azamara Pursuit** und die neu hinzugekommene **Azamara Onward** kreuzen dort, wo die Großen nicht mehr hinkommen. Die über 20 Jahre alten, aber renovierten Schiffe punkten mit langen Liegezeiten, Übernachtaufenthalten und einer kostenlosen exklusiven Abendveranstaltung an Land pro Reise – dem „AzAmazing Evening". Auch das kulinarische und kulturelle Angebot an Bord passt zu den angefahrenen Destinationen. Neben dem Hauptrestaurant, dem Buffetrestaurant und dem Poolgrill gibt es zwei Spezialitätenrestaurants gegen Zuzahlung. Die Azamara Pursuit war als erstes Schiff der Flotte ohne Casino unterwegs – ein mutiger Schritt angesichts des größtenteils US-amerikanischen Publikums. Auch auf der Quest wurde der Raum inzwischen zu einem gemütlichen Wohnzimmer namens „The Den" mit Pianobar und Landausflugsschalter umgestaltet. Viele Getränke sind bereits im Reisepreis inkludiert, darunter täglich wechselnde Weine. Einziger Wermutstropfen: Die Standardkabinen, vor allem deren Badezimmer, sind recht kompakt.

Fahrgebiete 2023

Alles dabei: Südafrika, Mittelmeer, Nord- und Westeuropa, Australien, Karibik, Südamerika, Südsee, Asien.

Carnival Cruise Line

Die Gründungsgesellschaft der heutigen Carnival Corporation ist ein Big Player in der Karibik

Die Carnival Cruise Line (CCL) ist eine der größten Kreuzfahrtreedereien der Welt und die Erfinderin des Funship-Konzepts. Es wurde geboren, als das erste Carnival-Schiff, die **Mardi Gras**, 1972 bei seiner Jungfernfahrt auf eine Sandbank lief: Um die Gäste bei Laune zu halten, ließ Firmenchef Ted Arison sie rund um die Uhr unterhalten. Als Reminiszenz an die Anfänge ist **Mardi Gras** auch der Name jenes Neubaus, der 2020 startete und als erstes Schiff bei CCL mit Erdgas (LNG) angetrieben wurde. Die derzeit 26 Cruiseliner (2023 kommt zusätzlich die Costa Venezia dazu, 2024 die Costa Firenze – beide als **Costa by Carnival**) sind überwiegend ab US-Häfen im Einsatz, sie bieten eine bunte Fantasiewelt und locken mit vielen Inklusivleistungen beim Essen, mit perfektem Entertainment, hervorragenden Kinder- und Jugendclubs und vielem mehr. Die meisten Gäste sind Nordamerikaner; alle Menükarten und Programme gibt es aber auch in deutscher Sprache. In Europa sind Carnival-Schiffe selten anzutreffen, 2023 kommt nur die **Pride** über den Atlantik gefahren. Mit der **Carnival Jubilee** erweitert die Reederei ihre Flotte 2023 um einen weiteren LNG-Giganten der Excel-Klasse, zu der schon **Carnival Mardi Gras** und die **Carnival Celebration** gehören. Einige ältere Schiffe wurden von Carnival ausgemustert.

Schiff	Baujahr	Passagiere
Carnival Sunshine	1996/2013	3.002/3.758
Carnival Sunrise	1999/2019	2.984/3.873
Carnival Radiance	2000/2021	2.984/3.873
Carnival Spirit	2001	2.124/2.610
Carnival Freedom	2007	2.980/3.754
Carnival Splendor	2008	3.012/3.734
Carnival Dream	2009	3.646/4.558
Carnival Magic	2011	3.690/4.724
Carnival Breeze	2012	3.690/4.724
Carnival Vista	2016	3.934/4.977
Carnival Horizon	2018	3.960/4.977
Carnival Panorama	2019	4.008/5.146
Carnival Mardi Gras	2020	5.282/6.465
Carnival Celebration	2022	5.374/6.600
Carnival Jubilee	2023	5.374/6.600

Fotos: Carnival, Getty/Istockphoto (2)

SPASS: Auf den Schiffen von Carnival, oft erkennbar am roten geflügelten Schornstein, ist Party und Wasserrutschen angesagt

Carnival Horizon

Foto: Carnival

DATEN & FAKTEN C. HORIZON

BRZ 133.596	**Crew-Mitglieder** 1.450
Länge 322,50 m	**PCR (Pass. pro Crew)** 2,7
Breite 37,19 m	**PSR (Platzangebot)** 34,0
Indienststellung 2018	**Passagierdecks** 14
Bordsprache Englisch	**Restaurants** 9
Passagiere 3.960/4.977	**Bars** 13

Kabinen	1.967, davon 732 innen, 1.141 außen, 837 mit Balkon, 74 Suiten; Größen: 17–52 qm
Sport & Wellness	3 Pools, 6 Whirlpools, Wasserrutsche, Spa, Dampfbad/Sauna, Minigolf, Hochseilgarten, Sportplatz, Joggingbahn u. v. m.
Info-/Entertainment	Shows im Las-Vegas-Stil, vielfältige Livemusik, Kino, Bibliothek, Disco, Casino, Shops, Kunstauktionen
Dresscode	sportlich-leger bis elegant
Preis pro Nacht	€ 71 bis € 442; Durchschnitt € 133
Info	Carnival Cruise Line München, Tel. (089) 51 70 31 30 www.carnivalcruiseline.de

PROFIL

Info-/Entertainment	⚓⚓⚓⚓⚓
Sport & Wellness	⚓⚓⚓⚓½
Gastronomie	⚓⚓⚓⚓
Familienfreundlichkeit	⚓⚓⚓⚓⚓
Service	⚓⚓⚓½
Routing	⚓⚓⚓

Carnival Horizon

C. Panorama & C. Vista

Breites Angebot für Familien, gutes Essen, guter Service – und viel Bezug zu Sonne und Meer

Die baugleichen **Carnival**-Schiffe **Panorama**, **Horizon** und **Vista** zelebrieren kubanisches Flair, voran in der grandiosen „Havana Bar" am Heck, mit Pool, künstlichen Palmen und Strohhütten. Angrenzend liegen die Havana-Kabinen mit Terrasse und privater Hängematte. Beeindruckend ist das Familienangebot: Spezielle Kabinen haben Sitz- und Spielecken, eine Familien-Lounge bietet Snacks und Spiele, und im Clubhouse auf Deck 12 gibt es Tischtennis, Billard, Bowling, Minigolf und Tischkicker. Gleich daneben: ein Hochseilgarten und der „SkyRide", zwei an Schienen hängende Fahrradgondeln, in denen man übers Deck strampeln kann. Wer Ruhe sucht, genießt den Serenity-Bereich mit Aussicht nach vorn. Viel Bezug zum Meer bietet die breite Promenade mit Bars, Restaurants und Ruhebereichen. Das Schiff ist im positiven Sinn amerikanisch: Der Service ist aufmerksam und freundlich, das Essen sehr gut. Was noch? Eine riesige Video-Installation in Form eines Cocktailglases im Atrium, eine Craft-Beer-Brauerei, Livemusik und Shows im Theater auf sehr hohem Niveau sowie ein buntes Angebot an Bars und Restaurants, viele davon zuzahlungsfrei. Auf der Carnival Panorama gibt es statt IMAX-Kino einen Trampolinpark.

Fahrgebiete 2023

C. Vista ab/bis Galveston/Texas und **C. Horizon** ab/bis Miami in die Karibik. **Carnival Panorama** ab/bis Long Beach an die mexikanische Riviera.

Carnival Luminosa

Foto: Carnival

Carnival Luminosa

Nachdem die Reederei ältere Schiffe ausgemustert hat, kam dieses aus der Costa-Gruppe neu hinzu

Eigentlich kennt man die **Luminosa** in Deutschland als Costa-Schiff, doch seit September 2022 fährt es nun für die Marke Carnival des Mutterkonzerns. Die Luminosa gehört ebenso wie einige weitere Carnival-Schiffe zur Spirit Class, ist mit diesen im Grundsatz also weitgehend baugleich. Dennoch erfordern Übergaben an andere Marken in der Regel größere Umbauten, sodass man auch auf der Luminosa – die für Carnival-Maßstäbe laut eigener Aussage „besonders viele Fenster" hat – künftig nicht alles so wiederfinden wird, wie es bei Costa bislang war. Die Luminosa ist das fünfte Schiff der Spirit-Klasse, das für Carnival fährt. Sie bot früher bei Costa Platz für bis zu 2.826 Gäste und 1.050 Besatzungsmitglieder, jetzt nennt Carnival als neue Zahlen nur noch 2.260 Passagiere bei regulärer Auslastung und 926 Crew-Mitglieder. An Bord sorgen künftig unter anderem „Alchemy Bar", „Fahrenheit 555 Steakhouse" und „RedFrog Rum Bar" für kulinarische Abwechslung mit US-Touch, das Entertainment wurde komplett überarbeitet. Und auch beim Routing hat man anderes vor als die typischen Karibik-Rundfahrten: Es geht nämlich erst nach Down Under und dann hoch in den amerikanischen Norden.

Fahrgebiete 2023

Die **Carnival Luminosa** fährt zunächst in Australien ab/bis Brisbane zu verschiedenen Stationen in Queensland oder auch nach Neukaledonien und Vanuatu in der Südsee. Später geht es über die Südsee nach Seattle und von dort aus Richtung Alaska.

DATEN & FAKTEN

BRZ 92.720
Länge 294,00 m
Breite 32,25 m
Indienststellung 2009
Renovierung 2022
Bordsprache Englisch
Passagiere 2.260/k. A.
Crew-Mitglieder 926
PCR (Pass. pro Crew) 2,4
PSR (Platzangebot) 41
Passagierdecks 12
Restaurants/Bars 7/7

Kabinen	1130 (davon 23 behindertengerecht), 68 Prozent mit Balkon, Junior-Suiten und Suiten
Sport & Wellness	Wellness-Center auf Deck 9, Zwei Pools (einer davon mit einfahrbarem Dach) und vier Whirlpools, div. Sportangebote, Fitnesscenter, Putting Green, Playground und Joggingparcours
Info-/Entertainment	Seaside-Theater über drei Decks mit Shows im Las-Vegas-Stil, Kino, Livemusik, Discothek, Casino
Dresscode	sportlich-leger bis elegant
Preis pro Nacht	€ 68 bis € 663; Durchschnitt € 149
Info	Carnival Cruise Line München, Tel. (089) 51 70 31 30 www.carnivalcruiseline.de

PROFIL

Info-/Entertainment	⚓⚓⚓⚓◐
Sport & Wellness	⚓⚓⚓⚓◐
Gastronomie	⚓⚓⚓⚓○
Familienfreundlichkeit	⚓⚓⚓⚓◐
Service	⚓⚓⚓◐○
Routing	⚓⚓⚓◐○

Carnival Mardi Gras

Foto: Carnival

DATEN & FAKTEN MARDI GRAS

BRZ 181.808	**Crew-Mitglieder** 1.735
Länge 344,00 m	**PCR (Pass. pro Crew)** 3,1
Breite 42,00 m	**PSR (Platzangebot)** 34,2
Indienststellung 2021	**Passagierdecks** 15
Bordsprache Englisch	**Restaurants** 17
Passagiere 5282/6.631	**Bars** 16

Kabinen	2.641, davon 672 innen und 82 rollstuhlgerecht, 1.026 Standard-Balkon, 129 Ocean Suites
Sport & Wellness	4 Pools, Wellness & Spa-Bereich Whirlpools, Playground, umfangreiches Sportangebot
Info-/Entertainment	Shows im Las-Vegas-Stil, vielfältige Livemusik, Kino, Bibliothek, Disco, Casino u. v. m.
Dresscode	sportlich-leger bis elegant
Preis pro Nacht	€ 88 bis € 510; Durchschnitt € 172
Info	Carnival Cruise Line München, Tel. (089) 51 70 31 30 www.carnivalcruiseline.de

PROFIL

Info-/Entertainment	⚓⚓⚓⚓⚓
Sport & Wellness	⚓⚓⚓⚓⚓
Gastronomie	⚓⚓⚓½
Familienfreundlichkeit	⚓⚓⚓⚓⚓
Service	⚓⚓⚓½
Routing	⚓⚓½

C. Mardi Gras & C. Celebration

Die Schwesterschiffe von AIDAnova und Co. sind mit abgasarmem LNG-Antrieb in der Karibik unterwegs

Die **Carnival Mardi Gras** ist ebenso wie die brandneue **Celebration** ein Schiff der von Meyer gebauten Excel Class (oder Helios-Klasse), zu der auch AIDAnova/AIDAcosma und Costa Toscana/Smeralda gehören. All diese Cruiseliner sind nicht nur sehr groß, sondern auch in der Lage, ausschließlich mit Flüssiggas (LNG) auf den Weltmeeren zu fahren. Das Herzstück des Schiffs ist ein über drei Stockwerke gehendes Atrium in der Mitte, welches den Passagieren einen guten Blick aufs Meer gewähren soll. An Bord gibt es sechs Bereiche, die alle zu einem bestimmten Motiv passen sollen. Im Atrium zum Beispiel findet man Livemusik, Cafés und Bars, es gibt aber auch eine Zone im Stil des French Quarter in New Orleans, wo man den Mardi Gras traditionell besonders feiert. Dort befinden sich ebenfalls Bars, zudem Restaurants und ein Jazzclub. „Summer Landing" nennt sich der Bereich Pool-/Sonnendeck. Kulinarisch wird an Bord durchaus Abwechslung geboten. Es gibt ein Brauhaus, eine Piazza mit Italo-Flair und ein Meeresfrüchte-Restaurant. Als Attraktion gilt die Achterbahn „Bolt", die ein Münchner Unternehmen gebaut hat und die Insassen auf bis zu 60 km/h beschleunigt. Auch toll für Kinder: der „WaterWorks"-Wasserpark. Die Erwachsenen werden vermutlich eher das Spa auf Deck 9 genießen.

Fahrgebiete 2023

Die **Mardis Gras** nutzt Port Canaveral in Florida als Start- und Zielhafen und fährt von dort aus in die Karibik. Die **Celebration** start ab Miami.

Celebrity Cruises

Die Cruise Line der iPhone-Generation hat künftig das schnelle Starlink-Internet von Elon Musk an Bord

Das „X“ am Schornstein erinnert an die griechischen Wurzeln der Reederei: Ihr Gründer John Chandris führte das „X“ (wie „Chi“ für Chandris) im Firmenlogo. Die Schiffe der Flotte zeichnen sich durch eine jung-elegante, internationale Atmosphäre aus. Ein erster Sprung gelang mit der **Solstice-Klasse** (2008–2012), deren innovatives Design noch immer ein kosmopolitisches, trendbewusstes Publikum begeistert. Klassische Schiffe sind dagegen die älteren Liner der **Millennium-Klasse** (2000–2002). Vor Galápagos ist der Boutiquecruiser **Celebrity Xpedition** im Einsatz, seit 2017 unterstützt von den beiden Yachten **Celebrity Xploration** und **Celebrity Xperience** sowie seit 2019 von dem 100-Passagiere-Neubau **Celebrity Flora**. Als neuerlich großer Wurf, vergleichbar mit der Solstice-Klasse, präsentiert sich die neue **Edge-Klasse** mit der **Celebrity Edge** (2018), der **Celebrity Apex** (2020) und der **Celebrity Beyond** (2022). Sie setzt mit ihrem „Modern Luxury“-Konzept neue Maßstäbe in Architektur und Design, sodass die Reederei bereits mit einem umfassenden Renovierungsprogramm für die Schiffe der Millennium- und Solstice-Klasse begonnen hat. Gut für Smartphone-Nutzer: Bis 2023 soll überall schnelles Starlink-Internet an Bord sein, den Anfang machte die Beyond.

Schiff	Baujahr	Passagiere
Celebrity Millennium	2000	2.052/2.368
Celebrity Summit	2001	2.052/2.368
Celebrity Infinity	2001	2.052/2.368
Celebrity Xpedition	2001	100
Celebrity Constellation	2002	1.950/2.300
Celebrity Solstice	2008	2.852/3.145
Celebrity Equinox	2009	2.852/3.145
Celebrity Eclipse	2010	2.852/3.145
Celebrity Silhouette	2011	2.852/3.145
Celebrity Reflection	2012	2.852/3.145
Celebrity Xploration	1982/2017	16
Celebrity Edge	2018	2.918/3.381
Celebrity Flora	2019	100
Celebrity Apex	2020	2.918/3.381
Celebrity Beyond	2022	2.918/3.381

Fotos: Franz Neumeier (2), Istockphoto

DACHGARTEN: Der Rooftop Garden und die neuen Shows der Edge setzen bei Celebrity neue Maßstäbe. Oben: Silhouette in Venedig

Celebrity Beyond

Foto: Frank Behling

DATEN & FAKTEN BEYOND

BRZ 141.420	**Crew-Mitglieder** 1.400
Länge 327,00 m	**PCR (Pass. pro Crew)** 2,3
Breite 39,00 m	**PSR (Platzangebot)** 43,3
Indienststellung 2022	**Passagierdecks** 15
Bordsprache Englisch	**Restaurants** 16
Passagiere 3.260/3.731	**Bars** 14

Kabinen	1.646 Kabinen, davon 81 Prozent mit Balkon, 9 Prozent innen), Größen: 17–176 qm
Sport & Wellness	Pools, Designer-Spa mit SEA Thermal Suite, Friseur/Barbier, Beauty-Treatments, Aqua-Class-Suiten, Fitnesscenter
Info-/Entertainment	Shows im Bordtheater, Nachtclub Show mit Broadway-Charakter, LED-Wall, „Eden"-Lounge, „The Jazz Point", Disco, Camp at Sea (Kinder), Pooldeck als Eventareal
Dresscode	sportlich-elegant
Preis pro Nacht	€ 133 bis € 4.345; Durchschn. € 343
Info	Celebrity Cruises Tel. 0800 724 03 46 www.celebritycruises.de

PROFIL

Info-/Entertainment	⚓⚓⚓⚓⚓
Sport & Wellness	⚓⚓⚓⚓½
Gastronomie	⚓⚓⚓⚓½
Familienfreundlichkeit	⚓⚓⚓⚓
Service	⚓⚓⚓⚓
Routing	⚓⚓⚓⚓

Celebrity Edge Class

Beyond, Apex und Edge setzen neue Maßstäbe im Premium-Markt, auch beim Ambiente

Aller guten Dinge sind drei. Bei **Celebrity Cruises** trifft diese Regel auf die **Beyond** zu. Das dritte Schiff der Edge-Klasse stößt das Tor zur nächsten Generation der Kreuzfahrt weit auf. Was ist so besonders? Kurz gefasst: das Oberdeck, speziell in der Gestalt von Deck 15 und 16, mit großem, offenem Poolbereich sowie viel Raum für Liegen und Aktivitäten. Der 22,8-Meter-Pool hat zudem eine schöne Länge für Schwimmer. Nach achtern öffnet sich dann der attraktivste Bereich des Schiffs – mit Rooftop Garden und spektakulären Infinity-Pools. Hier gibt es im Vergleich zu den etwas kleineren Schwestern **Celebrity Edge** und **Celebrity Apex** noch mehr Platz, durch unterschiedliche Ebenen sind kleine Parkinseln entstanden. Die LED-Wand ermöglicht außerdem, tagsüber Sportevents zu übertragen. Die „Sunset Bar" mit orientalischen Designelementen geht erstmals über zwei Decks. Optischer Höhepunkt an der Steuerbordseite ist wie bei allen Schiffen der Edge-Klasse der „Magic Carpet": Die 20 Meter lange Plattform ist Bar, Restaurant und Tenderstation in einem. Je nach Bedarf kann sie von der Wasserlinie bis zum Sonnendeck angehoben werden. Als Herz des Schiffes gilt die Grand Plaza in der Mitte. Drei Decks tief geht das Atrium ins Schiff. Neu: Kabinen lassen sich per Handy-App steuern und öffnen.

Fahrgebiete 2023

Beyond: Karibik, Mittelmeer, Transatlantik. **Edge** auch, dazu Orient, Asien, Australien. **Apex** fährt nach der Karibik in Nordeuropa mit Island und Ostsee.

Celebrity Flora

Foto: Celebrity

Celebrity Flora,
Xploration, Xpedition

Der absolute Gegenentwurf zu den großen „Pötten" sind die drei kleinen Galapagos-Schiffe der Reederei

Die Xpedition-Klasse von Celebrity Cruises umfasst zurzeit drei Schiffe, nämlich die **Celebrity Flora** (Baujahr 2019), die **Celebrity Xploration** (1982/2017) und die **Celebrity Xpedition** (2001). Diese kleinen Exoten mit maximal 100 Passagieren – im Fall der Xploration sind es sogar nur 16 – sind vornehmlich auf Weltenbummler ausgerichtet, welche die unberührten Galapagosinseln bereisen und mehr über die Lebenswelt der dortigen Tiere von mitreisenden Naturforschern und Biologen erfahren möchten. Die beiden größeren Schiffe (Flora und Xpedition) bieten dabei sogar hohen Komfort bis hin zu Spa- und Wellnessangeboten. Die 90 Meter lange Celebrity Xpediton wurde als Sun Bay 2001 bei Cassens in Emden gebaut, die nur 29 Meter lange Celebrity Xploration unternimmt – nach einem gründlichen Umbau – seit Januar 2017 Expeditionskreuzfahrten in der Galapagosregion, der im klassischen Stil eingerichtete Katamaran hat Kabinen mit mindestens 17 qm. Die meisten Gäste sind mittleren bis gehobenen Alters und leisten sich hier ein Once-in-a-lifetime-Erlebnis. Die Celebrity Xperience (Bj. 2007/2017, max. 48 Passagiere) wurde verkauft.

Fahrgebiete 2023

Die Celebrity-Expeditionsschiffe fahren ausschließlich im naturgeschützten Gebiet der zu Ecuador gehörenden Galapagosinseln. **Celebrity Flora**, **Xpedition** und **Xploration** starten in Baltra und kommen acht Tage später auch dort wieder an.

DATEN & FAKTEN FLORA

BRZ 5.739	**Crew-Mitglieder** 80
Länge 101,00 m	**PCR (Pass. pro Crew)** 1,25
Breite 17,00 m	**PSR (Platzangebot)** 57
Indienststellung 2019	**Passagierdecks** 6
Bordsprache Englisch	**Restaurants** 2
Passagiere 100	**Bars/Lounges** 4

Kabinen	50, alle sind Suiten mit Veranda oder Balkon, los geht es bei 22 qm. Ultimatives Prachtstück ist die Penthouse Suite mit 119 qm
Sport & Wellness	kleines Fitnesscenter, Whirlpools, Massagen
Info-/Entertainment	Showprogramm, Naturkunde, Bibliothek, „Stargazin Platform" zum Erkunden des Sternenhimmels
Dresscode	sportlich-leger bis sportlich-elegant
Preis pro Nacht	€ 1.047 bis € 3.970; Durchschn. € 1.722
Info	Celebrity Cruises Tel. 0800 724 03 46 www.celebritycruises.de

PROFIL

Info-/Entertainment	⚓⚓⚓◐○
Sport & Wellness	⚓⚓◐○○
Gastronomie	⚓⚓⚓⚓◐
Familienfreundlichkeit	⚓○○○○
Service	⚓⚓⚓⚓⚓
Routing	⚓⚓⚓⚓○

Celestyal Crystal

Foto: Celestyal

DATEN & FAKTEN CRYSTAL

BRZ 25.611	**Passagiere** 960
Länge 162,00 m	**Crew-Mitglieder** 406
Breite 25,60 m	**PCR (Pass. pro Crew)** 2,2
Indienststellung 1980	**PSR (Platzangebot)** 26,7
letzte Renovierung 2019	**Passagierdecks** 9
Bordsprache Englisch	**Restaurants/Bars** 4/6

Kabinen	480 Kabinen, davon 163 innen, 264 außen, 53 mit Balkon, davon 43 Juniorsuiten, 8 Suiten, 2 Deluxe-Suiten; Größen: 11–36 qm
Sport & Wellness	Pool, Whirlpool, Fitnesscenter, Sauna, Massagen, Beautysalon
Info-/Entertainment	abendliche Shows, Casino, Boutique, Duty-free-Shop, Sprach-, Tanz- und Kreativkurse
Dresscode	überwiegend leger
Preis pro Nacht	€ 93 bis € 392; Durchschnitt € 180
Info	Celestyal Cruises, München Tel. (089) 82 08 02 80 www.celestyalcruises.de

PROFIL

Info-/Entertainment	⚓⚓⚓½
Sport & Wellness	⚓⚓½
Gastronomie	⚓⚓⚓½
Familienfreundlichkeit	⚓⚓
Service	⚓⚓⚓⚓
Routing	⚓⚓⚓½

Celestyal Cruises

All-inclusive unterwegs in der Ägäis mit Celestyal Crystal und Celestyal Olympia

Griechische Gastfreundschaft und Kultur stehen im Mittelpunkt der Reisen von Celestyal Cruises. Bei ihren Reisen steuern die Schiffe auch kleine Inseln an, die für die ganz großen Schiffe nicht erreichbar sind. In den meisten Häfen haben die Gäste viel Zeit und können Kultur und Geschichte auf eigene Faust oder im Rahmen von Ausflügen entdecken. Die Suiten der **Celestyal Crystal** wurden im Jahr 2019 rundum erneuert und wirken jetzt noch exklusiver. Die Grandsuiten verfügen sogar über einen Balkon und einen privaten Whirlpool. Ein Suite-Concierge serviert Gästen in den Top-Kategorien Mahlzeiten in der Suite, organisiert private Ausflüge und hilft auf Wunsch auch beim Kofferpacken. Das Bordprogramm für alle Gäste reicht von Sport über Tanz- und Sprach- bis hin zu Kreativkursen und Präsentationen zu griechischen Gewürzen sowie Wein- und Olivenöl-Tastings. Neben À-la-carte-Restaurants mit freundlichem Service gibt es auch ein Buffet und (gegen Zuzahlung) eine Fisch-Taverne. Pool, Whirlpool, Spa und Sauna sorgen für Entspannung. Im Reisepreis enthalten sind neben einem Getränkepaket auch Ausflüge. Auf den Celestyal-Schiffen geht es leger zu – Englischkenntnisse sind von Vorteil, auch wenn ein deutschsprachiger Reiseleiter an Bord ist. 60 Prozent der Reederei gehören jetzt einem Finanzinvestor.

Fahrgebiete 2023

Ägäis ab/bis Piräus, auch Ägypten, Zypern und Israel. Türkei/Griechenland ab Kuşadası (**Celestyal Olympia**).

Costa Kreuzfahrten

Tradition trifft Innovation: Costas Neubauten setzen auf Größe und schadstoffarmen LNG-Antrieb

2023 wird gefeiert: Die Traditionsreederei Costa aus Genua ist dann stolze 75 Nachkriegsjahre alt. Als erstes Passagierschiff des Unternehmens startete am 31. März 1948 die Anna C. mit 768 Passagieren von Genua nach Rio de Janeiro. Zehn aktive Schiffe zählt die Flotte der Carnival-Tochter bei Redaktionsschluss, darunter die relativ jungen Kreuzfahrtriesen **Costa Smeralda, Costa Toscana** sowie **Costa Venezia** und **Costa Firenze**. Die beiden letztgenannten hätten eigentlich den asiatischen Markt erobern sollen, doch dann machte die Corona-Pandemie diesem Plan einen dicken Strich durch die Rechnung. Stattdessen nahm die Venezia im Mai Fahrten ab Istanbul auf, künftig (ab Frühjahr 2023) soll sie für Carnival als **Carnival by Costa** im Einsatz sein, die Firenze ebenso (ab 2024). Da die **Costa Luminosa** vollständig in Richtung USA abgegeben wurde (hier so, dass die Marke Costa nicht mehr an Bord vorkommt) und weitere Schiffe vorübergehend oder auch endgültig außer Dienst gestellt worden sind, hat sich die Zahl der Schiffe – Stand Oktober 2022 – gegenüber der Vor-Corona-Zeit verringert. Allerdings sind die modernen Neubauten deutlich größer als die Abgänge, sodass die Zahl der verfügbaren Kabinen nach wie vor hoch ist. Um deutschsprachiges Publikum kümmert man sich vom Deutschland-Büro in Hamburg aus. Drei Schiffe setzt Costa 2023 ab deutschen Häfen ein: Die **Costa Firenze** und die **Costa Fascinosa** fahren ab/bis Kiel, die **Costa Favolosa** ab/bis **Bremerhaven**. Costas Markenzeichen ist und bleibt der gelbe Schornstein, das Stammpublikum sind Italiener, oft mit vielen Kindern.

Schiff	Baujahr	Passagiere
Costa Fortuna	2003	2.716/3.470
Costa Pacifica	2009	3.008/3.780
Costa Deliziosa	2010	2.260/2.862
Costa Favolosa	2011	3.016/3.800
Costa Fascinosa	2012	3.016/3.800
Costa Diadema	2014	3.724/4.947
Costa Venezia	2019	4.232/5.260
Costa Firenze	2020	4.232/5.200
Costa Smeralda	2019	5.224/6.580
Costa Toscana	2021	5.224/6.580

Foto: Costa Crociere

Italienische Akzente: Wer mit Costa reist, hat viele Südländer an Bord, oft Familien mit Kindern. Die lieben natürlich die Pizza

Costa Toscana

Foto: Costa Crociere

DATEN & FAKTEN TOSCANA

BRZ 186.364
Länge 337,00 m
Breite 42,00 m
Indienststellung 2021
Bordsprache Italienisch, Englisch, z. T. Deutsch

Passagiere 5.224 /6.580
Crew-Mitglieder 1.678
PCR (Pass. pro Crew) 3,1
PSR (Platzangebot) 35,7
Passagierdecks 16
Restaurants/Bars 11/19

Kabinen	2.612 Kabinen (1.550 Balkonkabinen, 74 Suiten. 824 Innenkabinen und 164 Außenkabinen). Größe: 12–64 qm
Sport & Wellness	Solemio Spa, Samsara, Venus Beauty, Techno Gym, Sauna, Thermalangebot, Yoga, türkisches Dampfbad, Sportkurse
Info-/Entertainment	Musical/Show im Theater, sonst viele Solisten; Schwerpunkt französische und italienische Musik; Voice of the Sea
Dresscode	leger bis elegant, Galaabend und White Night einmal pro Reise
Preis pro Nacht	€ 41 bis € 447; Durchschn. € 156
Info	Costa Kreuzfahrten Hamburg, Tel. (040) 570 12 13 16 www.costakreuzfahrten.de

PROFIL

Info-/Entertainment	4 / 5
Sport & Wellness	4,5 / 5
Gastronomie	3,5 / 5
Familienfreundlichkeit	5 / 5
Service	3 / 5
Routing	2,5 / 5

Costa Toscana & Smeralda

Die beiden großen, modernen LNG-Schiffe bieten den Passagieren viel Abwechslung und reichlich Italo-Flair

Wer im Mittelmeer bei 40 Grad kreuzt, muss auf fast nichts verzichten – wenn er mit der **Costa Toscana** fährt. Dort kann man sogar barfuß über knirschenden Schnee laufen. Auch das Schwesterschiff der **Costa Smeralda** – beide fahren mit schadstoffarmem Flüssiggas (LNG) – bietet somit eine Fülle an Möglichkeiten für den Einklang von Körper und Geist. Auf 16 Passagierdecks haben internationale Innenarchitekten und Partner Ship Design aus Hamburg tolles Design, verspielte italienische Lebensfreude und den deutschen Hang zum Pragmatismus vereint. Die Restaurants bieten die ganze Breite von der Food-Lab-Küche über die kleine Pizzeria bis hin zu Teppanyaki-Grill und Steakhaus. Beim Entertainment hat mit dem Colosseo das von AIDA bekannte Theatrium seine Veredelung erfahren. Bei den Bars liegt „klein und voll" im Trend. Die eigentliche Stärke sind die Außenbereiche. Hier punktet besonders die „Infinity Bar" am Heck auf Deck 7 für den verträumten Blick in das Kielwasser. Höhepunkt im wahrsten Sinne des Wortes ist der Volare Skywalk, eine geschwungene Brücke zum Flanieren im Fahrtwind über dem Sportbereich auf Deck 18 mit einem Übergang auf fast 60 Metern. Mit großzügigen Poolbereichen ist die Toscana ein Warmwasser-Schiff.

Fahrgebiete 2023

Costa Toscana: Winter im Persischen Golf. Sommer im westlichen Mittelmeer. Basishäfen: Savona und Dubai. **Costa Smeralda**: ganzjährig im westlichen Mittelmeer. Basishafen: Savona.

Costa Diadema

Foto: dpa/picture-alliance

Costa Diadema

Fröhliches Bordleben und viel Platz für Kinder: „Italy's Finest" im Mittelmeer und in Arabien

Bis 2019 war die fünf Jahre zuvor in Dienst gestellte **Diadema** das größte Schiff in der Costa-Flotte, nun ist es von den Duos Venezia/Firenze und Smeralda/Toscana übertrumpft worden. Dennoch hat das 306 Meter lange Schiff einige Argumente an Bord, zumal es bereits deutlich dezenter gestaltet wurde als frühere Flottengeschwister. Die Kabinen sind hell und zweckmäßig, im Vergleich zu anderen aber eher nüchtern eingerichtet. Das macht das fröhliche Bordleben wett, mit Maskenbällen und bewusst italienisch gefärbten Bühnenshows. Genüsse wie das wirklich gute, an Bord hergestellte Eis, leckere Pizzen oder ein Aperol Spritz zum Sundowner runden das Italien-Flair ab. In elf Bars und sieben Restaurants können sich die Passagiere auf eine kulinarische Reise begeben, die vom japanischen Teppanyaki-Restaurant bis zur klassischen Pizzeria reicht, auch ein rustikales Brauhaus gibt es. Im Hauptrestaurant finden bei einwöchigen Reisen zwei Gala-Abende statt. Für Kinder und Jugendliche gibt es einen eigenen Bereich mit altersgerechten Betreuungsangeboten. Bemerkenswert ist die Freiluftpromenade an Deck 5, auf der man über einen halben Kilometer lang am Meer entlangschlendern kann. Auch in Sachen Wellness und Sport wird einiges geboten, insgesamt sind über 6.200 Quadratmeter hierfür reserviert.

Fahrgebiete 2023

Die **Costa Diadema** wird – nach einer mehrmonatigen Winterpause – am 7. April 2023 in Barcelona wieder starten und den Sommer im Mittelmeer verbringen.

DATEN & FAKTEN

BRZ 132.500	**Crew-Mitglieder** 1.253
Länge 306,00 m	**PCR (Pass. pro Crew)** 3,9
Breite 37,20 m	**PSR (Platzangebot)** 35,5
Indienststellung 2014	**Passagierdecks** 13
Bordsprache It., Engl., Dt.	**Restaurants** 7
Passagiere 3.724/4.947	**Bars** 11

Kabinen	1.862, davon 838 mit Balkon, 75 Suiten mit Balkon, 254 Außenkabinen mit Meerblick, 687 Innenkabinen
Sport & Wellness	2 Pools, 4 Whirlpools, Fitnessclub, Samsara Spa über zwei Decks (Sauna, Solarium, Thalasso-Therapie, Massagen etc.), Sportplatz, Joggingtrack u. v. m.
Info-/Entertainment	Theater, Casino, 4-D-Kino, Disco, Grand-Prix-Simulator, Shoppingcenter, Videospiele, Kinderclub
Dresscode	sportlich-leger; Galaabende
Preis pro Nacht	€ 57 bis € 364; Durchschn. € 148
Info	Costa Kreuzfahrten Hamburg, Tel. (040) 570 12 13 16 www.costakreuzfahrten.de

PROFIL

Info-/Entertainment	⚓⚓⚓⚓
Sport & Wellness	⚓⚓⚓⚓½
Gastronomie	⚓⚓⚓½
Familienfreundlichkeit	⚓⚓⚓⚓⚓
Service	⚓⚓⚓
Routing	⚓⚓½

Fotos: Getty, Imago, Cunard

KLASSISCH: Für Cunard sind regelmäßige Transatlantik-Passagen genauso gesetzt wie der Afternoon Tea im Queens Room

Cunard Line

Ein legendärer Transatlantik-Liner und klassische Kreuzfahrten prägen die britische Carnival-Marke

Bereits 1840 entwickelte der Kanadier Samuel Cunard im Auftrag der britischen Krone einen Transatlantik-Liniendienst, um den Postweg zwischen England und Amerika zu beschleunigen. Diese legendären Passagen fährt das Cunard-Flaggschiff **Queen Mary 2** noch heute. Sie ist aber, wie die jüngeren Schwestern, auch auf klassischen Kreuzfahrten unterwegs. Und wenn sie den Hamburger Hafen besucht, stehen die Menschen auch nach fast 20 Jahren immer noch am Ufer und winken – die „Queen" fasziniert alle. Kein Wunder, zählt Cunard doch zu den traditionsreichsten Kreuzfahrtmarken der Welt. Alle Cunard-Schiffe bieten Cruising auf britische Art, mit Afternoon Tea, Gentlemen Hosts usw., auch wenn die Firma inzwischen zur Carnival Corporation zählt. Zum klassischen Stil gehört auch eine Einteilung der Kabinen in verschiedene Klassen mit jeweils eigenen Restaurants. Dank einer Überarbeitung des Spa-Konzepts kamen neue Fitnessstudios und Wellnessangebote an Bord der Queens. Speisekarten und Tagesprogramme in deutscher Sprache gehören zum Standard, auf vielen Reisen gibt es weitere deutschsprachige Angebote wie etwa Lektorenvorträge. Noch im Bau ist die neue **Queen Anne**, die zum Jahresanfang 2024 in Dienst gestellt werden soll, erste Routen sind die Kanarischen Inseln mit Portugal, eine Transatlantik-Passage nach Fort Lauderdale und ein 35-Tage-Törn von/bis Southampton in die Karibik. Die 322 Meter lange **Queen Anne** wird 2.996 Passagieren und 1.225 Crew-Mitgliedern Platz bieten.

Schiff	Baujahr	Passagiere
Queen Mary 2	2004	2.695/k. A.
Queen Victoria	2007	2.061/k. A.
Queen Elizabeth	2010	2.081/k. A.

Queen Mary 2

Foto: Imago

Queen Mary 2

Der letzte echte Ocean Liner ist eine elegante und ausgeruhte Alternative zum Fliegen über den Atlantik

Üppig ist das Raumangebot, groß die Abwechslung im Bordprogramm, und die Bibliothek mit über 10.000 Bänden ist die größte auf See. Das klassisch abgestufte Heck und traditionelle Bälle in Abendrobe lassen vergangene Zeiten wieder aufleben. Aber das Bordleben wird zunehmend auch lockerer: Jenseits der „formal nights" herrscht schon lange kein Krawattenzwang mehr. „Very British" ist der Afternoon Tea, wahlweise auch in einer Champagner- oder Godiva-Variante gegen Aufpreis. 2016 wurde die **Queen Mary 2** umfassend renoviert, dabei wurden 15 Single-Kabinen eingebaut. An Bord gibt es verschiedene „Welten", die je nach gebuchter Kabinenkategorie verschiedene Leistungen enthalten: die stilvolle Britannia-Welt, die luxuriöse Princess-Grill-Welt oder die exklusive Queens-Grill-Welt. Das Buffetrestaurant lebt von verglasten Nischen zum Promenadendeck hin und bietet abends À-la-carte-Alternativen mit fünf wechselnden Themen gegen Aufpreis. In den Bars gibt es neben exzellenten Cocktails viel Livemusik, auch mal als Dixieland Lunch. Im kostenpflichtigen Steakhaus „The Verandah" serviert Cunard gehobene französische Küche. Einzigartig: Es gibt eigene Unterkünfte für Hunde (oder Katzen), dazu ein kleines „GassiDeck".

Fahrgebiete 2023

Das Jahr startet mit einer Transatlantik-Passage, die sich dann zu einer Weltreise ausweitet, mit Australien, Südafrika und Asien. Auch Mittelmeer und Nordeuropa werden von der **QM2** wieder angelaufen.

DATEN & FAKTEN

BRZ 151.800	**Passagiere** 2.695/k. A.
Länge 345,00 m	**Crew-Mitglieder** 1.292
Breite 41,00 m	**PCR (Pass. pro Crew)** 2,1
Indienststellung 2004	**PSR (Platzangebot)** 56,3
Renovierung 2016	**Passagierdecks** 13
Bordsprache Englisch	**Restaurants/Bars** 10/12

Kabinen	1.355, davon sind 293 Innen- und 813 Balkonkabinen; es gibt zudem 172 Suiten; Größen: 16–209 qm
Sport & Wellness	Pools, Golfsimulator, Shuffleboard, Tischtennis, Laufpfad, Spa und Fitnesscenter
Info-/Entertainment	Planetarium, Casino, Theater/Kino, Nachtclub, Ballsaal, Kinderclub, ein täglich wechselndes Showprogramm, Bingo/Spiele etc.
Dresscode	tagsüber casual, abends elegant (smart attire) oder Gala
Preis pro Nacht	€ 95 bis € 2.306; Durchschn. € 280
Info	Cunard Line, Hamburg Tel. (040) 41 53 35 55 www.cunard.com

PROFIL

Info-/Entertainment	⚓⚓⚓⚓⚓
Sport & Wellness	⚓⚓⚓⚓
Gastronomie	⚓⚓⚓⚓
Familienfreundlichkeit	⚓⚓⚓½
Service	⚓⚓⚓⚓
Routing	⚓⚓⚓⚓

Queen Victoria

Foto: Molter/dpa

DATEN & FAKTEN QUEEN ELIZABETH

BRZ 90.900	**Passagiere** 2.081
Länge 294,00 m	**Crew-Mitglieder** 1.005
Breite 32,00 m	**PCR (Pass. pro Crew)** 2,1
Indienststellung 2010	**PSR (Platzangebot)** 43,7
Renovierung 2018	**Passagierdecks** 12
Bordsprache Englisch	**Restaurants/Bars** 8/10

Kabinen	1.045 (158 innen, 738 mit Balkon), davon 127 Suiten; Größen: 12–139 qm
Sport & Wellness	2 Pools, Golfabschlag, Shuffleboard, Tischtennis, Laufpfad, Spa, Fitness, Fechtkurse
Info-/Entertainment	Computercenter, Bibliothek, Casino, Theater/Kino, Nachtclub/Disco, Kids/Teen-Zone, Cunardia
Dresscode	tagsüber casual, abends elegant oder Gala
Preis pro Nacht	€ 60 bis € 1.888; Durchschn. € 247
Info	Cunard Line, Hamburg Tel. (040) 41 53 35 55 www.cunard.com

PROFIL

Info-/Entertainment	⚓⚓⚓⚓○
Sport & Wellness	⚓⚓⚓⚓○
Gastronomie	⚓⚓⚓⚓○
Familienfreundlichkeit	⚓⚓⚓○○
Service	⚓⚓⚓⚓○
Routing	⚓⚓⚓⚓○

Queen Elizabeth

& Queen Victoria

Hier lebt man sie noch, die traditionelle Seereise mit englischem Charme – renoviert wurde aber schon

Noch ist sie die Jüngste im Trio der Cunard-Liner – trotzdem atmet die **Queen Elizabeth** Geschichte (siehe auch Reportage in diesem Guide): Auf allen Decks erinnern Fotos und Ausstellungsstücke an die Zeit, in der eine Kreuzfahrt noch ein Luxusgut war. 2010 von der inzwischen verstorbenen Queen Elizabeth II. getauft, punktet die „Lizzy" mit einem Sportbereich auf Deck 11, der zu Krocket oder Boule einlädt; daneben liegen die Grill-Class-Restaurants mit Außenbereich. Neun Kabinen sind für Einzelreisende reserviert. Letzteres gilt auch für die drei Jahre ältere **Queen Victoria**, die im Stil der viktorianischen Ära konzipiert ist. Beim ersten großen Umbau im Sommer 2017 erhielt sie 43 neue Kabinen der Kategorie Britannia Club, deren Passagiere wie die Suitengäste in einem eigenen Restaurant ohne festgelegte Tischzeiten speisen. Auch alle anderen Kabinen wurden renoviert und mit Kaffee- bzw. Wasserkocher ausgestattet. Auf dem Sonnendeck gibt es seitdem mehr geschützte Bereiche und moderne Loungemöbel. Zum Glück bleibt aber auch Bewährtes erhalten – voran der ikonische Queens Room über zwei Decks für die nostalgischen Themenbälle.

Fahrgebiete 2023

Für die **Queen Elizabeth** beginnt das Jahr in Australien, später geht es nach Singapur, Japan, Kanada, USA und dann ins Mittelmeer. Die **Queen Victoria** startet im Januar in Hamburg zu einer 106-tägigen Weltreise, deren Teiletappen natürlich auch buchbar sind.

Disney Cruise Line

Zu Hause sind sie in Florida, aber 2023 auch wieder in Europa zu Gast: Micky Maus & Co. auf hoher See

Wer kennt nicht Micky Maus und seine Freunde? Die Comicfiguren von Walt Disney haben weltweit derart viele Fans, dass längst riesige Freizeitparks, Filmstudios und eine eigene Kreuzfahrtreederei unter dem Disney-Logo segeln. Diese Reederei, die Ende der 1990er-Jahre an den Start gegangen war, hat inzwischen fünf Schiffe im Dienst und zwei weitere in der Pipeline. Gegründet wurde Disney Cruise Lines schon 1995, um die ersten Neubauten bei Fincantieri bestellen zu können, es dauerte dann aber noch etwas, bis die **Disney Magic** und die **Disney Wonder** endlich starten konnten. Im Jahr 2007 folgte der nächste Doppelschlag mit der Bestellung der **Disney Dream** und der **Disney Fantasy**, diesmal aber nicht in Italien, sondern bei Meyer in Papenburg (die beiden 340-Meter-Schiffe waren seinerzeit die größten bis dahin in Deutschland gebauten Cruiseliner). Dort, in Niedersachsen, wird auch die dritte Generation der Disney-Schiffe gebaut, zu der die 2022 in Dienst genommene **Disney Wish** gehört (siehe ausführliche Reportage in diesem Guide). Die Wish wird als erstes Disney-Schiff mit verflüssigtem Erdgas (LNG) angetrieben, einem der saubersten derzeit verfügbaren Treibstoffe. 2024 (**Disney Treasure**) und 2025 sollen zwei weitere baugleiche Schiffe an Disney Cruise Line geliefert werden, ebenfalls mit LNG-Antrieb. Übrigens: Wer mit Disney auf Kreuzfahrt geht (71 Prozent sind Familien), bekommt zwar das volle Unterhaltungsprogramm, doch auch Erwachsene ohne Kinder fühlen sich an Bord durchaus sehr wohl, zumal es für sie „Adult only"-Bereiche gibt. Mit Disney unterwegs zu sein heißt meist in der Karibik zu cruisen und dort auch die Disney-Privatinsel Castaway Cay zu besuchen, es gibt aber auch Routen mit Alaska und in Europa. Diese sollen künftig weiter ausgebaut werden, spätestens wenn der nächste Neubau in Papenburg vom Stapel gelaufen ist.

Schiff	Baujahr	Passagiere
Disney Magic	1998	1.750/2.713
Disney Wonder	1999	1.750/2.713
Disney Dream	2011	2.500/4000
Disney Fantasy	2012	2.500/4000
Disney Wish	2022	2.508/4000

Fotos: Disney Cruise Line

MAUS AN BORD: Wer mit Disney reist, trifft auf dem Schiff auch Minnie und Micky. Doch geht es hier nicht nur um diese Figuren

Disney Magic

Foto: Disney Cruise Line

DATEN & FAKTEN MAGIC

BRZ 83.969	**Passagiere** 1.750/2.713
Länge 293,80 m	**Crew-Mitglieder** 950
Breite 32,00 m	**PCR (Pass. pro Crew)** 1,8/2,9
Indienststellung 1998	**PSR (Platzangebot)** 47,8/31
Renovierung 2016	**Passagierdecks** 11
Bordsprache Englisch	**Restaurants/Bars** 8/7

Kabinen	875 (262 innen, 613 außen), davon 22 Suiten, 384 mit Balkon; Größen: 16,8–90 qm
Sport & Wellness	3 Pools, 6 Whirlpools, Senses Spa für Erwachsene, Chill Spa für Teens, Sportdeck/Basketball, Sauna, Massage, Wasserrutsche Aqua Dunk
Info-/Entertainment	Disney-Musicals, Kinderanimation (ab 3 Mon.), 3-D-Kino, Musicals im Theater, Feuerwerk auf See u. v. m.
Dresscode	ungezwungen
Preis pro Nacht	€ 153 bis € 3.254; Durchschn. € 411
Info	USA: https://disneycruise.disney.go.com. Deutschland: u. a. zu buchen über www.e-hoi.de oder Dertour, Tel. (069) 153 22 55 33

PROFIL

Info-/Entertainment	5/5
Sport & Wellness	4/5
Gastronomie	4/5
Familienfreundlichkeit	5/5
Service	4/5
Routing	3/5

Disney Magic & Wonder

Die beiden ältesten Schiffe von Disney Cruise Line sind voll auf den Familienurlaub eingestellt

Sie sind als schwimmende Funparks konzipiert – und haben doch ebenso das Flair traditioneller Oceanliner. Mit ihrem goldverzierten Rumpf und zwei roten Schornsteinen, an denen Mickys Konterfei prangt (wobei nur der hintere tatsächlich eine Funktion zur Ableitung der Abgase hat), sind sie echte Hingucker. Sie treten wie ihre jüngeren Geschwister als Zwillinge auf: **Disney Magic** und **Disney Wonder**, in Dienst gestellt 1998 und 1999 und somit die ältesten Schiffe im Kreise der Familie. So klassisch das Äußere, so bunt ist es an Bord. Den vielen Kindern, meistens schon erheblich Disney-vorbeeindruckt, wird ein Paradies bereitet, mit originalen Disney-Shows, 3-D-Kino, großen Kinderclubs mit bestens geschulten Betreuern inklusive Babysitting schon ab drei Monaten – und großen, mit separater Toilette versehenen Kabinen. Für Erwachsene gibt es kinderfreie Pools sowie originelle Bars und Restaurants, in denen als Clou das bei allen Disney-Schiffen etablierte „Rotational Dining" gilt: Allabendlich kann man unter verschiedenen Themenrestaurants wechseln – und die Kellner kommen mit! Die Bordsprache ist Englisch, der Service herzlich, das Ambiente amerikanisch – und die Preise für den Spaß sind stattlich, u. a. mit 15,50 US-Dollar Trinkgeld pro Tag und Person. Dafür aber sind Micky, Goofy, Donald Duck & Co. allgegenwärtig.

Fahrgebiete 2023

Die **Disney Magic** fährt ab/bis Miami, die **Disney Wonder** ab/bis Vancouver (Mexiko oder Alaska).

Disney Fantasy

Foto: Schiffsregister The Bahamas ©Disney

Disney Dream & Fantasy

Die jüngeren Zwillinge sind ihren älteren Geschwistern schon bei der Taufe über den Kopf gewachsen

Nach dem erfolgreichen Start mit Magic und Wonder setzte Disney Cruise Line in den Jahren 2011 und 2012 mit den beiden wesentlich größeren Schiffen **Disney Dream** und **Disney Fantasy** bei der Flotte gehörig einen drauf. Diese beiden Micky-Maus-Liner bieten in 1.250 Kabinen bis zu 4.000 Urlaubern Platz, auch hier ist die Quote der Familien beträchtlich, sodass viele der schwimmenden Unterkünfte mehr als zwei Passagiere beherbergen. Die Ausstattung der Bars und Restaurants ähnelt denen auf den kleineren Schwesterschiffen, zusätzlich gibt es noch ein französisches Spezialitätenrestaurant. Große Wasserparks erfreuen die Kids und ihre Eltern bei tropischen Temperaturen, beim Bordprogramm dreht sich natürlich wieder alles um die bekannten Figuren aus einschlägigen Disney-Filmen. Wer davon noch nicht genug gesehen hat, bekommt im Bordkino reichlich Gelegenheit, allerdings natürlich im englischen Original. Lebendiger ist es im Theater, dort werden Shows im Broadway-Stil gespielt, deren Inhalt sich auch um Disney-Figuren dreht. Untypisch für US-Gäste: Ein Casino gibt es keines (ist so auf allen Disney-Schiffen), das würde schlecht zum Familienansatz passen. Man findet aber Bars und Ruhezonen nur für Erwachsene. Auch hier gilt: Disney-Reisen sind selten Schnäppchen.

Fahrgebiete 2023

Die **Disney Dream** fährt in der Karibik, im Mittelmeer, in Nord- und Westeuropa sowie auf Transreisen. Die **Disney Fantasy** ist in der Karibik unterwegs.

DATEN & FAKTEN FANTASY

BRZ 130.000	**Crew-Mitglieder** 1.458
Länge 340,00 m	**PCR (Pass. pro Crew)** 1,7/2,7
Breite 38,00 m	**PSR (Platzangebot)** 52/32,5
Indienststellung 2012	**Passagierdecks** 14
Bordsprache Englisch	**Restaurants** 10
Passagiere 2.500/4.000	**Bars/Lounges/Cafés** 13

Kabinen	1.250 (1100 außen, 901 mit Balkon, davon 21 Suiten), Innenkabinen mit „virtuellem Bullauge“
Sport & Wellness	Pools, Water Coster, Senses Spa für Erwachsene mit Sauna, Chill Spa für Teens, Sportdeck, Massage, Wasserpark
Info-/Entertainment	Disney-Musicals, Kinderanimation (ab 3 Mon.), 3-D-Kino, Musicals im Theater, Feuerwerk auf See u. v. m.
Dresscode	ungezwungen
Preis pro Nacht	€ 194 bis € 4.410 Durchschn. € 451
Info	USA: https://disneycruise.disney.go.com. Deutschland: u. a. zu buchen über www.e-hoi.de oder Dertour, Tel. (069) 153 22 55 33

PROFIL

Info-/Entertainment	⚓⚓⚓⚓⚓
Sport & Wellness	⚓⚓⚓⚓½
Gastronomie	⚓⚓⚓⚓
Familienfreundlichkeit	⚓⚓⚓⚓⚓
Service	⚓⚓⚓⚓
Routing	⚓⚓⚓½

Foto: Disney Cruise Line

DATEN & FAKTEN

BRZ 144.000
Länge 341,14 m
Breite 39,00 m
Indienststellung 2022
Bordsprache Englisch
Passagiere 2.488/4.000

Crew-Mitglieder 1.555
PCR (Pass. pro Crew) 1,6/2,6
PSR (Platzangebot) 57,8/36
Passagierdecks 15
Restaurants 11
Bars/Lounges/Cafés 17

Kabinen	1.254 (davon 12 Prozent innen und 948 mit Balkon, 21 als Suiten); Größen: ca.15–140 qm
Sport & Wellness	7 Pools, Senses Spa, Adult-only-Bereiche, Sportarena (klimatisiert), Aquamouse, Fitnesscenter
Info-/Entertainment	Theater, Kinos, Dinner-Show, Worlds of Marvel, Piraten-Party u. v. m
Dresscode	ungezwungen
Preis pro Nacht	€ 293 bis € 4.607; Durchschn. € 626
Info	USA: https://disneycruise.disney.go.com. Deutschland: u. a. zu buchen über www.kreuzfahrten.de oder Dertour, Tel. (069) 153 22 55 33

PROFIL

Info-/Entertainment	⚓⚓⚓⚓⚓
Sport & Wellness	⚓⚓⚓⚓⚓
Gastronomie	⚓⚓⚓⚓
Familienfreundlichkeit	⚓⚓⚓⚓⚓
Service	⚓⚓⚓⚓
Routing	⚓⚓½

Disney Wish

Nicht Micky Maus hat auf dem neuen Schiff das Kommando, sondern erstmals Captain Minnie

Auf der **Disney Wish** begrüßt nicht die bekannteste Maus der Welt die Gäste, sondern dessen Freundin. Auf Captain Minnies Schiff gibt es 1.254 Kabinen für bis zu 4.000 Passagiere, viele Gäste kommen als Familie. Die Wish (siehe auch große Reportage in diesem Guide) ist das erste Disney-Kreuzfahrtschiff, das mit Flüssigerdgas (LNG) betankt wird. Ausgehend von der Grand Hall gibt es viele Möglichkeiten für Erkundungstouren rund um die Charaktere im Disney-Imperium, zu dem auch Marvel, Star Wars und Pixar gehören. Der Stil des Schiffs ist – mit wenigen Ausnahmen – klassisch und luxuriös gehalten und erinnert eher an Art-déco-Design als an einen bunten Spielplatz. Viele der Outlets umspielen die Disney-Geschichten mehr, als dass sie einem direkt ins Auge springen. 70 Prozent aller Kabinen sind Verandakabinen, die Anzahl an Suiten wurde erheblich erhöht im Vergleich zu den Schwesterschiffen. Jede Kabine ist einem von vier Themen zugeordnet, was sich durch ein individuelles Kunstwerk am Kopfende des Bettes auszeichnet, und einem farblich abgestimmten Flurkonzept. Neu am Pooldeck ist die Wildwasserbahn „Aqua Mouse“ mit Video-Displays und Lautsprechern für Musik und Spezialeffekte. Neben den drei Inklusivrestaurants gibt es drei Spezialitätenrestaurants.

Fahrgebiete 2023

Die **Disney Wish** fährt vier- und fünftägige Törns ab/bis Port Canaveral Richtung Bahamas und besucht dabei auch die Disney-Privatinsel Castaway Cay.

Ocean Majesty

Foto: Hansa Touristik

Hansa Touristik: Ocean Majesty

Kleiner Wohlfühlklassiker mit vielen Routen, die von deutschen Häfen aus starten

Der Stuttgarter Veranstalter Hansa Touristik kombiniert auf seinem einzigen Hochseeschiff klassische Elemente wie Kapitänsabende mit offenen Tischzeiten und Getränkepaketen. Tischwein und Wasser sind ohnehin inklusive, alle weiteren Nebenkosten moderat. Als Alternative zum À-la-carte-Restaurant wartet das Buffet auf dem Lidodeck mit vielen Zweiertischen und Außensitzplätzen auf. Das Landausflugsprogramm bietet verschiedene Kategorien wie „Aktiv", „Lektor", „Mobilitätseingeschränkt" und „Kulinarik". Passend dazu gibt es zu jeder Region Expertenvorträge an Bord. Ansonsten reicht das Entertainment von der Jazzmatinee bis zum Talkformat „Nachtcafé" in der Observation Lounge. In der Bellinis Cigar Lounge werden zahlreiche Sportereignisse live übertragen, und am Sonntagabend läuft hier auch der „Tatort". Auf fast allen Reisen fahren Kinder und Jugendliche kostenlos in der Kabine der Eltern mit, für sie gibt es auch ein Programm an Bord. Die Ocean Majesty ist ein vergleichsweise kleines Schiff, das auch Häfen anlaufen kann, die für größere Schiffe nicht erreichbar sind. Ein Wermutstropfen: Aufgrund vieler Türschwellen ist das Schiff für Rollstuhlfahrer ungeeignet.

Fahrgebiete 2023

Los geht es im April mit Genua–Bremerhaven. Die nächste Reise führt über Scilly Islands und Lissabon zu den Kanaren und zurück. Auch Ziele: Ostsee, Kanalinseln mit Südengland, Norwegen, Friesische Inseln, Grönland, Irland, Island und das östliche Mittelmeer.

DATEN & FAKTEN OCEAN MAJESTY

BRZ 10.417	**Passagiere** 500/548
Länge 136,00 m	**Crew-Mitglieder** 235
Breite 19,20 m	**PCR (Pass. pro Crew)** 2,1
Indienststellung 1995	**PSR (Platzangebot)** 20,8
Renovierung 2018	**Passagierdecks** 8
Bordsprache Deutsch	**Restaurants/Bars** 2/5

Kabinen	274 (193 außen, 81 innen), 8 mit Balkon, 185 mit Fenster oder Bullauge; Größen: 14–23 qm
Sport & Wellness	kleiner Wellnessbereich mit Sauna, Massage und Beautysalon, Shuffleboard, Joggingpfad, Fitnesskurse
Info-/Entertainment	Animation, Show, div. Unterhaltung, Bibliothek, Tanz, Sat-TV, Kino
Dresscode	sportlich-leger, elegant nur an zwei Gala-Abenden
Preis pro Nacht	€ 167 bis € 354; Durchschn. € 232
Info	Hansa Touristik Stuttgart, Tel. (0711) 22 93 16 90 www.hansatouristik.de

PROFIL

Info-/Entertainment	⚓⚓⚓○○
Sport & Wellness	⚓⚓○○○
Gastronomie	⚓⚓⚓○○
Familienfreundlichkeit	⚓⚓⚓○○
Service	⚓⚓⚓◐○
Routing	⚓⚓⚓◐○

Fotos: Hapag-Lloyd Cruises

HÖCHSTE ANSPRÜCHE: Wer wie Axel Engeldrum Kapitän bei Hapag-Lloyd Cruises ist, steuert immer ein Schiff der Extra-Klasse

Hapag-Lloyd Cruises

Der Tradition verpflichtet, aber auch zukunftsorientiert: die führende deutsche Luxusreederei

Als Albert Ballin 1891 die erste „Bildungs- und Vergnügungsreise“ auf hoher See anbot, konnte er den Erfolg des Konzepts Kreuzfahrt nicht einmal erahnen. Heute firmiert das Unternehmen, das aus Ballins Passagierschiffen entstanden ist, als Hapag-Lloyd Cruises (HLC). Diese Marke ist seit 2020 keine autonome Unit in der TUI AG mehr, sondern eine Tochter von TUI Cruises und gehört somit wie die Mutter-Reederei nun zur Hälfte dem US-Konzern Royal Caribbean (was der TUI AG viele Hundert Millionen Euro einbrachte). Der langjährige Chef Karl J. Pojer, der das Wiedererstarken von HLC maßgeblich auf den Weg brachte, ist nicht mehr an Bord, doch versuchen die Nachfolger, die höchsten Ansprüche an Kreuzfahrten und Expeditionsseereisen auch weiterhin zu erfüllen. Etablierte Formate wie „Europas Beste“ lebten nach der Corona-Pandemie wieder auf, das Routing wurde wieder wie gewohnt geöffnet und lässt kaum Wünsche offen. Vor allem mit den drei neuen und weitgehend baugleichen Expeditionsschiffen der Hanseatic-Reihe hat die deutsche Topmarke für gehobene Seereisen ein Pfund in der Hand, geht doch der Trend zurzeit auch in diese Richtung. Nach dem Erfolg des legeren Lifestyles an Bord der Europa 2 erwartet Luxuspassagiere inzwischen auch auf der fast schon legendären Europa ein etwas weniger formelles Ambiente. Trotzdem steht Hapag-Lloyd weiterhin für ein individuelles Kreuzfahrterlebnis, exzellenten Service und kulinarische Höchstleistungen. Auch Kinder sieht man hier manchmal, vor allem auf der Europa 2.

Schiff	Baujahr	Passagiere
Europa	1999	400
Europa 2	2013	514
Hanseatic nature	2019	230
Hanseatic inspiration	2019	230
Hanseatic spirit	2021	230

Europa

Foto: Hapag-Lloyd Cruises

Europa

Die Luxusyacht auf höchstem Niveau ist nun etwas moderner und legerer unterwegs

Sie zählt noch immer zu den besten Kreuzfahrtschiffen der Welt – erhielt allerdings 2013 mit der **Europa 2** eine legere Konkurrenz in der eigenen Flotte. Nach einem Refit im Oktober 2019 und einem Werftaufenthalt im September 2022, bei dem diverse Technik und insgesamt 56 Suiten überholt wurden, präsentiert sich die **Europa** zwangloser: Die traditionelle Dresscode-Etikette wurde aufgebrochen, mit freier Tischplatzwahl nähert sich das Schiff veränderten Kundenerwartungen an. Die Bereitstellung von deutlich mehr Zweiertischen im Hauptrestaurant und verlängerte Öffnungszeiten erleichtern diesen Übergang. Gastronomie und Service bleiben dabei auf dem gewohnten Top-Niveau: Sternekoch Dieter Müller wurde von Kevin Fehling abgelöst, zudem gibt es mit dem Pearls ein neues Seafood-Restaurant mit Außenterrasse am Heck des Schiffs. Auf der laufenden Weltreise (279 Tage ab/bis Hamburg) stehen weder Gala-Abende noch Captain's Dinners auf dem Programm. Dafür wird mehr Wert auf Well-being gelegt: Neue Spa- und Fitnesskonzepte sowie Ernährungs-Workshops hielten Einzug an Bord, ebenso aufgefrischte Entertainmentformate. Man darf gespannt sein, wie langjährige Europa-Fans das etwas veränderte Konzept annehmen.

Fahrgebiete 2023

Zum Jahresbeginn über Barbados rund um Südamerika nach Panama, weiter über die Südsee nach Neuseeland und Australien. Über Asien geht es ins Mittelmeer (im April), Ende Juni ist wieder Hamburg in Sicht.

DATEN & FAKTEN

BRZ 28.890	**Passagiere** 400
Länge 198,60 m	**Crew-Mitglieder** 285
Breite 24,00 m	**PCR (Pass. pro Crew)** 1,4
Indienststellung 1999	**PSR (Platzangebot)** 70,8
Renovierung laufend	**Passagierdecks** 7
Bordsprache Deutsch	**Restaurants/Bars** 5/6

Kabinen	204 Suiten, davon sind 152 Außensuiten mit Veranda (27 qm). 4 Spa-Suiten, 12 Penthouse-Suiten (45 od. 85 qm)
Sport & Wellness	Pool, Fitnessraum, Ocean Spa (mit 4 Spa-Suiten), Sauna, Personal Trainer, Golf Pro, Bikes, Tanzkurse, Nordic Walking, Schnorcheln
Info-/Entertainment	Stars der klassischen und Unterhaltungsmusik, Maler, Lektoren, Schauspieler, Schriftsteller, Galerie, Themenreisen
Dresscode	sportlich-elegant bis elegant
Preis pro Nacht	€ 430 bis € 2.184; Durchschn. € 715
Info	Hapag-Lloyd Cruises Hamburg, Tel. (040) 307 03 05 55 www.hl-cruises.de

PROFIL

Info-/Entertainment	⚓⚓⚓⚓
Sport & Wellness	⚓⚓⚓⚓
Gastronomie	⚓⚓⚓⚓⚓
Familienfreundlichkeit	⚓⚓⚓
Service	⚓⚓⚓⚓⚓
Routing	⚓⚓⚓⚓½

Foto: Hapag-Lloyd Cruises

DATEN & FAKTEN

BRZ 42.830	**Passagiere** 500
Länge 225,38 m	**Crew-Mitglieder** 370
Breite 26,70 m	**PCR (Pass. pro Crew)** 1,4
Indienststellung 2013	**PSR (Platzangebot)** 77,5
Renovierung 2019	**Passagierdecks** 7
Bordsprache Deutsch, Engl.	**Restaurants/Bars** 7/6

Kabinen	251 Außensuiten mit Veranda (27–114 qm), davon u. a. 16 Spa-Suiten (52 qm) und 7 Familienapartments (2 x 27 qm)
Sport & Wellness	Pool mit ausfahrbarem Dach, Ocean Spa (620 qm), Fitnessbereich, Kurse, Personal Trainer, Golf, Fahrräder, Nordic Walking
Info-/Entertainment	Showtheater, internationale Gaststars, Jazzclub, Kino, Literatursalon, Disco, Kunstgalerie, Miele-Kochschule, Themenreisen, Kinderclub
Dresscode	lässige Eleganz – ohne Vorschrift
Preis pro Nacht	€ 422 bis € 2.883; Durch. € 778
Info	Hapag-Lloyd Cruises Hamburg, Tel. (040) 307 03 05 55 www.hl-cruises.de

PROFIL

Info-/Entertainment	⚓⚓⚓⚓
Sport & Wellness	⚓⚓⚓⚓
Gastronomie	⚓⚓⚓⚓⚓
Familienfreundlichkeit	⚓⚓⚓
Service	⚓⚓⚓⚓⚓
Routing	⚓⚓⚓⚓½

Europa 2

Luxus lässig interpretiert: Das für viele Gäste schönste Schiff der Welt ist ein Raumwunder

„21 Knoten und keine Krawatte" – mit der **Europa 2** wagte Hapag-Lloyd Cruises 2013 den Start in eine lässige Form der Luxuskreuzfahrt. Das Konzept ohne Kleiderzwang, ohne Rituale, ohne feste Plätze im Restaurant kommt an und wurde inzwischen auch auf der älteren **Europa** übernommen. Mit sieben Restaurants bietet die Europa 2 eine erstaunliche Vielfalt für ihre Größe. Das Tarragon mit französischer Küche ist besonders beliebt und exquisit. Neben der (Wahl-) Freiheit heißt Luxus aber vor allem auch: Platz! Kein Schiff verschwendet ihn so wie dieses. Opulent sind die Lobby, die Außendecks, das Spa. Und keine der eleganten Suiten, alle mit Veranda und Regenwalddusche ausgestattet, ist kleiner als 27 Quadratmeter. Themenreisen bringen regelmäßig Abwechslung in das Bordprogramm: Die Formate decken Mode, Kunst, Sport und Entspannung sowie Musik ab. Im Rahmen des Werftaufenthalts im September 2019 wurde das Buffetrestaurant Yachtclub runderneuert. Auch im Sport- und Wellnessbereich gab es Updates – von den Laufbändern bis hin zur Schwalldusche. Und auf Deck 11 laden Hängematten zum Entspannen ein.

Fahrgebiete 2023

Die **Europa 2** startet Anfang Januar in der Südsee ins Jahr, fährt anschließend nach Neuseeland und Australien und fährt dann nach Bali, Hongkong und Tokio. Im Mai geht es durch den Suezkanal ins Mittelmeer, Ende Juli von Bilbao nach Hamburg und von dort in den Norden. Im Oktober ist das Ziel New York.

Hanseatic spirit

Foto: Hapag-Lloyd Cruises

HANSEATIC

nature, inspiration & spirit

Das Trio moderner Expeditionsneubauten bietet viel Platz und Komfort sowie sehr interessante Routen

Mit der HANSEATIC nature ist im Mai 2019 der erste Expeditionsneubau von Hapag-Lloyd Cruises gestartet, dicht gefolgt von der HANSEATIC inspiration, auf der auch Englisch gesprochen wird; 2021 kam die HANSEATIC spirit. Das baugleiche Trio unterscheidet sich nur in Details: So hat die nature im Innenbereich noch eine Raucherlounge, während die anderen beiden innen Nichtraucherschiffe sind. Die Kabinen bieten viel Stauraum und kreieren durch indirekte Beleuchtung echte Wohlfühlatmosphäre. Viel Platz ist dem Lernen und Entdecken gewidmet: Riesige Videowände machen das Atrium zur Projektionsfläche für Expertenvorträge; in der Ocean Academy kann man selbst auf Wissensreise gehen. Die gut sortierte Bibliothek in der Observation Lounge sowie Naturdokus im Kabinenfernseher runden das Informationsangebot ab. Da braucht es auch kein großes Entertainment mehr, denn das bietet die Natur – hautnah zu erleben zum Beispiel auf den ausfahrbaren gläsernen Balkonen oder dem Umlauf vorn im Bug. In Warmwasserrevieren punkten die Schiffe zudem mit einer Marina für Wassersport. Zum Schlemmen stehen drei Restaurants und mehrere Bars zur Wahl. Sehr großzügig ist der Fitness- und Saunabereich.

Fahrgebiete 2023

Fast alles dabei: Arktis, Antarktis, Nord-, Süd- und Mittelamerika (Amazonas), Asien, Karibik, Südsee, Ostsee, Mittelmeer – aber nicht Afrika und Australien.

DATEN & FAKTEN HANSEATIC SPIRIT

BRZ 15.650	**Crew-Mitglieder** 175
Länge 138,70 m	**PCR (Pass. pro Crew)** 1,3
Breite 22,00 m	**PSR (Platzangebot)** 68,0
Indienststellung 2019	**Passagierdecks** 7
Bordsprache Deutsch	**Restaurants** 3
Passagiere 230	**Bars** 2

Kabinen	120 Außenkabinen, davon 18 Suiten, 63 Balkonkabinen, 20 Kabinen mit frz. Balkon, Größen: 21–71 qm
Sport & Wellness	Pool mit Gegenstromanlage, Fitness, Kurse, Ocean Spa, Sauna, Dampfbad, Nordic-Walking-Stöcke, Kayaking, in warmen Revieren: Stand-up-Paddling
Info-/Entertainment	Pianist, DJ, Lektoren, auf ausgewählten Reisen Familienangebote
Dresscode	im Lido ungezwungen, sonst sportlich-elegant
Preis pro Nacht	€ 313 bis € 1.845; Durchschnitt € 805
Info	Hapag-Lloyd Cruises Hamburg, Tel. (040) 307 03 05 55 www.hl-cruises.de

PROFIL

Info-/Entertainment	⚓⚓⚓⚓
Sport & Wellness	⚓⚓⚓⚓
Gastronomie	⚓⚓⚓⚓
Familienfreundlichkeit	⚓⚓⚓½
Service	⚓⚓⚓⚓½
Routing	⚓⚓⚓⚓½

Havila Capella

Foto: Havila

DATEN & FAKTEN HAV. CAPELLA

BRZ 16.776	**Passagiere** 640
Länge 124,10 m	**Crew-Mitglieder** 60
Breite 22,00 m	**PCR (Pass. pro Crew)** 7,8
Indienststellung 2021	**PSR (Platzangebot)** 35,8
Bordsprache Norwegisch, Englisch, Deutsch	**Passagierdecks** 6
	Restaurants/Bars 2/3

Kabinen	179, davon 12 Suiten mit Balkon, 4 Balkonkabinen, 116 mit Fenster, 47 Innenkabinen, über alle Kategorien 18 barrierefrei; Größen: 10–45 qm; plus Raum mit Relaxsesseln zum Übernachten
Sport & Wellness	Pool, 2 Jacuzzis, Fitnesscenter, Sauna
Info-/Entertainment	Livemusik, Vorträge, Polartaufe, Verkostungen
Dresscode	leger
Preis pro Nacht	€ 113 bis € 956; Durchschn. € 357
Info	Havila Voyages, Tel. 08 00 724 31 22, www.havilavoyages.com

PROFIL

Info-/Entertainment	⚓⚓ (2 von 5)
Sport & Wellness	⚓⚓ (2 von 5)
Gastronomie	⚓⚓⚓⚓ (4 von 5)
Familienfreundlichkeit	⚓⚓ (2 von 5)
Service	⚓⚓⚓½ (3,5 von 5)
Routing	⚓⚓⚓⚓ (4 von 5)

Havila Voyages

Mit vier interessanten Neubauten startet die Reederei auf der klassischen Postschiffroute in Norwegen

Erstmals seit 15 Jahren gibt es wieder Konkurrenz auf der Kystroute: Der norwegische Staat hat vier Linien an Havila Voyages gegeben. Die neue Reederei gehört zum Havila-Konzern, der bisher nur im Nebengeschäft mit Fähren und Hotels touristisch aktiv war. Als erstes Schiff startete Ende 2021 die **Havila Capella**, die Schwesterschiffe heißen **Havila Castor**, **Havila Polaris** und **Havila Pollux**. Nachhaltigkeit wird an Bord großgeschrieben. Das fängt beim riesigen Batteriepack im Schiffsbauch an und zieht sich bis ins Restaurantkonzept: Statt auf Buffets wird die leckere, norwegische Küche in kleinen Portionen am Tisch serviert – viel Aufwand für die Servicecrew, minimiert aber die Lebensmittelabfälle. Wer sich etwas Besonderes gönnen möchte, bucht ein Fünf-Gänge-Menü im Spezialitätenrestaurant „Hildring“. Angesichts erlesener Zutaten wie Jakobsmuscheln und Steinbutt ist der Abend mit 30 Euro Zuzahlung ein Schnäppchen. Obwohl die Route mit oftmals kurzen Hafenstopps Fährencharakter hat, ist das Schiffsambiente gemütlich und luxuriös: Die Kabinen punkten mit einem ausgefeilten Lichtkonzept und warmen Farben, in der Lounge kann man durch große Oberlichter das Farbenspiel des Himmels betrachten. Auf Deck 9 gibt es eine Rundumpromenade, auf Deck 6 kann man bei gutem Wetter in die Bugspitze gehen und dem Wasser ganz nah sein.

Fahrgebiete 2023

Ganzjährig im Linienverkehr zwischen Bergen und Kirkenes entlang der norwegischen Küste.

Holland America Line

Europäische Wurzeln, amerikanisches Management: eine Premium-Reederei mit Traditionsbewusstsein

Lange war diese 1873 in Rotterdam gegründete Reederei einer der großen Player im Geschäft mit Auswanderern in die Neue Welt; die erste Kreuzfahrt wurde 1895 angeboten. Im Rotterdamer Hafen steht noch das ehrenwerte alte Firmengebäude, nur Schritte von der Erasmusbrücke und dem heutigen modernen Cruise Terminal entfernt. Der Hauptsitz der „HAL" befindet sich jedoch längst in Seattle an der Pazifikküste der USA: Seit 1998 gehört sie zur **Carnival Corporation**, wo sie im Premium-Segment kreuzt. Ziele der teils auch als Langreise buchbaren Törns sind Antarktis, Südamerika, Amazonas, Alaska, Australien, Neuseeland, Asien, aber natürlich auch die Karibik, Mexiko und Kanada. Ebenso nach Europa kommt mal ein Schiff. Mit Half Moon Cay hat Holland America Line auf den Bahamas eine sehr schöne Privatinsel. Aktuell zählt die Flotte elf Schiffe. Das bis 2018 kleinste von ihnen, die **Prinsendam**, wurde an Phoenix Reisen verkauft (siehe **Amera**), auch **Maasdam**, **Veendam** sowie die alten **Amsterdam** und **Rotterdam** hat die Reederei während bzw. nach der Pandemie ausgemustert. Die neue **Rotterdam** bildet mit der **Nieuw Statendam** und der **Koningsdam** die sogenannte Pinnacle Class. Im Reisepreis inbegriffen sind das Buffetrestaurant „Lido Market", der Burger-Grill „Dive-in" und das Restaurant „New York Pizza" am Pooldeck (auf Eurodam, Nieuw Amsterdam, Rotterdam, Koningsdam, Nieuw Statendam). Weitere Restaurants wie „Canaletto"(italienisch) oder „Tamarind" (asiatisch) kosten extra.

Schiff	Baujahr	Passagiere
Volendam	1999	1.432/1.838
Zaandam	2000	1.432/1.839
Zuiderdam	2002	1.970/2.556
Oosterdam	2003	1.916/2.504
Westerdam	2004	1.964/2.504
Noordam	2006	1.972/2.306
Eurodam	2008	2.104/2.731
Nieuw Amsterdam	2010	2.106/2.735
Koningsdam	2016	2.650/3.375
Nieuw Statendam	2018	2.666/3.391
Rotterdam	2021	2.668/3.394

Fotos: Holland America Line

PREMIUM-ANSPRUCH: Viel Platz an Bord und ein gehobenes Entertainment prägen diese Schiffe

Nieuw Statendam

Foto: Holland America Line

DATEN & FAKTEN

BRZ 99.836	**Crew-Mitglieder** 1.036
Länge 297,00 m	**PCR (Pass. pro Crew)** 2,6
Breite 35,00 m	**PSR (Platzangebot)** 37,5
Indienststellung 2018	**Passagierdecks** 13
Bordsprache Englisch	**Restaurants** 12
Passagiere 2.666/3.391	**Bars** 7

Kabinen	1.339 (davon 1.059 außen, 912 mit Balkon, 280 innen); Größen: ca. 12–120 qm
Sport & Wellness	2 Pools, 5 Whirlpools, Spa mit Fitness u. Beautysalon, Saunen, Massage, Basketball/Volleyball, Joggingtrack, Tischtennis
Info-/Entertainment	Casino, Theater mit „World Stage"; Music Walk, B. B. King's Blues Club, Billboard Onboard, Bibliothek, Computer, Schach, Kunstgalerie; Kinder- und Jugendclub
Dresscode	leger, abends mitunter formell
Preis pro Nacht	€ 81 bis € 1.315; Durchschn. € 222
Info	Holland America Line, Rotterdam; in Dtl. buchbar im Reisebüro oder über www.hollandamerica.com

PROFIL

Info-/Entertainment	⚓⚓⚓⚓½
Sport & Wellness	⚓⚓⚓⚓
Gastronomie	⚓⚓⚓⚓½
Familienfreundlichkeit	⚓⚓⚓⚓
Service	⚓⚓⚓⚓
Routing	⚓⚓⚓⚓

Nieuw Statendam

& Koningsdam & Rotterdam

Klassische Eleganz und frische Designideen verbinden die Pinnacle-Class-Schiffe der Holland America Line

Ein Hoch auf die Tradition! Dieser Neubau aus der Fincantieri-Werft ist bereits die sechste Statendam – die erste startete 1898. Doch nicht nur mit der Namensgebung, sondern auch im Schiffskonzept verbindet die Reederei Tradition und Moderne: Zwar gibt es noch die klassischen Holzvertäfelungen und gemütlichen Sessel, jedoch genießt man in ihnen neue Unterhaltungsformate: Der Music Walk führt von rauchiger Rockmusik bis hin zu moderner Klassik, und der traditionelle B. B. King's Blues Club darf natürlich auch nicht fehlen. Einen Nachtclub vermisst da niemand. Wo auf der Schwester **Koningsdam** noch das Culinary Arts Center angesiedelt ist, finden Suitengäste auf der Nieuw Amsterdam erstmals ein eigenes Restaurant namens „Club Orange". Kochkurse und Workshops, angelehnt an die TV-Serie „America's Test Kitchen", gibt es trotzdem weiterhin. Das panasiatische Restaurant „Tamarind" wartet nun mit einem eigenen Sushi-Angebot und Außensitzplätzen auf. Ein Tipp: Von den 2.600 Kunstwerken an Bord hängen viele in den drei Treppenhäusern – sortiert nach den Themen Musik, Mode und moderne Kunst. 2021 kam mit der neuen **Rotterdam** ein weiteres Pinnacle-Schiff hinzu. Sie wurde am 30. Mai königlich getauft.

Fahrgebiete 2023

Nieuw Statendam: Karibik, Transatlantik, Mittelmeer, Westeuropa, Nordland. **Koningsdam**: Mexiko, Hawaii, Südsee, Alaska. **Rotterdam**: Karibik, Nordsee.

Hurtigruten

Auf der Postschiffroute entlang der norwegischen Fjorde – und dazu Expeditionskreuzen ins Eis

Schiffstaufe in der Antarktis! Das war für die norwegische Reederei Hurtigruten in der Tat eine Weltpremiere, entsprechend zog sie die mediale Aufmerksamkeit für den Neubau **Roald Amundsen** auf sich. Im November 2019 fand die Zeremonie statt, mit Gästen in Zodiacs und vor spektakulärer Naturkulisse. Nachdem man in Norwegen das klassische Postschiffgeschäft aus Wettbewerbsgründen mit einer zweiten Reederei teilen muss, baut sich Hurtigruten zunehmend ein zweites starkes Standbein auf, nämlich das der Expeditionsreisen. Neben Umbauten älterer Schiffe kommen dafür auch Neubauten zum Einsatz, so neben der **Fram** (Baujahr 2007) auch die **Fridtjof Nansen** als jüngster Neubau. Ein Hingucker ist dessen wuchtige Statur – und zukunftsweisend seine Technologie. Es war das erste Hybrid-Expeditionsschiff der Welt, das heißt, es fährt auf Teilstrecken batteriebetrieben. Überhaupt tut Hurtigruten derzeit alles, um als „grünste" Marke der Kreuzfahrtwelt zu gelten. Als erste verbannte sie Plastikbestecke von Bord, seit 2019 setzt sie aus Fischabfällen erzeugtes Biogas ein, und mit der Hurtigruten Foundation werden Umwelt- und Sozialprojekte in den Regionen unterstützt, die die Expeditionskreuzer besuchen. Und die Postschiffe? Sie fahren natürlich weiter.

Schiff	Baujahr	Passagiere
Nordstjernen	1956	150
Vesterålen	1983/2019	490
Kong Harald	1993/2016	590
Richard With	1993/2018	590
Nordlys	1994/2019	590
Nordkapp	1996/2016	590
Polarlys	1996/2016	619
Nordnorge	1997/2026	590
Otto Sverdrup	2002/2020	526
Trollfjord	2002/2023	822
Santa Cruz II	2002/2021	90
Maud	2003/2021	500
Fram	2007/2022	250
Spitsbergen	2009/2016	180
Roald Amundsen	2019	528
Fridtjof Nansen	2020	528

Foto: Hurtigruten, Shutterstock (1)

NATUR: Ob Lofoten oder Antarktis – bei Hurtigruten geht es zu interessanten Zielen, die viele auf ihrer Bucketlist haben

MS Spitsbergen

Foto: Hurtigruten

DATEN & FAKTEN

BRZ 7.344	**Passagiere** 180 (Expedition)/320
Länge 100,45 m	**Crew-Mitglieder** 80
Breite 18,00 m	**PCR (Pass. pro Crew)** 2,3 (Exp.)
Indienststellung 2009	**PSR (Platzangebot)** 40,8 (Exp.)
Komplettumbau 2016	**Passagierdecks** 6
Bordspr. Engl., Dt., Norw.	**Restaurants/Bars** 1/1

Kabinen	102 (80 außen, 22 innen), davon 6 Suiten (1 barrierefrei) mit Balkon; Größen: 6–37 qm
Sport & Wellness	Fitnessraum, 2 Whirlpools, Sauna, Lift
Info-/Entertainment	Lektorenvorträge von Experten, Durchsagen von der Brücke, Bibliothek, Observation Lounge, Videospiele, Shop, Internet; „Neptunstaufe" am Polarkreis
Dresscode	sportlich-leger
Preis pro Nacht	€ 268 bis € 1.790; Durchschn. ca. € 400
Info	Hurtigruten Hamburg, Tel. (040) 87 40 74 43 www.hurtigruten.de

PROFIL

Info-/Entertainment	⚓⚓◐○○
Sport & Wellness	⚓⚓○○○
Gastronomie	⚓⚓⚓○○
Familienfreundlichkeit	⚓◐○○○
Service	⚓⚓⚓○○
Routing	⚓⚓⚓⚓○

Spitsbergen

Dieses Schiff bietet beides: die klassische norwegische Postschiffroute und Expeditionen für Entdecker

Man sagt, die Hurtigrute sei eine Seereise für Menschen, die Kreuzfahrten eigentlich nicht mögen. Richtig ist: Die dafür eingesetzten Schiffe bieten außer Vorträgen und der Aussicht über die Reling so gut wie kein Entertainment – und sind eher Fähren als Cruiseliner, denn sie verkehren im Liniendienst entlang der norwegischen Küste. Gäste aus aller Welt, darunter immer auch viele Deutsche, fahren eine oder zwei Wochen mit, andere nur ein paar Stunden oder Tage. Die herzliche Bordatmosphäre genießen dabei alle. In einer Woche laufen die Schiffe über 20 Häfen an, oft für nur 30 Minuten, in den größeren Städten auch mal länger. Einige befördern Autos und Fracht – nur die Post schon lange nicht mehr. Die Bordreiseleiter sind exzellent, zum Ausflugsprogramm gehören Radtouren, Kajakfahrten, Rib-Boat-Safaris – oder ein Wikingerfest auf den Lofoten. Doch die meiste Zeit fährt man von Hafen zu Hafen und genießt den Blick aus der Observation Lounge auf die Landschaft. Die **Spitsbergen** verfügt über sechs für Passagiere zugängliche Decks. Zwei davon waren früher Autodecks.

Fahrgebiete 2023

Die **Spitsbergen** fährt im Sommer die Küste Norwegens rauf und runter. Doch im Winter nicht, denn das Schiff zählt inzwischen auch zum Club der umgebauten Hurtigruten-Expeditionsschiffe – und macht sich dann über Westeuropa auf in Richtung Afrika. Dann geht es nicht nur zu den Kapverden und Kanaren, sondern auch zum Bissagos-Archipel.

MS Fridtjof Nansen

Foto: Hurtigruten

Fridtjof Nansen & Fram & R. Amundsen

Abenteuer Expedition: Mit der Fram begann es – mit den Neubauten wird es weiter ausgebaut

Mit der **Fram** erhielt Hurtigruten 2007 erstmals ein Schiff, das explizit für Expeditionen konzipiert worden ist. Die Nachfrage war offenbar so groß, dass das Programm danach deutlich ausgebaut wurde, und zwar einerseits durch umgebaute Postschiffe (vier davon mussten aus Wettbewerbsgründen von der klassischen Versorgungsroute abgezogen werden), andererseits aber auch durch zwei Neubauten, nämlich die **Roald Amundsen** und die **Fridtjof Nansen**. Beide Schiffe haben einen Diesel-Hybridantrieb: Ein großer Akku ermöglicht dabei einerseits das sogenannte Peak Shaving, also das Glätten von Verbrauchsspitzen bei Manövern, andererseits aber auch das kurzzeitige vollelektrische Fahren, etwa beim Ablegen oder in geschützten Fjorden. An Bord der Hurtigruten-Flotte steht das Erleben der Reiseziele im Vordergrund. Auf ein aufwendiges Showprogramm wird verzichtet. Die speziell für diesen Zweck gebauten Expeditionsschiffe haben eine höhere Eisklasse und fahren deshalb bevorzugt in die beliebten Polargebiete (inklusive Nordwestpassage im Sommer) sowie auf den Transreisen zwischen Süd- und Nordhalbkugel. Dann geht es auch mal auf den Amazonas oder zur US-Ostküste. Lektoren und Wissenschaftler begleiten die Gäste. Für Anlandungen stehen stabile Spezialschlauchboote bereit.

Fahrgebiete 2023

Winter/Frühjahr: Antarktis, Südamerika. Sommer/Herbst: Arktis, Island, Spitzbergen, Nordwestpassage, Alaska, Südamerika.

DATEN & FAKTEN FRIDT. NANSEN

BRZ 20.889
Länge 140,00 m
Breite 23,60 m
Indienststellung 2020
Bordsprache Englisch, Deutsch, Norwegisch

Passagiere 500/528
Crew-Mitglieder 151
PCR (Pass. pro Crew) 3,5
PSR (Platzangebot) 39,5
Passagierdecks 9
Restaurants/Bars 3/1

Kabinen	265 Außenkabinen und Suiten, davon etwa die Hälfte mit privaten Balkonen
Sport & Wellness	Infinity-Pool, zwei Whirlpools, Panorama-Sauna, Gym und Fitness, Laufstrecke, kleines Wellness-Center
Info-/Entertainment	Lektorenvorträge von Experten, routenbezogene Durchsagen von der Brücke, Observation Lounge, Bibliothek, Science Center, Schlauchboote, Shop
Dresscode	sportlich-leger
Preis pro Nacht	€ 285 bis € 1.905; Durchschnitt ca. € 750
Info	Hurtigruten Hamburg, Tel. (040) 87 40 74 43 www.hurtigruten.de

PROFIL

Info-/Entertainment	⚓⚓⚓
Sport & Wellness	⚓⚓½
Gastronomie	⚓⚓⚓
Familienfreundlichkeit	⚓½
Service	⚓⚓⚓
Routing	⚓⚓⚓⚓½

Seaventure

Foto: celand Pro Cruises

DATEN & FAKTEN SEAVENTURE

BRZ 6.752	**Passagiere** 164
Länge 111,00 m	**Crew-Mitglieder** 100
Breite 17,00 m	**PCR (Pass. pro Crew)** 1,6
Indienststellung 1990	**PSR (Platzangebot)** 41,1
Renovierung 2021	**Passagierdecks** 6
Bordspr. Deutsch, Englisch	**Restaurants/Bars** 1/2

Kabinen	64 Außenkabinen, 16 Balkonkabinen und 2 Suiten, Größen: 18–24 qm
Sport & Wellness	Pool, Fitnessraum, Sauna, Massage
Info-/Entertainment	Lektorenvorträge (u. a. mit „Wetterfrosch" Sven Plöger bei der ersten Fahrt 2023), Lesungen, landestypische musikalische Unterhaltung, Sat-TV, Bibliothek
Dresscode	sportlich-leger
Preis pro Nacht	€ 249 bis € 1.814; Durchschnitt € 490
Info	Iceland ProCruises, Hamburg Tel. (040) 28 66 87-160 www.icelandprocruises.de

PROFIL

Info-/Entertainment	⚓⚓⚓½
Sport & Wellness	⚓⚓½
Gastronomie	⚓⚓⚓
Familienfreundlichkeit	⚓½
Service	⚓⚓⚓⚓
Routing	⚓⚓⚓⚓

Iceland ProCruises

Im Sommer Island intensiv auf der kleinen Seaventure. Und im September Naturwunder Grönlands erleben

Der Hamburger Reisespezialist Island ProTravel hatte bislang mit der robusten **Ocean Diamond** Island-Umrundungen der besonderen Art angeboten, jetzt übernimmt das die **Seaventure** mit deutlich besserer Hardware und noch etwas weniger Gästen. Es bleibt bei isländischer Küche und Bieren an Bord. Die Unternehmensgruppe ist Marktführer in Island und kann bei Ausflügen auf das große und gute eigene Partnernetz zurückgreifen. Täglich werden andere Häfen angesteuert, darunter auch solche, die der Andrang auf die Vulkaninsel noch nicht erreicht hat. Hinzu kommen Bustouren, Golf auf dem nördlichsten 18-Loch-Platz der Welt, Helikopterflüge, Hochseeangeln und Zodiac-Ausfahrten, vertieft durch Vorträge des auch Deutsch sprechenden Expeditionsteams über Geschichte, Kultur und Sagen seiner Heimat. Die Seaventure besitzt die höchste Eisklasse für Passagierschiffe und kann sicher durch die arktischen Gewässer gleiten. Insgesamt 14 robuste Schlauchboote stehen bereit, um Gäste zu ansonsten unzugänglichen Gebieten an Land und zu Wasser zu bringen. Wer sich mit der Historie des Schiffs befasst, stellt schnell fest, dass es früher als **Bremen** für Hapag-Lloyd im Einsatz war. Der Name wurde natürlich an Bord entfernt, ansonsten hat sich nicht allzu viel geändert, vom Einsatzgebiet und der Mannschaft mal abgesehen.

Fahrgebiete 2023

Acht Island-Umrundungen von Ende Mai bis Anfang August, außerdem zwei Grönlandreisen im August.

MSC Kreuzfahrten

Diese Flotte wird noch von einer Familie geführt – und sie wächst rasant. Auch kleine Luxusschiffe sind geplant

Die **Mediterranean Shipping Company (MSC)** aus Neapel ist eine der größten Frachtschiffreedereien der Welt. Mit **MSC Cruises** besitzt sie zudem die größte privat geführte Kreuzfahrtflotte. Eignerin ist die Familie Aponte, Hauptsitz von MSC Cruises ist Genf, die deutsche Dependance sitzt in München. Mit der **MSC Grandiosa** wurde im Herbst 2019 zuletzt ein Schiff in Hamburg getauft, weitere Neuheiten haben ihre Jungfernfahrt in wärmeren Gefilden absolviert. Die **MSC World Europa** (LNG) beginnt ihren Dienst im November/Dezember 2022 als Hotelschiff bei der Fußball-WM in Katar und geht dann auf Orient-Touren. Regelmäßig werden Schiffe in deutschen Häfen stationiert: **MSC Virtuosa** und **MSC Preziosa** ab/bis Hamburg, **MSC Fantasia** und die neue **MSC Euribia** (LNG) ab/bis Kiel, **MSC Poesia** ab/bis Warnemünde. Egal wo: Mediterraner, familiärer Lifestyle mit Zutaten aus allerlei Kulturen prägt das Leben an Bord. 2023 startet mit der **Explora I** das erste Luxusschiff der neu gegründeten MSC-Tochter Explora Journeys.

Fotos: MSC

TYPISCH MSC: Buntes Showprogramm, Kinderbetreuung und ein besonderer Service für die Yacht-Club-Passagiere

Schiff	Baujahr	Passagiere
MSC Armonia	2001/2004	1.554/2.083
MSC Sinfonia	2002/2005	1.556/2.090
MSC Lirica	2003	1.560/2.055
MSC Opera	2004	1.560/2.055
MSC Musica	2006	2.550/3.010
MSC Orchestra	2007	2.550/3.010
MSC Poesia	2008	2.550/3.010
MSC Fantasia	2008	3.300/3.959
MSC Splendida	2009	3.300/3.959
MSC Magnifica	2010	2.550/3.010
MSC Divina	2012	3.502/4.345
MSC Preziosa	2013	3.502/4.345
MSC Meraviglia	2017	4.488/5.714
MSC Seaside	2017	4.132/5.179
MSC Seaview	2018	4.132/5.179
MSC Bellissima	2019	4.434/5.331
MSC Grandiosa	2019	4.842/5.714
MSC Virtuosa	2021	4.842/6.344
MSC Seashore	2021	4.540/5.632
MSC Seascape	2022	4.140/5.331
MSC World Europa	2022	5.266/6.762

MSC Bellissima

Foto: MSC

MSC Bellissima

& Meraviglia, & Grandiosa & Virtuosa

Diese „Schöne" kann auch smart sein, dem digitalen Concierge in jeder Kabine sein Dank

Die **MSC Bellissima** ist das erste MSC-Schiff mit digitalem Concierge in jeder Kabine: Der Sprachassistent „MSC Zoe" weiß Antworten auf über 800 Fragen und spricht sieben Sprachen. Dazu zählt auch Mandarin, denn das Schiff sollte ab April 2020 auf dem chinesischen Markt unterwegs sein – was wegen der Pandemie bislang aber nichts wurde. Ansonsten unterscheidet sich die „Schöne" kaum von ihrer 2017 getauften Schwester **MSC Meraviglia**, die als Typenschiff der Klasse gilt. Das Schiffsleben findet auf der doppelstöckigen Flaniermeile mit Restaurants, Bars und Shops statt. Darüber wölbt sich ein 80 Meter langer LED-Himmel, der immer wieder neu illuminiert wird. Wer es ruhiger mag, zieht sich in die Sky Lounge mit Panoramablick zurück, hier haben ausschließlich Erwachsene Zutritt. Drei Viertel der 2.217 Kabinen auf der Bellissima sind Balkonkabinen, 175 auf Familien ausgelegt und zwölf auf Singles. Zu den zwölf Restaurants zählen eine Tapasbar und das neue französische Spezialitätenrestaurant „L'Atelier Bistrot". Im Hauptrestaurant wird in zwei Sitzungen gegessen. Die Angebote im Broadway Theatre spielen künstlerisch nahezu auf demselben Niveau wie die Cirque-du-Soleil-Shows in der Carousel Lounge.

Fahrgebiete 2023

Meraviglia: Karibik, dann US-Ostküste/gen Norden, später gen Süden. **Virtuosa:** hauptsächlich Nord- und Westeuropa. **Bellissima & Grandiosa:** Mittelmeer.

DATEN & FAKTEN MSC BELISSIMA

BRZ 171.598	**Crew-Mitglieder** 1.536
Länge 315,83 m	**PCR (Pass. pro Crew)** 2,9
Breite 43,00 m	**PSR (Platzangebot)** 38,7
Indienststellung 2019	**Passagierdecks** 15
Bordspr. It., Dt., Engl., Frz.	**Restaurants** 12
Passagiere 4.434/5.331	**Bars** 20

Kabinen	2.217 (1.540 außen, 677 innen), davon 1.404 mit Balkon; 113 Suiten, davon 95 im Yacht Club mit Butlerservice; Größen: 12–59 qm
Sport & Wellness	4 Pools, 9 Jacuzzis, Aquapark, Fitness, MSC Aurea Spa, Power-Walking-Pfad, Sportplatz u. v. m.
Info-/Entertainment	Theater, Cirque-du-Soleil-Show, Casino, Disco, TV-Studio, Freiluft-Amphitheater, 4-D-Kino, Baby-/Kinder-/Teens-Club u. v. m.
Dresscode	kein vorgeschriebener Dresscode
Preis pro Nacht	€ 47 bis € 773; Durchschn. € 124
Info	MSC Kreuzfahrten, München Tel. (089) 203 04 38 01 www.msc-kreuzfahrten.de

PROFIL

Info-/Entertainment	⚓⚓⚓⚓½
Sport & Wellness	⚓⚓⚓⚓
Gastronomie	⚓⚓⚓½
Familienfreundlichkeit	⚓⚓⚓⚓½
Service	⚓⚓⚓
Routing	⚓⚓⚓½

MSC Preziosa

Foto: MSC

DATEN & FAKTEN MSC PREZIOSA

BRZ 139.072	**Passagiere** 3.502/4.345
Länge 333,33 m	**Crew-Mitglieder** 1.388
Breite 37,92 m	**PCR (Pass. pro Crew)** 2,5
Indienststellung 2013	**PSR (Platzangebot)** 39,7
Renovierung regelmäßig	**Passagierdecks** 13
Bordspr. Dt., Engl., Fr., It.	**Restaurants/Bars** 8/15

Kabinen	1.751 (1.249 außen, 405 innen), davon 1.134 Außenkabinen mit Balkon; 97 Suiten, davon 66 im Yacht Club mit Butlerservice; Größen: 15–53 qm
Sport & Wellness	4 Pools, Jacuzzis, Aquapark, Fitness, Squashplatz, MSC Aurea Spa mit Solarium, Infinity-Pool u. v. m.
Info-/Entertainment	Theater, Casino, Disco, Kinder- und Teensclub, 4-D-Kino, Formel-1-Simulator u. v. m.
Dresscode	kein vorgeschriebener Dresscode; Gala-Abende
Preis pro Nacht	€ 46 bis € 660; Durchschn. € 151
Info	MSC Kreuzfahrten, München Tel. (089) 203 04 38 01 www.msc-kreuzfahrten.de

PROFIL

Info-/Entertainment	⚓⚓⚓◐○
Sport & Wellness	⚓⚓⚓⚓○
Gastronomie	⚓⚓⚓◐○
Familienfreundlichkeit	⚓⚓⚓⚓◐
Service	⚓⚓⚓○○
Routing	⚓⚓⚓◐○

MSC Preziosa

& Splendida & Divina & Fantasia

Ein Schiff, zwei Welten: Auch die Preziosa und ihre Schwestern haben einen separaten Luxusbereich

Die drittgrößte Kreuzfahrtreederei der Welt wächst zurzeit wie keine andere. Dennoch gehört die 2013 getaufte **MSC Preziosa** keineswegs zum alten Eisen. Trotz einiger dunkler Farbtöne im Interieur wirkt sie elegant und stilvoll. Das Publikum kommt mehrheitlich aus Südeuropa, entsprechend temperamentvoll ist die Atmosphäre, auch auf Nordlandreisen. Die Formel von gepflegtem, ruhigem Ambiente, verbunden mit der Infrastruktur eines großen Schiffs, findet durchaus Anhänger. Langweilig wird es auch an Bord der weitgehend baugleichen Schwestern **MSC Fantasia**, **MSC Divina** und **MSC Splendida** nicht. Lebhaft, kinderfreundlich und unternehmungslustig sind Passagiere wie Crew – fast wie an einem belebten italienischen Badestrand. Die Bordangebote wurden von Schiff zu Schiff erweitert. Auf der Preziosa findet sich zum Beispiel das Slow-Food-Restaurant „Eataly“. Wer's ruhiger und exklusiver mag, bucht den MSC Yacht Club, der auf der Preziosa 66 Suiten auf drei Decks oberhalb der Brücke umfasst. Ein Butlerservice und ein eigenes Restaurant sind dort inklusive – und eine Bordkarte, die im Lift ohne Zwischenstopps auf anderen Decks den Yacht-Club-Gast direkt in seinen Bereich bringt. An Bord gibt es einen eigenen Aquapark mit Wasserrutsche und zum Entspannen einen Infinity-Pool.

Fahrgebiete 2023

Preziosa: Brasilien, dann Westeuropa/Nordland ab/bis Hamburg. Schwestern: u.a. Karibik, Mittelmeer.

MSC Seaside

Foto: MSC

MSC Seaside

& Seaview & Seashore & Seascape

Offen zum Meer hin: Die neue Schiffsklasse von MSC empfiehlt sich für Karibik und Mittelmeer

MSC Seaside und **MSC Seaview**, 2017 und 2018 gestartet, sind vor allem für warme Fahrgebiete konzipiert, mit einem Heck-Pool auf Deck 7, einer breiten Promenade und einer sehr offenen Gestaltung der Innenräume. Das größere der beiden Buffetrestaurants liegt ebenfalls unten auf Deck 8. Die Promenade ist aber auch der Ruhepol des Schiffs mit gemütlichen Sitzecken und Liegestühlen. Lebhafter geht es am Pooldeck zu. Hier gibt es zwei über 100 Meter lange Zipline-Seilrutschen, einen kombinierten Wasser-und-Kletterpark, rasante Wasserrutschen und die spektakuläre Glasbodenbrücke „Bridge of Sighs“ (Seufzerbrücke) auf Deck 16 mit direktem Blick hinab zum Pool neun Decks tiefer. Das Schiff bietet einen ansprechenden Spa-Bereich und zahlreiche Shopping-Möglichkeiten. Exzellent, wenn auch nicht ganz günstig, sind die Spezialitätenrestaurants, die teils in Kooperation mit Sterneköchen konzipiert wurden. Ganz neu gestaltet wurde der Suitenbereich MSC Yacht Club. 2021 kam mit der **MSC Seashore** eine XXL-Version (200 Kabinen mehr) der Schwestern hinzu, im Dezember 2022 folgt die **MSC Seascape**, die in New York getauft wird.

Fahrgebiete 2023

Seaview: Brasilien ab/bis Rio, Mittelmeer, u. a. ab Barcelona, Palma, Genua u. Civitavecchia. **Seaside:** Karibik u. a. ab/bis Fort-de-France und Pointe-à-Pitre. **Seashore:** Südamerika, Mittelmeer. **Seascape:** Karibik ab/bis Miami.

DATEN & FAKTEN MSC SEASIDE

BRZ 153.516	**Crew-Mitglieder** 1.413
Länge 322,78 m	**PCR (Pass. pro Crew)** 3,7
Breite 41,00 m	**PSR (Platzangebot)** 32,8
Indienststellung 2017	**Passagierdecks** 15
Bordspr. Dt., Engl., Frz., It.	**Restaurants** 10
Passagiere 4.132/5.179	**Bars** 17

Kabinen	2.066 (420 innen, 1.646 außen), davon 1.519 mit Balkon, 214 Suiten, davon 86 im Yacht Club mit Butlerservice; Größen: 14–62 qm
Sport & Wellness	4 Pools, 13 Whirlpools, Wasserrutschen, Fitness, MSC Aurea Spa, Sportplatz u. v. m.
Info-/Entertainment	Theater, Zipline, Bowlingbahn, Formel-1-Simulator, 4-D-Kino, Aquaventure-Trail und Wasserpark, Glasbodenbrücke
Dresscode	kein vorgeschr. Dresscode; Galaabende
Preis pro Nacht	€ 57 bis € 781; Durchschn. € 164
Info	MSC Kreuzfahrten, München Tel. (089) 203 04 38 01 www.msc-kreuzfahrten.de

PROFIL

Info-/Entertainment	⚓⚓⚓⚓
Sport & Wellness	⚓⚓⚓⚓½
Gastronomie	⚓⚓⚓½
Familienfreundlichkeit	⚓⚓⚓⚓½
Service	⚓⚓⚓
Routing	⚓⚓⚓½

Fotos: Nicko Cruises (2), iStockphoto

ALTERNATIVEN: Bei Nicko Cruises kann man entweder am Pool der Vasco da Gama liegen oder von der World Voyager ins Zodiac steigen

Nicko Cruises

Ein kleines Expeditionsschiff und ein klassischer Liner begleiten die Fluss-Experten auf hoher See

Bis 2019 war **Nicko Cruises** auf Flusskreuzfahrten spezialisiert, doch seither ist der Veranstalter aus Stuttgart auch auf hoher See unterwegs. Die Schiffe **Vasco da Gama** und **World Voyager** gehören der portugiesischen Reederei Mystic Cruises. Nicko Cruises nimmt mit seinen vergleichsweise kleinen Schiffen Kreuzfahrer ins Visier, die Wert auf die Destinationen legen. So steuert die 126 Meter lange World Voyager auf ausgefallenen Routen entlegene Ziele an, die Schiffe des Mainstreams nicht anlaufen können. Für Expeditionsanlandungen hat die – nach der Eisklasse 1B und der Polarklasse C – gebaute World Voyager 18 Zodiacs für die maximal 200 Passagiere an Bord. Die Vasco da Gama, benannt nach dem portugiesischen Entdecker, ersteigerte Nicko-Mutter Mystic im Oktober 2020 für knapp über zehn Millionen US-Dollar aus der Insolvenzmasse von Cruise & Maritime Voyages mit ihrer deutschen Marke TransOcean Kreuzfahrten. Das 1993 für Holland America Line in Dienst gestellte Schiff wird mit rund 1.000 Passagieren ausgelastet. Aufnehmen könnte der klassische Liner knapp über 1.600 Gäste. Nicko Cruises möchte damit nach eigenen Angaben noch mehr Platz pro Passagier auf dem ohnehin schon großzügigen Schiff schaffen. Das deutschsprachige Produkt bietet eine interessante Kombination aus Expeditionsreisen und klassischer Kreuzfahrt mit längeren Liegezeiten in den Häfen – die dann auch noch mitunter abseits der „Rennstrecken" großer Schiffe liegen. Aktuell nicht mehr im Programm ist die World Explorer, die als erstes Hochseeschiff für Nicko/Mystic an den Start gegangen war, aber einige Schwächen im Detail zeigte.

Schiff	Baujahr	Passagiere
World Voyager	2020	200
Vasco da Gama	1993	1.000

World Voyager

Foto: Nicko Cruises

World Voyager

Ein stylishes Expeditionsschiff, mit dem maximal 200 Gäste auf Entdeckungsreise gehen

Nicko Cruises stieg 2019 mit der **World Explorer** in die Expeditions- und Hochseekreuzfahrt ein. Während die Explorer mittlerweile ausschließlich für den französischen Anbieter Rivages du Monde unterwegs ist, verspricht nun die nahezu baugleiche, aber im Vergleich zur Vorgängerin optimierte **World Voyager** Expeditionsreisen mit besonders langen Liegezeiten in den Häfen. Das kompakte, nach Eisklasse PC 6 gebaute Schiff ist für Ziele aller Art geeignet und mit MGO-Treibstoff und SCR-Katalysator auch relativ umweltverträglich. Im Auditorium informieren Lektoren über die Ziele, eine große Show gibt es an Bord nicht. Die Kabinen in elf verschiedenen Kategorien des modern und elegant gestylten Schiffs bieten hohen Komfort und sorgen im Fall der Infinity-Kabinen, die auf Knopfdruck einen Juliet-Balkon schaffen, für ein besonderes Raumgefühl. Insgesamt liegen die Unterkünfte, speziell bei der Schiffsgröße, über dem von den meisten Schiffen gewohnten Standard. Meerblick bieten Sauna und Fitnessraum, angeboten werden dort unter anderem Yoga- und Pilates-Kurse. Highlights an Bord sind das Observation-Deck am Bug mit umlaufender Sitzbank sowie die in Wohnzimmergemütlichkeit eingerichtete Observation-Lounge. Kulinarisch verspricht Nicko zwar ein eigendefiniertes 5-Sterne-Niveau, kann das aber nicht immer halten.

Fahrgebiete 2023

Mittelamerika, Karibik, Transatlantik, Kanaren/Afrika, Azoren, Westeuropa, Nordland, Island, Nordsee.

DATEN & FAKTEN

BRZ 9.923	**Crew-Mitglieder** 109
Länge 126,00 m	**PCR (Pass. pro Crew)** 1,8
Breite 19,00 m	**PSR (Platzangebot)** 49,6
Indienststellung 2019	**Passagierdecks** 6
Bordsprache Deutsch	**Restaurants** 2
Passagiere 200	**Bars** 3

Kabinen	98 Außenkabinen, davon 62 mit Balkon und 24 Infinity-Kabinen mit Panoramafenster; Größen: 17–41 qm
Sport & Wellness	Pool, Fitnessraum, Whirlpools, Sauna und Massage
Info-/Entertainment	Lektorate im Vortragsraum, kleine Bibliothek, Casino, Observation-Deck
Dresscode	sportlich-elegant bis elegant
Preis pro Nacht	€ 120 bis € 1.033; Durchschn. € 463
Info	nicko cruises Stuttgart Tel. (0711) 24 89 80 44 www.nicko-cruises.de

PROFIL

Info-/Entertainment
Sport & Wellness
Gastronomie
Familienfreundlichkeit
Service
Routing

Vasco da Gama

Foto: Nicko Cruises

DATEN & FAKTEN

BRZ 55.877	**Passagiere** 1.000
Länge 219,4 m	**Crew-Mitglieder** 550
Breite 30,80 m	**PCR (Pass. pro Crew)** 1,8
Indienststellung 1993	**PSR (Platzangebot)** 55,8
Renovierung 2021	**Passagierdecks** 9
Bordsprache Dt., Engl.	**Restaurants/Bars** 5/7

Kabinen	614, davon viele zur Einzelnutzung, 120 Kabinen und 29 Suiten mit Balkon, 336 außen, 129 innen, Größen: 18–102 qm
Sport & Wellness	2 Pools, 3 Whirlpools, Fitness- und Wellnesscenter, Sportplatz, Joggingbahn, Bordhospital
Info-/Entertainment	Showlounge, Nightclub, Kino, Vorträge, Shoppinggalerie, Livemusik, Kinderland
Dresscode	leger bis sportlich-elegant
Preis pro Nacht	€ 70 bis € 829; Durchschn. € 240, Kinder bis 16 J. frei (bei 2 Vollz.)
Info	nicko cruises Stuttgart Tel. (0711) 24 89 80 44 www.nicko-cruises.de

PROFIL

Info-/Entertainment	⚓⚓⚓◐○
Sport & Wellness	⚓⚓⚓◐○
Gastronomie	⚓⚓⚓⚓○
Familienfreundlichkeit	⚓⚓⚓◐○
Service	⚓⚓⚓⚓○
Routing	⚓⚓⚓⚓○

Vasco da Gama

Ein klassischer Liner mit aufgefrischtem Styling, der früher für TransOcean gefahren ist

Im Frühjahr 2019 ist die nach dem legendären portugiesischen Entdecker benannte **Vasco da Gama** in Bremerhaven getauft worden – für TransOcean, eine Reederei, die Corona nicht überlebt hat. Die als **Statendam** für Holland America gebaute Vasco da Gama fährt nun für Nicko Cruises und ist dem deutschen Markt erhalten geblieben. Glücklicherweise, denn mit Platz für maximal 1.000 Passagiere bietet das klassische Kreuzfahrtschiff, das zuletzt 2021 renoviert und modernisiert wurde, viel Platz pro Passagier. Weitläufige und vor allem klassisch-schöne Teakdecks, sogar eine frei zugängliche Bugspitze, modern gestylte Bars und Lounges sowie ein Theater über zwei Decks mit Platz für rund 600 Gäste machen die Vasco da Gama zu einem Cruiser mit sehr viel Stil. Neben dem Hauptrestaurant „The Waterfront" gibt es Kulinarik mit mediterranen und asiatischen Spezialitäten. Lediglich „The Grill" ist ein zuzahlungspflichtiges Spezialitätenrestaurant, wo es vor allem Steaks auf den Teller gibt. Untergebracht werden die Passagiere in Kabinen auf neun Passagierdecks, von 16 bis 102 Quadratmetern Größe. Im Vergleich zur Indienststellung bei TransOcean hat Nicko Cruises kräftig investiert. Die 29 Suiten an Bord wurden komplett modernisiert, aber auch die Standardkabinen haben neuen Möbel erhalten und sind nun auf der Höhe der Zeit eingerichtet.

Fahrgebiete 2023

Kanaren, Kapverden, Marokko, Mittelmeer, Westeuropa, Nordland, Ostsee, Britische Inseln, Afrika, Asien.

Norwegian Cruise Line

Brillantes Entertainment, lässige internationale Atmosphäre und Schiffe auf Premium-Niveau

Spektakuläre Bordattraktionen, brillantes Entertainment und erstklassige Gastronomie: Das ist die Norwegian Cruise Line. Die Reederei, 1966 vom Osloer Knut Kloster gegründet, hat ihren Sitz heute in Miami und sorgte schon früh für Neuerungen in der Kreuzfahrtbranche. Als erste Reederei führte sie Ein-Klassen-Kreuzfahrten sowie feste Karibiktouren ab Miami ein – und bot 2010 auf der **Norwegian Epic** erstmals Einzelreisenden eine eigene Kabinenkategorie. Auf der **Norwegian Encore**, dem 14. und vorerst letzten Neubau der Papenburger Meyer Werft, sorgte wie bei den Schwestern eine 350-Meter-Kartbahn für Aufsehen. Das machte den Passagieren so viel Spaß, dass auf den jüngsten Fincantieri-Neubauten, der **Norwegian Prima** und der für 2023 avisierten **Norwegian Viva**, ebenfalls eine Kartbahn eingeplant wurde – diesmal sogar über drei Decks und rund 420 Meter lang. Passagiere schätzen an Bord der NCL-Schiffe amerikanisch-lässiges „Freestyle Cruising": Jeder soll machen können, was, wann und wo er will. Mit dem „Free at Sea"-Preismodell buchen europäische Gäste zudem Spezialitätenrestaurants, Ausflüge, Internetpakete oder eine Getränkeauswahl vorab hinzu.

Schiff	Baujahr	Passagiere
Norwegian Spirit	1998/2020	2.032/2.475
Norwegian Sky	1999/2019	2.004/2.450
Norwegian Star	2001/18	2.348/2.846
Norwegian Sun	2001/18	1.936/2.400
Norwegian Dawn	2002/16	2.340/2.846
Norwegian Jewel	2005/21	2.376/2.846
Pride of America	2005/21	2.186/2.438
Norwegian Jade	2006/17	2.402/2.846
Norwegian Pearl	2006/21	2.394/2.834
Norwegian Gem	2007/20	2.394/2.834
Norwegian Epic	2010/20	4.100/5.098
Norwegian Breakaway	2013/20	3.959/4.441
Norwegian Getaway	2014/20	3.963/4.441
Norwegian Escape	2015	4.266/k.A.
Norwegian Joy	2017	3.804/4.266
Norwegian Bliss	2018	4.004/k.A.
Norwegian Encore	2019	3.998/k.A.
Norwegian Prima	2022	3.099/k.A.

Fotos: NCL (2), Uwe Bahn

BUNTE MISCHUNG: Ob Riesenrutsche, Kabine oder lässige Bar – bei Norwegian Cruise Line findet jeder sein Highlight

Norwegian Dawn

Foto: NCL

DATEN & FAKTEN

BRZ 92.250
Länge 294,13 m
Breite 32,20 m
Indienststellung 2002
Renovierung 2016
Bordsprache Englisch

Passagiere 2.340/2.846
Crew-Mitglieder 1.032
PCR (Pass. pro Crew) 2,0
PSR (Platzangebot) 41,5
Passagierdecks 14
Restaurants/Bars 14/11

Kabinen	1.171 (788 außen, 383 innen, 538 mit Balkon), davon 65 Suiten und Penthouses; Größen: 9–120 qm
Sport & Wellness	2 Pools, 6 Whirlpools, Joggingstrecke, Spa, Fitnessstudio und Fitnesskurse
Info-/Entertainment	Show, Casino, Tages- und Abendprogramm, Kinderbereich
Dresscode	kein vorgeschriebener Dresscode
Preis pro Nacht	€ 58 bis € 699; Durchschnitt € 242
Info	Norwegian Cruise Line Wiesbaden, Tel. (0611) 36 07 0 www.ncl.de

PROFIL

Info-/Entertainment	⚓⚓⚓⚓○
Sport & Wellness	⚓⚓⚓⚓○
Gastronomie	⚓⚓⚓⚓○
Familienfreundlichkeit	⚓⚓⚓⚓○
Service	⚓⚓⚓◐○
Routing	⚓⚓⚓◐○

Norwegian Dawn

Entspanntes Cruisen in der Mittelklasse der Norwegian Cruise Line

Regelmäßig werden die älteren Schiffe der Norwegians mit millionenschweren Renovierungsprogrammen in Schuss gehalten. Auch die 2002 von Kim Cattrall („Sex and the City") getaufte **Norwegian Dawn** brachte diese Frischekur 2016 hinter sich. Kabinen, Restaurants, das Atrium und das Pooldeck wurden saniert und haben seitdem den Style der Neubauten. Das Versprechen, auf allen Schiffen solle man sich fühlen wie auf einem Neubau, können Passagiere fast wörtlich nehmen. Das für heutige Verhältnisse kompakte Schiff hat Platz für gut 2.300 Passagiere; ihnen bietet es gemütliche Bars und schöne Rückzugsorte an Deck. Spektakuläre Wasserrutschen oder gar eine Kartbahn, wie auf den neueren Schiffen, gibt es auf der Dawn nicht, dafür aber zeitgeistiges Flair. Hinzu kommt eine Anpassung des Restaurantangebots: Den Mexikaner „Los Lobos" und die rund um die Uhr geöffnete Grillbar „O'Sheehan's" gibt es jetzt ebenso an Bord wie „The Cellars", eine Weinbar der US-Winzerdynastie Michael Mondavi, und die „Sugarcane Mojito Bar". Breit gefächert ist die Auswahl an Kabinen und Suiten – Begriffe, die für die größte „Kabine" nicht mehr zutreffen: Die „Garden Villa" misst 120 Quadratmeter – und hat ein riesiges privates Sonnendeck …

Fahrgebiete 2023

Zu Jahresbeginn noch ab Tampa in der Karibik unterwegs, folgt im April die Transatlantikroute. Im Sommer geht es ab/bis Southampton zu den Britischen Inseln und ab Kopenhagen/Stockholm in die Ostsee.

Norwegian Encore

Foto: NCL

Norwegian Encore
& Bliss & Joy

Knallbunter Rumpf, Fun & Games an Bord: das vorerst letzte NCL-Schiff von der Meyer Werft

„Encore“ bedeutet „Zugabe“ – als solche, und zwar zur erfolgreichen Breakaway-Plus-Klasse, kann man das 14. Schiff, das NCL von der Meyer Werft erhielt, durchaus bezeichnen. Knallbunt ist der Rumpf, gestaltet vom spanischen Künstler Eduardo Arranz-Bravo – ganz anders, nämlich elegant, sind die Interieurs. Die E-Kartbahn, bekannt von den Schwesterschiffen **Norwegian Joy** und **Norwegian Bliss**, erstreckt sich über zwei Decks und ist 350 Meter lang; Elektrokarts rasen durch zehn Kurven in vier Streckenabschnitten, die sogar bis zu vier Meter über die Reling hinausragen. Highlight im Galaxy Pavilion, einem über 900 Quadratmeter großen Virtual-Reality-Komplex, ist ein Escape Room, von dem aus man sich in ein Abenteuerlabyrinth begeben kann. Auf dem obersten Deck gibt es eine Lasertag-Arena, gestaltet im Stil des versunkenen Atlantis, in der man sich unter freiem Himmel „duellieren“ kann. Gesetzt ist der Aqua Park mit Wasserrutschen, darunter zwei mehrstöckige, von denen eine mehr als drei Meter über die Reling hinaus und bis zum darunterliegenden Deck führt. In Sachen Entertainment setzt NCL unter anderem auf Adaptionen von Broadway-Musicals wie „Kinky Boots“ und sein „Freestyle“-Konzept: Nichts muss, alles kann – mit dieser Devise macht Schiffsurlaub richtig Spaß.

Fahrgebiete 2023

Encore: Karibik, Panama-Kanal, Alaska. **Bliss:** Karibik, Baja Califonia, Alaska. **Joy:** u. a. USA, Bermuda.

DATEN & FAKTEN ENCORE

BRZ 169.145	**Crew-Mitglieder** 1.735
Länge 333,50 m	**PCR (Pass. pro Crew)** 2,3
Breite 41,45 m	**PSR (Platzangebot)** 42,3
Indienststellung 2019	**Passagierdecks** 20
Bordsprache Englisch	**Restaurants** 19
Passagiere 3.998	**Bars** 15

Kabinen	2.040 in 13 Kategorien, davon 1.436 außen, 453 innen; Größen: 9–135 qm
Sport & Wellness	2 Pools, 5 Whirlpools, E-Kartbahn, Seilwand, Bowlingbahn, Sportdeck, Wasserrutschen, Fitnesscenter, Mandara Spa (2.883 qm) mit 39 Spa-Kabinen
Info-/Entertainment	Liveshows, Varieté-Dinner-Shows, Comedy Club, Theater, Discos, Casino, Kinderclub u. v. m.
Dresscode	kein vorgeschriebener Dresscode
Preis pro Nacht	€ 84 bis € 2.459; Durchschnitt € 280
Info	Norwegian Cruise Line Wiesbaden, Tel. (0611) 36 07 0 www.ncl.de

PROFIL

Info-/Entertainment	⚓⚓⚓⚓⚓
Sport & Wellness	⚓⚓⚓⚓½
Gastronomie	⚓⚓⚓⚓
Familienfreundlichkeit	⚓⚓⚓⚓½
Service	⚓⚓⚓½
Routing	⚓⚓⚓

Norwegian Prima

Foto: NCL

DATEN & FAKTEN

BRZ 142.500	**Crew-Mitglieder** 1.506
Länge 294,00 m	**PCR (Pass. pro Crew)** 2,1
Breite 41,00 m	**PSR (Platzangebot)** 46
Indienststellung 2022	**Passagierdecks** 16
Bordsprache Englisch.	**Restaurants** 15
Passagiere 3.099/k. A.	**Bars, Cafés, Lounges** 15

Kabinen	ca. 1500, separater Suitenbereich („Haven")
Sport & Wellness	Mandara Spa mit Saunalandschaft, Pools und einem Wasserfall über zwei Decks, dazu 22 Behandlungsräume, Pulse Fitness Center mit Blick aufs Meer
Info-/Entertainment	Multifunktionstheater mit großen Shows, viele kleine Bühnen, Musikpub „Syd Norman's" mit Coverbands, englischsprachige Comedy
Dresscode	casual
Preis pro Nacht	€ 115 bis € 1.120; Durchschn. € 314
Info	Norwegian Cruise Line Tel. (0611) 36 07 0 www.ncl.com

PROFIL

Info-/Entertainment	⚓⚓⚓⚓⚓
Sport & Wellness	⚓⚓⚓⚓⚓
Gastronomie	⚓⚓⚓⚓
Familienfreundlichkeit	⚓⚓⚓⚓⚓
Service	⚓⚓⚓
Routing	⚓⚓⚓

Norwegian Prima

Premium-Entertainment und eine Kartbahn über drei Decks – wenn das Schiff wichtiger als das Ziel ist

Von Popstar Katy Perry getauft, ist die **Norwegian Prima** das erste von sechs Schiffen dieser neuen Baureihe. Auch wenn mehr als 3.000 Passagiere an Bord Platz haben, ist der Neubau individueller und kleiner als die „Breakaway-Klasse". Neues Entertainment-Highlight ist das „Prima Theater". Die verschiebbaren Sitzreihen lassen aus einer bestuhlten Konzertarena in wenigen Minuten die Großraum-Disco „Studio 54" entstehen. Das Donna-Summer-Musical hat Las-Vegas-Format, die Coverbands im „Syd Norman's" Musikclub spielen vielleicht sogar die Originalbands an die Wand. Fleetwood Mac sollten es nicht drauf ankommen lassen. Die Kartbahn an Bord ist länger als bei der Norwegian Edge. Die Strecke für die E-Karts führt über drei Decks – ein Erlebnis, auch für die Zuschauer. Das gastronomische Angebot ist riesig, die zahlungspflichtigen Spezialitätenrestaurant reichen vom Mexikaner „Los Lobos" bis zum Erlebnis-Japaner „Hasuki". Besonders gelungen – und inkludiert – ist die Streetfood-Landschaft der „Indulge Food Hall". Geordert wird dort über ein iPad. Die neue Norwegian Prima steht für einen modernen Lifestyle. Dazu passen würde auch eine innovative, nachhaltige Antriebstechnologie. Die fehlt der Reederei leider weiterhin.

Fahrgebiete 2023

Bis März ab Port Canavaral (Florida) in die Karibik, dann Nordeuropa mit Zielen zwischen Southampton und Reykjavík sowie Abstechern nach Irland und zu den norwegischen Fjorden.

Oceania Cruises

Mit einem wirklich guten Alles-inklusive-Konzept stilvoll entlegene Winkel der Welt erleben

2002 gegründet, ist Oceania Cruises seit 2014 eine der drei Marken der **Norwegian Cruise Line Holdings** aus Miami; die anderen sind die **Norwegian Cruise Line** und **Regent Seven Seas Cruises**. Letztere definiert sich als ultraluxuriös, NCL bedient den sogenannten Volumenmarkt – und **Oceania** das Upper-Premium-Segment. Kernpunkte des Konzepts sind ein betont lässiger Luxus (ohne Dresscodes) amerikanisch interpretiert, kulinarische Vielfalt auf hohem Niveau und weltweite Reisen von oft langer Dauer und mit ausgefallenen Häfen. Besonders in das kulinarische Erlebnis wird viel investiert: Mastermind dahinter ist der französische Starkoch Jacques Pépin, der schon für Charles de Gaulle und die Kennedys gekocht hat. Was seine Köche Oceania-Gästen bieten, darf zum Besten der gesamten Kreuzfahrtwelt gezählt werden. Für deutsche Passagiere wichtig zu wissen: Die Bordsprache ist Englisch; denn US-Amerikaner stellen etwa 70 Prozent der Gäste, der Rest ist ein kosmopolitischer Mix aus aller Welt. Mit Luxuslinern der ehemaligen Reederei **Renaissance Cruises** startete Oceania 2002 – sie werden **R-Class** genannt und bieten je 684 Gästen Platz. Die vier Schiffe wurden gründlich aufgefrischt mit neuen Designs in den Kabinen und den öffentlichen Räumen. Dabei orientierte sich die Reederei an den jüngeren **O-Class**-Schiffen **Marina** und **Riviera**. Sie sind mit einer Kapazität von je 1.250 Passagieren fast doppelt so groß. 2023 und 2025 kommen zwei Neubauten. Die **Allura-Klasse** ist auf 1.200 Gäste ausgelegt, wird diesen aber noch ein wenig mehr Platz bieten.

Schiff	Baujahr	Passagiere
Insignia	1998/2018	684
Regatta	1998/2019	684
Sirena	1999/2019	684
Nautica	2000/2014	684
Marina	2011	1.250/1.360
Riviera	2012	1.250/1.360

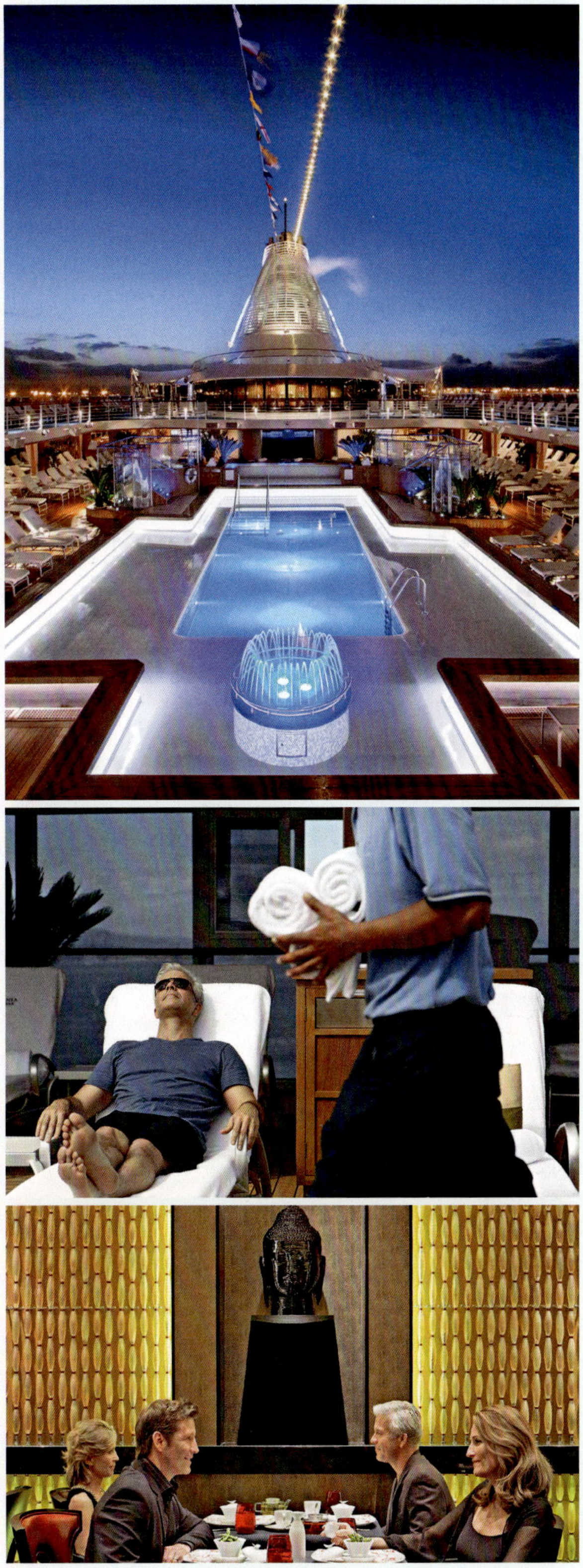

Foto: Oceania Cruises

TYPISCH OCEANIA: erlesene Innendesigns, eine ansprechende Kulinarik und viel Raum für Erholung auf See

Oceania Riviera

Foto: Oceania Cruises

DATEN & FAKTEN MARINA

BRZ 66.084	**Crew-Mitglieder** 800
Länge 239,20 m	**PCR (Pass. pro Crew)** 1,6
Breite 32,20 m	**PSR (Platzangebot)** 52,9
Indienststellung 2011	**Passagierdecks** 11
Bordsprache Englisch	**Restaurants** 8
Passagiere 1.250/1.360	**Bars** 5

Kabinen	629, davon 20 außen (22 qm), 18 innen (16 qm), 444 mit Balkon und 147 Suiten (39–185 qm)
Sport & Wellness	1 Pool, 3 Whirlpools, Canyon Ranch Spa (Massage, Dampfbad, Sauna, Thalasso), Fitnessraum, Shuffleboard
Info-/Entertainment	Kochkurse im Culinary Center, Malkurse, Casino, Bibliothek, Internet, Show, Livemusik
Dresscode	elegant-leger
Preis pro Nacht	€ 173 bis € 4.108; Durchschnitt € 434
Info	Oceania Cruises Tel. (069) 22 22 33 00 www.oceaniacruises.com

PROFIL

Info-/Entertainment	⚓⚓⚓⚓○
Sport & Wellness	⚓⚓⚓⚓○
Gastronomie	⚓⚓⚓⚓◐
Familienfreundlichkeit	⚓◐○○○
Service	⚓⚓⚓⚓◐
Routing	⚓⚓⚓⚓○

Marina & Riviera

Entspannter Luxus, kulinarische Hochgenüsse und große Kabinen: die O-Class von Oceania

Ein Dinner, das passend zu verschiedenen Champagnerjahrgängen kreiert wurde? So etwas gibt es auf den Schiffen von Oceania Cruises. Das Erlebnis ist so exklusiv, dass es im Gegensatz zu fast allen anderen kulinarischen Optionen nicht im Reisepreis enthalten ist. Ohne Aufpreis genießen die Gäste hingegen ein asiatisches, ein französisches, ein italienisches und ein Steakrestaurant. Auch vegane Menüs gehören zur Angebotsvielfalt. Neben dem kulinarischen Schwerpunkt bieten die Schiffe geistige Anregung durch viel Kunst – darunter echte Mirós und Picassos – und edle Interieurs. Großzügig ist das Platzangebot, in den öffentlichen Bereichen wie in den Kabinen: Die Standard-Balkonkabine misst 26 Quadratmeter, die größte Suite 185. Gleichwohl ist die Atmosphäre entspannt; Man kleidet sich lässig-elegant, doch Vorschriften gibt es nicht. Das Konzept wendet sich vorwiegend an Paare, für Kinder gibt es keine Angebote oder Preisnachlässe. Dafür ist der Internetzugang gratis, zusätzlich kann man zwischen kostenlosen Ausflügen, Getränkepaketen oder Bordguthaben wählen. Zum Jahreswechsel 2022/23 steht ein großes Makeover für **Riviera** und **Marina** an. Alle Suiten und Kabinen werden komplett erneuert, auch die öffentlichen Bereiche bekommen neue Akzente und eine aufgefrischte Farbpalette.

Fahrgebiete 2023

Marina: u. a. Südamerika (Argentinien und Chile), Mittelmeer, Nordeuropa. **Riviera:** u. a. Karibik, Mittelmeer, Westeuropa. Teilweise lange Reisen buchbar.

Oceania Regatta

Foto: Oceania Cruises

Sirena & Regatta
& Nautica & Insignia

Die R-Class von Oceania: ein beliebter Schiffstyp in kompakter Größe – frisch renoviert

Bis 2016 war sie die **Ocean Princess** von Princess Cruises – dann stieß sie, komplett renoviert und als **Sirena** neu getauft, zu ihren Schwestern in Oceanias R-Class. Mit **Insignia**, **Nautica** und **Regatta** besitzt Oceania vier der acht ehemaligen Renaissance-Schiffe. Das Bordambiente dieser kompakten Schiffe ist gediegen, mit Hinguckern wie der üppigen Lobby und der wunderschönen Bibliothek. Das Entertainment kommt von der Muttergesellschaft Norwegian und kann sich sehen lassen für diese Schiffsgröße. Wertig ausgestattet sind alle Kabinen sowie der Spa-Bereich. Zwei aktuelle Neuerungen: Je 14 schöne Oceanview Staterooms auf Deck 6 sind auf allen Schiffen für Soloreisende eingerichtet worden. Die Reederei stellte außerdem neue Landausflugsreihen vor. Sie nennen sich „Go Green“ und „Beyond Blueprints“ und sollen mehr nachhaltige Entdeckungen bzw. architektonische Highlights an den besuchten Zielen bieten. Die Oceania-Schiffe versprechen mit ihrem „OLife“-Konzept mehr inklusive als viele andere, ein Vergleich im Detail lohnt sich also hier besonders. Auch ist das Routiung oft sehr interessant, da Häfen angelaufen werden können, um die Ozeanriesen einen Bogen machen müssen.

Fahrgebiete 2023

Sirena: Karibik, Panamakanal, Mittelmeer, Westeuropa. **Insignia:** Weltreise, Grönland, Nordamerika, Karibik. **Nautica:** Afrika, Asien, Mittelmeer. **Regatta:** Neuseeland, Südsee, Australien, Hawaii, Alaska.

DATEN & FAKTEN SIRENA

BRZ 30.277	**Passagiere** 656
Länge 180,96 m	**Crew-Mitglieder** 400
Breite 25,45 m	**PCR (Pass. pro Crew)** 1,6
Indienststellung 1999	**PSR (Platzangebot)** 46,2
letzte Renovierung 2022	**Passagierdecks** 9
Bordsprache Englisch	**Restaurants/Bars** 6/5

Kabinen	342, davon 27 innen (14 qm), 83 außen (13–15 qm), 170 mit Balkon (20 qm) und 62 Suiten, 14 Solo Oceanview Staterooms
Sport & Wellness	Pool, Whirlpool, Canyon Ranch Spa-Club, Sauna, Friseur/Beauty, Fitnesscenter, Personal Trainer, Joggingtrack
Info-/Entertainment	Gastkünstler und -dozenten, Bibliothek, Kurse, Wein- und Martini-Verkostungen, Casino, Boutiquen, Shows, Streichquartett
Dresscode	elegant-leger
Preis pro Nacht	€ 160 bis € 1.391, Durchschnitt € 402
Info	Tel. (069) 22 22 33 00 www.oceaniacruises.com

PROFIL

Info-/Entertainment	⚓⚓⚓⚓○
Sport & Wellness	⚓⚓⚓⚓○
Gastronomie	⚓⚓⚓⚓◐
Familienfreundlichkeit	⚓◐○○○
Service	⚓⚓⚓⚓◐
Routing	⚓⚓⚓⚓○

Fotos: Phoenix Reisen

ENTDECKER: Die Schiffe von Phoenix fahren oft einmal um den Globus. Da bleibt dann auch Zeit für eine Partie Minigolf an Bord

Phoenix Reisen

Wer es an Bord klassisch mag und auf den Weltmeeren keinen Extra-Rummel braucht, ist hier richtig

Seit 50 Jahren inhabergeführt, seit 1988 im Kreuzfahrtmarkt tätig, ohne laute Funships und Megaliner mit allem Drum und Dran, dafür mit hoher Stammkundenquote: Das ist Phoenix Reisen aus Bonn. Bis zu 70 Prozent Repeater schätzen die familiäre Atmosphäre an Bord der Schiffe mit der charakteristischen türkisfarbenen Bauchbinde. Seit August 2019 wird die Flotte durch die **Amera** ergänzt. Die frühere Prinsendam der Holland America Line passt hervorragend zu Phoenix: Sie ist gediegen-gemütlich und übersichtlich – mit Platz für maximal 835 Passagiere. Die anderen Phoenix-Klassiker sind allesamt schwimmende TV-Stars. Aus der Doku-Soap „Verrückt nach Meer" bekannt waren die Albatros und das größte Schiff der Flotte, die **Artania**. Gleich zwei ZDF-„Traumschiffe", die **Amadea** und das ehemalige „Traumschiff" **Deutschland**, vervollständigen die Flotte. Die Passagiere wissen bei Phoenix, was sie bekommen: An Bord wird Deutsch gesprochen, das Essen ist hochwertig, das Publikum eher älter und die Kreuzfahrt somit eher klassisch. Statt Broadway-Shows gibt's Gala-Dinner, Kaffeestunde, bayerischen Frühschoppen auf dem Pooldeck und vor allem einen sehr familiären Service. Da kommt es nicht selten vor, dass der Kreuzfahrtdirektor mit einer herzlichen Umarmung begrüßt wird. Ähnlich geht es übrigens auch an Bord der Phoenix-Flusskreuzfahrtschiffe zu. Nicht mehr zur Flotte gehört die 1973 gebaute Albatros. Das Schiff sollte eigentlich in Ägypten als Hotelschiff der Pick Albatros Gruppe in Rente gehen, wurde aber wegen der Corona-Pandemie dann doch verschrottet.

Schiff	Baujahr	Passagiere
Artania	1984/2011	1.200
Amera	1988/2019	835
Amadea	1991	600
Deutschland	1998/2016	590

Foto: Phoenix Reisen

Amadea

Stilvolle Eleganz und viel Platz für die Passagiere: Das aktuelle TV-„Traumschiff" weckt das Fernweh

Zu Weihnachten, Neujahr und Ostern gehen eingefleischte „Traumschiff"-Zuschauer über den TV-Bildschirm an Bord „ihrer" **Amadea**. 2015 hat sie diese Rolle von der **Deutschland** – die mittlerweile ebenfalls für Phoenix Reisen fährt – übernommen. Und die Fans wissen: Auf acht Decks haben die nur 600 Passagiere viel Platz für ihre Träume. Ruhe und Erholung findet der Gast im modernen Wellnessbereich mit Blick über das Terrassenheck ins Kielwasser. Gutes Essen, wie übrigens auf allen Phoenix-Schiffen, gibt es auf der Amadea im Buffetrestaurant oder im edlen „Vier Jahreszeiten". Die Eisbombe, typisch „Traumschiff", ist die Krönung des Neun-Gänge-Menüs am beliebten Galaabend. Der Drink danach kann dort genossen werden, wo schon viele Stars des ZDF-Klassikers saßen: in „Harry's Bar", im Nachtclub „Kopernikus" oder im gemütlichen Kaminzimmer der Amadea. Eine Seltenheit auf einem Kreuzfahrtschiff ist der im Mittelpunkt des obersten Decks zu findende (Mini-)Golfplatz. Wer sich gerne den frischen Seewind um die Nase wehen lassen will, findet zudem zwei lange Seitenpromenaden. Kurzum: ein würdiges „Traumschiff" mit vielen Rückzugsorten, guter Küche und einem Wellnessbereich, der moderneren Schiffen in nichts nachsteht.

Fahrgebiete 2023

Einmal alles: Die Törns führen von der Karibik durch den Panamakanal, dann nach Costa Rica, Peru und Tahiti. Die Weltumrundung endet in Nizza, dann geht es z. B. zu Zielen in Europa und in der Arktis.

DATEN & FAKTEN

BRZ 29.000	**Passagiere** 600
Länge 193,00 m	**Crew-Mitglieder** 280
Breite 25,00 m	**PCR (Pass. pro Crew)** 2,1
Indienststellung 1991	**PSR (Platzangebot)** 48,3
Renovierung 2021	**Passagierdecks** 8
Bordsprache Deutsch	**Restaurants/Bars** 2/5

Kabinen	314 Außenkabinen, davon 116 mit Balkon, 46 Suiten; Größen: 15–71 qm
Sport & Wellness	Golfabschlag/Putting Greens, Pool, Whirlpools, Spa-Bereich mit Sauna, Massagen, Dampfbad etc., Fitness, Joggingpfad, Morgengymnastik
Info-/Entertainment	Showprogramme, Tageskünstler, Tanz, Musik, Bibliothek, Internetcafé
Dresscode	leger bis festlich-elegant
Preis pro Nacht	€ 170 bis € 533; Durchschn. € 267
Info	Phoenix Reisen Bonn, Tel. (0228) 92 60 55 www.phoenixreisen.com

PROFIL

Info-/Entertainment	⚓⚓⚓◐○
Sport & Wellness	⚓⚓⚓⚓○
Gastronomie	⚓⚓⚓⚓○
Familienfreundlichkeit	⚓⚓⚓○○
Service	⚓⚓⚓⚓○
Routing	⚓⚓⚓⚓⚓

Amera

Foto: Phoenix Reisen

DATEN & FAKTEN

BRZ 39.051	**Passagiere** 835
Länge 204,00 m	**Crew-Mitglieder** ca. 430
Breite 28,90 m	**PCR (Pass. pro Crew)** 1,9
Indienststellung 1988	**PSR (Platzangebot)** 46,8
Renovierung 2019	**Passagierdecks** 9
Bordsprache Deutsch	**Restaurants/Bars** 4/7

Kabinen	417 Kabinen in 11 Kategorien von der Innenkabine bis zur Signature Suite; Größen: 16–80 qm
Sport & Wellness	Pool, Sportpark, Fitnesscenter, Mingolf, Jogging-Parcours, Wellness- & Spa-Bereich mit Sauna, Dampfbad, Friseur, Massagen etc.
Info-/Entertainment	Kochkurse, Shows im Theater, Tanzabende, Vorträge, Unterhaltungsspiele, Live-Musik, Kino
Dresscode	leger bis elegant, förmliche Abendgarderobe ist nicht vorgeschrieben
Preis pro Nacht	€ 100 bis € 550; Durchschn. € 256
Info	Phoenix Reisen Bonn, Tel. (0228) 92 60 55 www.phoenixreisen.com

PROFIL

Info-/Entertainment	⚓⚓⚓½
Sport & Wellness	⚓⚓⚓⚓
Gastronomie	⚓⚓⚓⚓
Familienfreundlichkeit	⚓⚓⚓
Service	⚓⚓⚓⚓
Routing	⚓⚓⚓⚓½

Amera

Stimmige Flottenergänzung: Die einstige Prinsendam fährt jetzt unter Phoenix-Flagge

Im August 2019 wurde sie in Bremerhaven getauft, auf ihren nunmehr vierten Namen. Als **Royal Viking Sun** startete sie 1988, wurde 2000 zur **Seabourn Sun**, 2002 zur **Prinsendam** – und nun zur **Amera** bei Phoenix Reisen, zu deren Flotte sie nicht besser passen könnte. Sie hat einen schlanken Bug, ein terrassenförmig abfallendes Heck, klassisch-gediegene öffentliche Räume, darunter zwei gleichwertige Restaurants („Amera" und „Ozean"), ein Theater für die abendlichen Shows – und eine bemerkenswert große Bibliothek. Mit Sportpark, Joggingpfad und Minigolf sowie einem anspruchsvollen Spa gibt es zudem ein ordentliches Fitnessangebot – Kletterwände oder Trampoline braucht man dafür bei Phoenix nicht. Ein Schiff also, wie die breite Stammkundschaft der Bonner es mag. Schon auf der Tauffahrt war es, obwohl noch letzte Reparaturen liefen, komplett ausgebucht. Der Umbau fand bei Blohm + Voss in Hamburg statt. Dabei wurden die Restaurants und Bars neu gestaltet, einer von zwei Poolbereichen wich einer Eventfläche mit Bühne und LED-Leinwand. Auch alle Kabinen wurden erneuert; nur die Bäder, die sich in sehr gutem Zustand befanden, blieben erhalten. Phoenix Reisen stuft das Schiff auf dem Niveau der **Amadea** ein, also etwas höher als die **Artania** und **Deutschland**.

Fahrgebiete 2023

Los geht das Jahr mit einer Fahrt von Monaco durch den Suez-Kanal, dann Asien und weiter Richtung Australien. Im Sommer Westeuropa, Grönland, Kanada.

Artania

Foto: Phoenix Reisen

Artania

**Die „Grand Lady" ist das Phoenix-Flaggschiff.
Ihr Vorteil: Alle 600 Kabinen sind Außenkabinen**

Das gibt's nicht oft: Die **Artania** hat Platz für 1.200 Passagiere, aber keine Innenkabinen. Das war 1984, als das Schiff für Princess Cruises als **Royal Princess** gebaut wurde, sehr fortschrittlich. Das größte Phoenix-Schiff ist, wie auch seine Flottenschwestern, perfekt für Liebhaber der klassischen Kreuzfahrt. Anspruchsvoll ist die Küche, die in den Bedienrestaurants „Artania" und „Vier Jahreszeiten" serviert wird. Regelmäßig renoviert, präsentiert sich die Artania in einem hervorragenden Zustand. Zeitgemäße Einrichtungen in den Bars, Lounges und Restaurants und gepflegte Bodenbeläge auf den schönen Promenadendecks sorgen für eine überall angenehme Atmosphäre. Umgebaut wurden zuletzt der Spa- und Fitnessbereich und die beliebte „Harry's Bar", die nach dem Essen ein beliebter Anlaufpunkt für die Gäste ist. Neu ist auch das Bühnen- und Sitzkonzept in der Atlantik Show Lounge und das Interieur der Pacific Lounge. Einen Eindruck von einem möglichen Phoenix-Neubau, über den schon seit Jahren spekuliert wird, können Passagiere in zwei Kabinen der Artania bekommen. Sie wurden als Musterkabinen gebaut und lassen das Gefühl aufkommen, man befinde sich auf einem Neubau. Die Artania ist ein Schiff mit vielen Lieblingsplätzen und, wie oft bei Phoenix, immer wieder exotischen Zielen.

Fahrgebiete 2023

Die Artania ist ein Schiff, das die große Fahrt liebt. Afrika, Asien, Amerika, Orient und Transatlantik stehen ebenso auf dem Programm wie viel Europa.

DATEN & FAKTEN

BRZ 44.500	**Passagiere** 1.200
Länge 231,00 m	**Crew-Mitglieder** 420
Breite 29,00 m	**PCR (Pass. pro Crew)** 2,9
Indienststellung 1984	**PSR (Platzangebot)** 37,1
Renovierung 2019	**Passagierdecks** 9
Bordsprache Deutsch	**Restaurants/Bars** 3/7

Kabinen	600 Außenkabinen, davon 252 mit Balkon, 14 Suiten, 57 Juniorsuiten; Größen: 16–50 qm
Sport & Wellness	2 Pools, mehrere Whirlpools, Wellnessbereich mit Beautysalon, Fitnesscenter, Massage, Sauna
Info-/Entertainment	Showprogramme im Theater, Tageskünstler, Tanz, Musik, Bibliothek, Kino, Theater, Internetcafé, Spielzimmer
Dresscode	leger bis festlich-elegant
Preis pro Nacht	€ 92 bis € 769; Durchschn. € 218
Info	Phoenix Reisen Bonn, Tel. (0228) 92 60 55 www.phoenixreisen.com

PROFIL

Info-/Entertainment
Sport & Wellness
Gastronomie
Familienfreundlichkeit
Service
Routing

Foto: Phoenix Reisen

DATEN & FAKTEN

BRZ 22.496	**Passagiere** 590
Länge 175,30 m	**Crew-Mitglieder** 280
Breite 23,80 m	**PCR (Pass. pro Crew)** 2,1
Indienststellung 1998	**PSR (Platzangebot)** 45
Renovierung 2016	**Passagierdecks** 8
Bordsprache Deutsch	**Restaurants/Bars** 3/5

Kabinen	298 Kabinen und Suiten, davon 74 innen, 224 außen; Größen: 12–45 qm
Sport & Wellness	2 Pools, Wellness-Spa, Sauna, Fitnessraum, Kurse, Shuffleboard, Dart, Tischtennis
Info-/Entertainment	Show- und Musikprogramme, Klassik, Tanz, Lektorenvorträge, Kreativkurse
Dresscode	sportlich-leger bis festlich-elegant
Preis pro Nacht	€ 173 bis € 750; Durchschn. € 263
Info	Phoenix Reisen Bonn, Tel. (0228) 92 60 55 www.phoenixreisen.com

PROFIL

Info-/Entertainment	⚓⚓⚓
Sport & Wellness	⚓⚓⚓
Gastronomie	⚓⚓⚓⚓
Familienfreundlichkeit	⚓⚓
Service	⚓⚓⚓⚓
Routing	⚓⚓⚓½

Deutschland

Das schwimmende Grandhotel ist auch im Sommer 2023 wieder für Phoenix unterwegs

Auf der Deutschland werden Tradition und persönlicher Service großgeschrieben. Es gibt kleine Innenkabinen, aber auch Suiten mit eigenem Balkon; sehr attraktiv sind die mit französischen Balkonen ausgestatteten Außenkabinen. Aus alten Deilmann-Zeiten mitgenommen wurden die zahlreichen Bilder und Skulpturen an Bord. Doch mittlerweile geht es an Bord der Deutschland entspannter zu: Mit legerer Kleidung liegt man tagsüber genau richtig; die Landausflüge, das Sportprogramm und die Aktivitäten an Bord machen so noch mehr Spaß. Am Abend aber und bei den Gala-Dinnern bleibt es festlich an Bord. À-la-carte-Gerichte im Restaurant „Berlin" und ein ungezwungenes Buffet im „Lido"-Restaurant werden parallel angeboten. Wer es wie in alten Zeiten mag, kann sich am Abend in der Bar „Zum alten Fritz" über die traditionellen Frikadellen freuen. Das Spezialitätenrestaurant „Vier Jahreszeiten" kann nach Anmeldung kostenfrei besucht werden. Das Schiff verfügt über zwei Pools, einen an Deck und einen im Inneren. Sauna und Fitnessraum mit Meerblick liegen im Heck des Schiffs. Im schmucken Kaisersaal werden Konzerte, Musicals und Artistik gezeigt. Lektoren informieren über Kultur und Natur der Reiseregion.

Fahrgebiete 2023

Los geht es im Jubiläumsjahr (das Schiff wird 25) im April, bis September werden ab/bis Bremerhaven verschiedene Törns Richtung Großbritannien, Grönland, Ostsee und Westeuropa angeboten.

Plantours Kreuzfahrten

Routenvielfalt, großes Stammpublikum, familiäre Atmosphäre – dafür steht diese Reederei

„Routenvielfalt als Erfolgsfaktor“: Nach dieser Devise führt Plantours Kreuzfahrten seit Sommer 2012 sein beliebtes Hochseeschiff – das einzige Seeschiff, das die Bremer betreiben, neben Flussschiffen auf Gewässern in aller Welt. Die Betonung der Routenvielfalt ist kein leerer Werbespruch: Mit über 1.400 besuchten Häfen seit dem Start für Plantours ist die **Hamburg** eines jener Schiffe, die auf der Erde schon richtig rumgekommen sind. Übrigens auch, weil man sich getraut hat, einfach mal nicht dahin zu fahren, wo alle sind: ins Mittelmeer nämlich. Zu den Zielen, die typisch für die Hamburg sind, gehören neben der Antarktis und Grönland auch London mit Liegeplatz an der Tower Bridge, die Großen Seen in Nordamerika, Roatán vor Honduras, die kolumbianische Insel San Andrés Guadalquivir oder Corn Island, das zu Nicaragua gehört. Und wenn wir über die Nordsee reden, sind hier auch Stopps vor Sylt, Helgoland, Amrum und Borkum gemeint. Ein Highlight im vergangenen Jahr war die Fahrt zu den Inseln des Ärmelkanals: Guernsey, Jersey, Alderney, Isle of Wight – und bei Land's End auch noch zu den Scilly-Inseln vor der Küste Cornwalls. Für Insider interessant: Die Hamburg fuhr vor ihrer Übernahme durch Plantours unter dem Namen Columbus für Hapag-Lloyd Cruises aus Hamburg – erhielt also ausgerechnet in der Hansestadt an der Weser den ihr an der Elbe eigentlich zustehenden Namen. Das Schiff fährt mit ausschließlich deutschsprachigen Gästen, von denen über die Hälfte Stammkunden sind. Die Firma blickt auf eine mehr als 30-jährige Geschichte zurück. Fans verbinden sie noch mit dem einstigen Publikumsliebling Vistamar. Seit 2006 ist der italienische Schiffsausrüster Ligabue Corp. Ltd. alleiniger Gesellschafter der plantours & partner GmbH, als deren Marke Plantours Kreuzfahrten geführt wird.

Schiff	Baujahr	Passagiere
Hamburg	1997	400

Fotos: Georg J. Schulz

GASTAUFTRITT: Im Sommer 2022 spielten die Lords auf dem Schiff, die Köche zauberten dazu leckeres Spanferkel

Hamburg

Foto: picture-alliance/H. Bäsemann

DATEN & FAKTEN

BRZ 14.903	**Passagiere** 400
Länge 144,00 m	**Crew-Mitglieder** 170
Breite 21,50 m	**PCR (Pass. pro Crew)** 2,4
Indienststellung 1997	**PSR (Platzangebot)** 37,3
Renovierung 2022	**Passagierdecks** 6
Bordsprache Deutsch	**Restaurants/Bars** 2/3

Kabinen	197 (63 innen, 134 außen, davon 42 mit absenkbaren Fenstern), 8 Suiten (2 mit und 6 ohne Balkon). Größe: 13–31,5 qm
Sport & Wellness	Pool, Fitnessraum, Sauna, Kosmetik, Friseur, Fahrräder (gegen Gebühr), Morgengymnastik, Nordic-Walking-Stöcke
Info-/Entertainment	Band, Künstler, Unterhaltungsmusik, Lektorenvorträge, Tanz, Show, Alleinunterhalter
Dresscode	leger bis sportlich-elegant
Preis pro Nacht	€ 178 bis € 580; Durchschn. € 322
Info	Plantours Kreuzfahrten Bremen, Tel. (0421) 17 36 90 www.plantours-partner.de

PROFIL

Info-/Entertainment	⚓⚓⚓
Sport & Wellness	⚓⚓½
Gastronomie	⚓⚓⚓½
Familienfreundlichkeit	⚓⚓⚓
Service	⚓⚓⚓½
Routing	⚓⚓⚓⚓½

Hamburg

Das Plantours-Schiff punktet mit interessanten Zielen und einer überschaubaren Größe

Seit 2012 fährt die einstige **Columbus** von Hapag-Lloyd als **Hamburg** für Plantours aus Bremen. Die große Stärke des beliebten Schiffs: Es läuft nicht nur gängige Ziele an, sondern befährt zum Beispiel auch die Großen Seen in Nordamerika oder mal den Amazonas bis nach Iquitos in Peru. Das Mittelmeer dagegen ignoriert Plantours auch 2023 noch einmal komplett, stattdessen setzt die Reederei auf Nicaragua, Nordmeer, Kapverden oder Antarktis, wo mit bordeigenen Zodiacs angelandet werden kann. Die Hamburg hat eine eher ältere Stammklientel, möchte sich aber gern für neue Zielgruppen öffnen. 2019 führte man deshalb die Themenreise „Rock The Boat" ein, bei der das Schiff overnight direkt an der Tower Bridge in London liegt. Das wurde im Mai 2022 wiederholt – mit einem Konzert der Lords. Auch 2023 soll wieder eine solche Reise stattfinden, dann mit The Sweet an Bord. Das jüngst renovierte Schiff – es kamen unter anderem herunterfahrbare Fenster („Infinity Balkon") in vielen Außenkabinen und eine neue Weinstube hinzu – hat eine kompakte Größe, aber nicht den Schick nobler Liner. Auf den Außendecks zum Beispiel ist rutschfester Kunststoff verlegt, das ist praktisch, sieht aber weniger elegant aus als Holz(-Imitat). Ein beliebter Platz bleibt der Palmgarten mit Blick aufs Vorschiff.

Fahrgebiete 2023

Das Jahr beginnt mit Antarktis, chilenischen Fjorden, Mittelamerika und Kuba. Nach Nordmeer und Ostsee geht es im Herbst auf die Großen Seen Amerikas.

PONANT

Die französische Luxusreederei fährt nicht nur ins Eis, sondern auch in die Tropen bis hin zur Südsee

Ein Segler und vier schmucke Motorjachten bildeten zunächst die Flotte der französischen Nobelmarke Ponant. Sie überzeugen mit stylish-coolem Ambiente und Reisen zu fernen Häfen und den Polgebieten. Nach der Reedereiübernahme durch die französische **Artemis Holding**, zu der auch Luxusmarken wie Gucci und Yves Saint Laurent gehören, wurde eine neue Schiffsserie namens **Ponant Explorers** bestellt, benannt nach berühmten französischen Entdeckern und Forschern. Die letzten zwei dieser sechs Neubauten starteten 2020. Sie sind mit 92 Kabinen etwas kleiner als das ältere Jachtquartett und können noch abgelegenere Regionen erreichen. Während die größeren Schiffe sich auf Arktis- und Antarktis-Expeditionen konzentrieren, erkunden die Neubauten Lateinamerika, den Indischen Ozean sowie Asien und Ozeanien. 2021 kam das erste elektro-hybride Polarexpeditionsschiff hinzu, es heißt **Le Commandant Charcot** und kann bis zum geografischen Nordpol, ins Weddellmeer und ins Rossmeer fahren (siehe auch Bericht in diesem Guide). Auf Ponant-Expeditionskreuzfahrten ist in der Regel ein deutschsprachiger Lektor an Bord, ansonsten wird Französisch und Englisch gesprochen. Im Sommer 2019 gab die Reederei eine spannende Erweiterung des Portfolios bekannt: Die ausschließlich in der Südsee fahrende **Paul Gauguin** wurde ebenfalls von Ponant übernommen.

Schiff	Baujahr	Passagiere
Le Ponant (Segler)	1991	37
Paul Gauguin	1997/2009	332
Le Boréal	2010	264
L'Austral	2011	264
Le Soléal	2013	264
Le Lyrial	2015	244
Le Lapérouse	2018	184
Le Champlain	2018	184
Le Bougainville	2019	184
Le Dumont-d'Urville	2019	184
Le Bellot	2020	184
Le Jacques Cartier	2020	184
Le Command. Charcot	2021	245

Foto: Ponant

EXPEDITION MIT STIL: Bei Ponant geht es oft mit dem Zodiac von Bord, nicht nur in der Antarktis. Das Zahl der Gäste ist niedrig

Foto: Ponant

DATEN & FAKTEN LE LYRIAL

BRZ 10.922	**Crew-Mitglieder** 140
Länge 142,00 m	**PCR (Pass. pro Crew)** 1,86
Breite 18,00 m	**PSR (Platzangebot)** 42,0
Indienststellung 2015	**Passagierdecks** 6
Bordsprache Engl., Frz.	**Restaurants** 2
Passagiere 244	**Bars** 3

Kabinen	122 Außenkabinen und -suiten, davon 114 mit privatem Balkon oder Terrasse; Größen: 18–45 qm
Sport & Wellness	Außenpool, Spa mit Massage und Hamam, Fitnesskurse, Kajak
Info-/Entertainment	Tanz-Show mit Piano im Theater, Tanzkurse, Livemusik Pop und Klassik, Bibliothek, Lektor
Dresscode	leger bis elegant
Preis pro Nacht	€ 210 bis € 3.033; Durchschnitt € 996
Info	PONANT Hamburg, Tel. (040) 808 09 31 43 de.ponant.com

PROFIL

Info-/Entertainment	⚓⚓⚓
Sport & Wellness	⚓⚓½
Gastronomie	⚓⚓⚓½
Familienfreundlichkeit	⚓⚓
Service	⚓⚓⚓⚓
Routing	⚓⚓⚓⚓½

Le Lyrial & Le Boréal, L'Austral, Le Soléal

Dieses Schiff und seine fast baugleichen Schwestern haben den guten Ruf von Ponant begründet

Mehr Megajacht als Cruiseliner: So definiert Ponant die Klasse der vier 142 Meter langen, weitgehend identischen Schiffe **Le Boréal**, **L'Austral**, **Le Soléal** und **Le Lyrial**, mit denen die französische Reederei angefangen hat. In vergleichsweise privater Atmosphäre (Lyrial: 244 Passagiere, die anderen drei: 264) steuert man hier auch kleine Häfen jenseits der üblichen Routen sowie eisige Gewässer an und erlebt dabei viele neue Einblicke. Die Lebensart und der Service an Bord sind auf das französische Publikum – es stellt in der Regel den größten Passagieranteil – zugeschnitten, es wird aber auch Englisch gesprochen. Bei gutem Wetter ein begehrter Platz zum Frühstücken findet sich am Heck, wo eines der beiden Restaurants liegt. Dort findet man auch einige Sonnenliegen und den Pool. Die stilvoll möblierten Kabinen sind in sechs verschiedene Kategorien unterteilt, los geht es bei 18 qm und reicht bis zur Suite mit 54 qm. Viele Kabinen und Suiten haben einen Balkon, in den Suiten gibt es eine Espressomaschine. Die Gäste dürfen sich zwischen zwei Restaurants entscheiden: Im feinen „Le Céleste" auf Deck 2 werden die Menüs am Tisch serviert, während das „La Comète" auf Deck 6 in legerer Atmosphäre zu Grillgerichten und Themenabenden lockt.

Fahrgebiete 2023

Le Boréal: Antarktis, Südamerika, Panama, Nordland, Arktis. **L'Austral:** Antarktis, Westeuropa, Grönland, Kanada. **Le Lyrial:** Antarktis, Südamerika, Mittelmeer. **Le Soléal:** Neuseeland, Japan, Australien, Südsee.

Le Bougainville

Foto: Ponant

Le Bougainville & Explorer Class

High-End-Abenteuer mit französischem Touch – inklusive Blick unter die Wasseroberfläche

Mit der Schiffsklasse **Ponant Explorers** setzt die französische Reederei ihr bewährtes Konzept kleiner Luxusjachten mit Expeditionscharakter fort, bietet aber auch beeindruckende Neuerungen. Dazu zählen das weit auslaufende Heck mit variabler Marina (nutzbar als Sonnendeck, Zodiac-Anleger oder Wassersportplattform), ein Infinity-Pool – und natürlich die „Blue Eye"-Lounge: In ihr kann jeder Gast mindestens einmal pro Reise durch Bullaugen die Unterwasserwelt bestaunen, während Hydrophone die Sounds und Vibrationen von außen auf gemütliche „Body Listening"-Sofas übertragen. Besonders viel Spaß macht das in den artenreichen warmen Gefilden, in denen sich die Schiffe viel aufhalten. Obwohl sie etwas kleiner als ihre Vorgängerinnen sind, wirken die Räumlichkeiten großzügig und mit vielen Elementen im Holzlook noch etwas stylisher. Shows und Vorträge gibt es im Theater; Entspannung bietet das Spa mit Massageraum und Sauna mit großer Glasfront. Der englisch- und französischsprachige Service ist persönlich und zuvorkommend, das Gastronomieangebot im Panoramarestaurant oder am Grillbuffet außen auf Deck 3 überzeugt auf ganzer Linie. Alle sechs Schiffe der Klasse sind nun schon in Fahrt, die letzten zwei waren **Le Bellot** und **Le Jacques Cartier**.

Fahrgebiete 2023

Le Bougainville: Orient, Seychellen, Mittelmeer. Die komplette Explorer-Flotte (siehe Reedereiseite) deckt alle Kontinente ab, da bleibt wenig offen.

DATEN & FAKTEN LE BOUGAINVILLE

BRZ 10.038	**Crew-Mitglieder** 110
Länge 131,00 m	**PCR (Pass. pro Crew)** 1,67
Breite 18,00 m	**PSR (Platzangebot)** 53,8
Indienststellung 2019	**Passagierdecks** 6
Bordsprache Engl., Frz.	**Restaurants** 2
Passagiere 184	**Bars** 3

Kabinen	92 Außenkabinen und -suiten, alle mit privatem Balkon oder Terrasse; Größen: 19–45 qm
Sport & Wellness	Infinity-Pool, Spa mit Massage und Sauna, Fitness, Wassersportplattform mit Kajak, Stand-up-Paddling, Tauchen, 10 Zodiacs
Info-/Entertainment	Theater, multisensorische „Blue Eye"-Unterwasser-Lounge, Galerie
Dresscode	leger bis elegant
Preis pro Nacht	€ 484 bis € 2.074 Durchschnitt € 687
Info	PONANT Hamburg Tel. (040) 80 80 39 60 de.ponant.com

PROFIL

Info-/Entertainment	⚓⚓⚓○○
Sport & Wellness	⚓⚓⚓○○
Gastronomie	⚓⚓⚓⚓○
Familienfreundlichkeit	⚓⚓○○○
Service	⚓⚓⚓⚓○
Routing	⚓⚓⚓⚓½

Le Paul Gauguin

Foto: Ponant

DATEN & FAKTEN

BRZ 19.200	**Passagiere** 330
Länge 156,00 m	**Crew-Mitglieder** 209
Breite 22,00 m	**PCR (Pass. pro Crew)** 1,6
Indienststellung 1998	**PSR (Platzangebot)** 58,2
Renovierung 2021	**Passagierdecks** 7
Bordsprache Frz., Engl.	**Restaurants/Bars** 3/4

Kabinen	165, davon 9 Suiten mit Balkon, 106 Balkonkabinen, 50 Außenkabinen mit Panoramafenster oder Bullaugen; Größen: 19–49 qm
Sport & Wellness	Pool, Spa, Fitnesscenter, Marina, Tauchequipment, Kajaks
Info-/Entertainment	Livemusik, Vorträge, Verkostungen, Bibliothek, digitales Museum Fare Tahiti
Dresscode	leger
Preis pro Nacht	€ 389 bis € 1.887; Durchschn. € 739
Info	PONANT Hamburg Tel. (040) 80 80 39 60 de.ponant.com

PROFIL

Info-/Entertainment	⚓⚓⚓○○
Sport & Wellness	⚓⚓⚓⚓○
Gastronomie	⚓⚓⚓⚓○
Familienfreundlichkeit	⚓⚓⚓○○
Service	⚓⚓⚓⚓○
Routing	⚓⚓⚓⚓○

Le Paul Gauguin

Südseeträume mit französischem Flair im frisch renovierten Ambiente

Seit 2019 gehört der Südseeexperte Paul Gauguin Cruises zur Ponant-Familie. Das einzige Schiff der Marke – **Le Paul Gauguin** – wurde 2021 während eines zweimonatigen Werftaufenthalts in Singapur an die Eleganz der Ponant-Jachten angenähert: Alle Kabinen, Suiten und öffentlichen Bereiche strahlen in einem frischen Look und zeigen unter anderem die Grün- und Blautöne der Südsee. Gleichzeitig wurde das lokale Flair des Schiffs erhalten, etwa die traditionellen Holzarbeiten. Das Ambiente an Bord wird aber vor allem von den Gauguins und Gauguines geprägt. Die polynesischen Gastgeber bringen den Passagieren die jahrtausendealten Kulturen näher – vom Korbflechten über Sprachworkshops bis hin zu den lokalen Tänzen. Daneben bieten Anthropologen, Archäologen und Biologen tiefere Einblicke in das befahrene Revier. Die Gastronomie verbindet französische Küche mit polynesischen Einflüssen, das Alles-inklusive-Konzept rundet das Wohlbefinden ab. Mit einem Crew-Gäste-Verhältnis von 1:1,6 ist ein ausgezeichneter und familiärer Service naheliegend. Und auch an Land warten besondere Momente – etwa an einem einsamen Strand vor Bora Bora oder beim Schnorcheln am Riff der Privatinsel Motu Mahana.

Fahrgebiete 2023

Le Paul Gauguin ist ganzjährig zwischen Osttimor und Australien in Französisch-Polynesien und der Südsee unterwegs. Die Routen sind zwischen sieben und 16 Nächten lang.

Sea Spirit

Foto: Holger Leue/Poseidon Expeditions

Poseidon Expeditions

Sea Spirit

Der Polarreisen-Spezialist bietet Expeditionen mit deutschsprachiger Betreuung

Mit nur 114 Passagieren ist die Sea Spirit das kleinste Expeditionskreuzfahrtschiff mit deutschsprachiger Betreuung auf allen Reisen. Sie debütierte 1991 am deutschen Markt als Hanseatic Renaissance. 2017 hat Poseidon Expeditions sie umfassend renoviert und 2019 modernste Zero-Speed-Stabilisatoren eingebaut. Der 1999 gegründete Polarreisen-Spezialist mit russischen Wurzeln ist weltweit aktiv. Unter anderem bietet er Nordpolfahrten mit dem Atomeisbrecher 50 Years of Victory an – ein extremes wie teures Abenteuer. Dagegen ist die Sea Spirit äußerst komfortabel: Sehr groß sind ihre Kabinen, allesamt Suiten. An Bord wird Englisch und Deutsch gesprochen; deutschsprachige Reiseleiter, Lektoren, Bordinfos und Speisekarten stehen zur Verfügung. Die Atmosphäre ist leger, Dresscodes gibt es nicht, beim Essen herrscht freie Platzwahl. Großzügige Außendecks und die meist frei zugängliche Brücke sind ideal für das Erlebnis der Reisen ins Eis. Eine Marina auf Wasserniveau erleichtert den Einstieg in die Zodiacs. Außerdem gibt es – gegen Aufpreis – acht Kajaks für ein besonders intensives Polarerlebnis. Jeder Arktis- und Antarktispassagier erhält einen Expeditionsparka. Bequeme, wärmeisolierte Gummistiefel kann man in allen Größen leihen.

Fahrgebiete 2023

Im Winter: Antarktis, Argentinien, Falklandinseln. Im Sommer: Arktis mit Grönland, Umrundung Spitzbergen und Kvitøya, Island. Dazwischen keine Reisen.

DATEN & FAKTEN SEA SPIRIT

BRZ 4.280	**Passagiere** 114
Länge 90,60 m	**Crew-Mitglieder** 72
Breite 15,30 m	**PCR (Pass. pro Crew)** 1,6
Indienststellung 1991	**PSR (Platzangebot)** 36,2
Renovierung 2017	**Passagierdecks** 5
Bordsprache Deutsch, Engl.	**Restaurants/Bars** 2/1

Kabinen	52 Außenkabinen, davon 14 Suiten mit Balkon, Größe: 21–43 qm
Sport & Wellness	Fitnessraum, Hot Tub, Kajaks (gegen Zuzahlung)
Info-/Entertainment	Lektorate im Vortragsraum, Bibliothek; optional zubuchbar: Fotografie-Workshops, Camping in der Antarktis
Dresscode	kein Dresscode
Preis pro Nacht	ab € 306 bis € 1762; Durchschnitt € 900 (jeweils inklusive Flügen)
Info	Poseidon Expeditions Hamburg Tel. (040) 75 66 85 55 www.poseidonexpeditions.de

PROFIL

Info-/Entertainment	⚓⚓⚓
Sport & Wellness	⚓⚓½
Gastronomie	⚓⚓⚓½
Familienfreundlichkeit	⚓½
Service	⚓⚓⚓½
Routing	⚓⚓⚓⚓

Foto: Princess Cruises

INTERNATIONAL: Die Schiffe von Princess Cruises bieten ein vielseitiges Kreuzfahrterlebnis und sind weltweit im Einsatz

Princess Cruises

1965 gegründet, gehört die bekannte Marke heute zu Carnival. Die Schiffe sind weltweit im Einsatz

15 Schiffe zählt zurzeit die Flotte, die einst durch die TV-Serie „Love Boat“ berühmt wurde, bald kommt Nummer 16 (es sei denn, es wird im Altbestand wieder ausgemustert wie während der Pandemie). Auf allen gilt die Maxime „big ship choice, small ship feel“. Dafür dominieren kleine Cafés und gemütliche Bars statt großer Räume, auch Restaurants sind in kompakte Einheiten geteilt. Nur im Theater, an den Buffets und beim Tendern merkt man, dass man auf einem Ozeanriesen reist. Seit 2017 gibt es das „Ocean Medallion“, einen Funkchip, der zusammen mit mehreren Handy-Apps viele Bordkartenservices abwickelt, von der Getränkebestellung über Bezahlvorgänge bis hin zum automatischen Öffnen der Kabinentür. Mit **Sky Princess, Enchanted Princess** und **Discovery Princess** stießen seit 2019 drei neue, weitgehend baugleiche Schiffe zur Flotte, für 2024 ist die **Sun Princess** angekündigt, das erste LNG-Schiff. Dort soll es dann ein mehrstöckiges Deck mit Glaskuppel geben, „The Dome“ genannt. Princess, heute eine Marke von Carnival, ist weltweit unterwegs und besonders in Alaska ein Big Player, wo man „Cruise Tours“ mit eigenen Lodges, Bussen und Zügen anbietet. Auf vielen Reisen sind auch deutschsprachige Reiseleiter an Bord.

Schiff	Baujahr	Passagiere
Grand Princess	1998	2.600/k. A.
Coral Princess	2002	2.000/k. A.
Island Princess	2003	2.200/k. A
Caribbean Princess	2004/2019	3.140/k. A.
Diamond Princess	2004	2.670/3.286
Sapphire Princess	2004	2.670/3.286
Crown Princess	2006	3.080/3.760
Emerald Princess	2007	3.080/3.760
Ruby Princess	2008	3.080/3.760
Royal Princess	2013	3.560/4.340
Regal Princess	2014	3.560/4.340
Majestic Princess	2017	3.560/4.340
Sky Princess	2019	3.660/4.340
Enchanted Princess	2020	3.660/4.340
Discovery Princess	2022	3.660/4.340.
Sun Princess	2024	4.300/k. A.

Royal Princess

Foto: iStockphoto

Royal Princess

& Regal & Majestic & Sky & Discovery & Enchanted

Elemente der klassischen Kreuzfahrt mit Vorteilen moderner Megaschiffe kombiniert

Die seit 2013 von Fincantieri gebauten Schiffe der nach der **Royal Princess** benannten Klasse haben gemeinsam, dass sich auf drei Ebenen Bars, Restaurants und Shops im Atrium konzentrieren. Eine so zentrale Struktur überraschte anfangs, vermittelt aber das Gefühl eines viel kleineren Schiffs. Dazu trägt auch das „Ocean Medallion" bei, das zum Beispiel die Ortung von Mitreisenden und Getränkebestellungen von fast jedem Ort an Bord ermöglicht. Der für Erwachsene reservierte Retreat Pool sowie die (kostenpflichtige) Wellness-Oase „Sanctuary" sind optisch vom Hauptpool abgetrennt, am Heck gibt es zusätzlich einen Terrace Pool – auf der Sky Princess als „Wakeview Pool" neu gestaltet. Die großzügigen Kinder- und Teensbereiche inklusive Außenbereichen liegen im Heck ganz oben. Nervenkitzel bietet der „SeaWalk" mit seinem Glasboden. Das Promenadendeck ist auf zwei Segmente mittschiffs und seitlich am Heck reduziert. Die Kabinen sind modern und elegant, das Bad zugunsten eines begehbaren Kleiderschranks relativ klein. Keine Kompromisse macht die Princess bei wirklich wichtigen Dingen: Der Service ist herzlich, das Entertainment vielfältig, das Essen hochwertig.

Fahrgebiete 2023

Royal Princess: Alaska, US-Westküste und Mexikanische Riviera, Australien, Neuseeland. **Schwesterschiffe** fahren weltweit, die **Sky Princess** auch in der Ostsee.

DATEN & FAKTEN ROYAL PRINCESS

BRZ 141.000	**Crew-Mitglieder** 1.346
Länge 330,10 m	**PCR (Pass. pro Crew)** 3,2
Breite 47,25 m	**PSR (Platzangebot)** 39,6
Indienststellung 2013/14	**Passagierdecks** 17
Bordsprache Englisch	**Restaurants** 9
Passagiere 3.560/4.340	**Bars** 21

Kabinen	1.780 (1.438 außen, 342 innen), davon 40 Suiten u. 306 Minisuiten mit Balkon, 360 Deluxe-Balkonkab., 732 Balkonkab.; Größen: 15–60 qm
Sport & Wellness	3 Pools, 6 Whirlpools, Fitnesscenter, Lotus Spa und Sanctuary für Erwachsene, Driving Range, Putting Green, Jogging
Info-/Entertainment	Showtheater, Casino, Nightclub, „Movies under the Stars", Bibliothek, Internetcafé, Kinderclub
Dresscode	meist leger, zwei formelle Abende
Preis pro Nacht	€ 53 bis € 800; Durchschnitt € 204
Info	Princess Cruises München, Tel. (089) 51 70 34 50 www.princesscruises.de

PROFIL

Info-/Entertainment	⚓⚓⚓⚓
Sport & Wellness	⚓⚓⚓⚓
Gastronomie	⚓⚓⚓⚓½
Familienfreundlichkeit	⚓⚓⚓⚓½
Service	⚓⚓⚓⚓½
Routing	⚓⚓⚓⚓

Regent Seven Seas Cruises

Ultra-all-inclusive, weltweite Routen, stilistische Opulenz: Luxus-Cruising made in the USA

Wer Regent bucht, kann sich sicher sein: Hier zählt nicht die Schiffsgröße, sondern der Platz pro Passagier – er liegt auf höchstem Niveau. Gleiches gilt für das Ultra-all-inclusive-Konzept: Es gilt als das umfassendste der gesamten Kreuzfahrtwelt. Alle Restaurants sind, wie auch sonst nahezu alles an Bord, im Reisepreis enthalten. Selbst die meisten Landausflüge sind auf diesen eleganten Schiffen inkludiert. Seit 2014 sind sie im Besitz der **Norwegian Cruise Line Holdings** – und kreuzen weltweit. Die Gäste kommen überwiegend aus Nordamerika, zunehmend aber auch aus Europa und von anderen Kontinenten, Bordsprache ist Englisch. Das Publikum besteht zumeist aus Best Agern, aber auch für jüngere Paare sind die Schiffe attraktiv, weniger jedoch für Familien. Beim Ambiente an Bord gelingt eine reizvolle Mischung aus konservativ-amerikanischer Eleganz und legerer Frische, beides mit einem gewissen Hang zur Opulenz. Das Design ist bis ins letzte Detail ausgefeilt, teuerste Materialien kommen im Überfluss zum Einsatz. Einzigartig in der Kreuzfahrt ist die Champagner-Party zu Beginn jeder Reise zum Kennenlernen der Nachbarn und der Offiziere auf den Kabinengängen. 2016 setzte die Reederei mit der **Seven Seas Explorer** ein neues Luxus-Statement: Sie vermarktete den Neubau als das „luxuriöseste Schiff der Welt“. Das Schwesterschiff **Seven Seas Splendor** stieß 2020 hinzu, 2023 folgt die **Seven Seas Grandeur**. Damit die bestehende Flotte mithalten kann, wurden 2016/17 rund 125 Millionen Dollar in die umfassende Renovierung der älteren Schiffe **Navigator, Mariner** und **Voyager** investiert.

Schiff	Baujahr	Passagiere
Seven Seas Navigator	1999	482
Seven Seas Mariner	2001	680
Seven Seas Voyager	2003	680
Seven Seas Explorer	2016	732
Seven Seas Splendor	2020	732

Fotos: RSSC

HÖCHSTE ANSPRÜCHE: Bei Regent Seven Seas sind Taufpaten hochkarätig. Die Explorer taufte Charlène von Monaco

Seven Seas Splendor

Foto: RSSC

DATEN & FAKTEN S. S. SPLENDOR

BRZ 56.182	**Crew-Mitglieder** 542
Länge 224,00 m	**PCR (Pass. pro Crew)** 1,35
Breite 31,09 m	**PSR (Platzangebot)** 76,8
Indienststellung 2020	**Passagierdecks** 10
Bordsprache Englisch	**Restaurants** 8
Passagiere 732	**Bars** 9

Kabinen	375 Suiten, alle mit Balkon, ab Penthouse-Suite mit persönlichem Butler; Größen: 20–271 qm
Sport & Wellness	Infinity-Pool, 2 Whirlpools, Fitness, Joggingbahn, Golfabschlagplatz, 18-Loch-Putting-Green, Boccia-Platz, Paddle-Tennis, Canyon Ranch Spa
Info-/Entertainment	Theater, Bibliothek, Casino, Lounges mit Livemusik, Kochstudio
Dresscode	casual bis elegant
Preis pro Nacht	€ 533 bis € 4.660; Durchschnitt € 1.280
Info	Regent Seven Seas Cruises Southampton Tel. +44 2380 68 21 40 de.rssc.com

PROFIL

Info-/Entertainment	⚓⚓⚓⚓
Sport & Wellness	⚓⚓⚓⚓½
Gastronomie	⚓⚓⚓⚓⚓
Familienfreundlichkeit	⚓⚓⚓
Service	⚓⚓⚓⚓⚓
Routing	⚓⚓⚓⚓½

Seven Seas Splendor
& Seven Seas Explorer

Exquisite Küche, Grandhotel-Flair, all-inclusive total: zwei leuchtende Sterne am Luxushimmel

Was die Hardware betrifft, hat die **Seven Seas Explorer** 2016 Maßstäbe gesetzt, die allerdings 2020 durch ein im Prinzip baugleiches Schiff – die **Seven Seas Splendor** – übertroffen wurden. Es fällt auf, dass die Splendor moderner, heller und jünger wirkt als ihre Schwester. Regent Seven Seas Cruises wandle sich mit seinem Publikum, hieß es dazu. An vielen Stellen dominiert nun nicht mehr dunkles Holz, sondern heller Marmor, Glas und geradliniges, schnörkelloses Design. Dennoch bleibt das Schiff deutlich als Teil der Regent-Flotte erkennbar. Hatte man die Explorer noch als „most luxurious ship ever built" beworben, das luxuriöseste Schiff aller Zeiten, lautet der Anspruch für die Splendor nun „luxury perfected": Luxus perfektioniert. Die Veränderungen reichen von Details bis hin zu relativ großen Schritten, die teils auch nachträglich für die Explorer übernommen werden. Die Meridian Lounge etwa wandelt sich zur kreativen Cocktail-Bar, das Pooldeck wurde 2,6 Meter breiter, das Theater hat etwas weniger Sitzplätze. Vielleicht neben den hellen Materialien am auffälligsten: Optik und Ausrichtung der Treppe im Atrium der Splendor entsprechen nun jenem Entwurf, den der Designer ursprünglich schon für die Explorer wollte.

Fahrgebiete 2023

Splendor: Karibik, Mittelmeer, Westeuropa, Nordland, Ostsee. **Explorer:** Australien, Neuseeland, Asien, Nordpazifik, Alaska.

Royal Caribbean International

Spaß und Action sind garantiert – unter anderem auf den derzeit größten Schiffen der Welt

Royal Caribbean Cruises Ltd. (RCCL), die Muttergesellschaft von **Royal Caribbean International (RCI)**, ist das zweitgrößte Kreuzfahrtunternehmen der Welt. Die Erfolgsgeschichte begann 1969 mit der **Song of Norway**, 1988 setzte die **Sovereign of the Seas** neue Größenstandards, 2009 legte man erneut mit dem bis dato größten Schiff der Welt nach: der **Oasis of the Seas** für fast 6.300 Passagiere. Mit **Allure, Harmony, Symphony** und **Wonder of the Seas** hat die Oasis inzwischen vier gigantische Schwestern, das Quintett wurde bei STX in Finnland und Frankreich gebaut und soll 2024 noch um die **Utopia of the Seas** erweitert werden. Eine andere Baureihe ist die auf der **Quantum of the Seas** aufbauende Quantum-Klasse, gefertigt 2014 bis 2021 bei der Meyer Werft in Papenburg. Dort sind auch schon drei Riesen mit LNG-Antrieb im Bau bzw. in der Planung, es handelt sich um die **Icon of the Seas** und ihre Schwestern. Bereits seit der **Freedom of the Seas** ist klar: Die Schiffe (Auszug unten) selbst sind bei RCI die Destination. Deshalb locken alle jüngeren Liner mit tollen Attraktionen – zum Beispiel künstliche Surfwelle, Eisbahn und Autoscooter.

Schiff	Baujahr	Passagiere
Navigator of the Seas	2002	3.114/3.838
Serenade of the Seas	2003	2.191/2.702
Mariner of the Seas	2003	3.114/3.839
Jewel of the Seas	2004	2.191/2.702
Freedom of the Seas	2006	3.634/4.374
Liberty of the Seas	2007	3.634/4.374
Independence of the Seas	2008	3.634/4.374
Oasis of the Seas	2009	5.408/6.230
Allure of the Seas	2010	5.408/6.230
Quantum of the Seas	2014	4.188/4.905
Anthem of the Seas	2015	4.188/4.905
Ovation of the Seas	2015	4.188/4.905
Harmony of the Seas	2016	5.518/6.680
Symphony of the Seas	2018	5.518/6.680
Spectrum of the Seas	2019	4.246/4.960
Odyssey of the Seas	2021	4.274/4.970
Wonder of the Seas	2022	5.734/6.948

Foto: Royal Caribbean

BUNTER MIX: Bei Royal Caribbean ist vor allem das Schiff die Destination – und recht oft die Karibik

Freedom of the Seas

Foto: dpa/picture-alliance

DATEN & FAKTEN FREEDOM OF THE SEAS

BRZ 154.407	**Passagiere** 3.634/4.374
Länge 303,21 m	**Crew-Mitglieder** 1.396
Breite 38,59 m	**PCR (Pass. pro Crew)** 3,1
Indienststellung 2006	**PSR (Platzangebot)** 42,4
Renovierung 2019	**Passagierdecks** 15
Bordsprache Englisch	**Restaurants/Bars** 9/10

Kabinen	1.815 (davon 1.082 außen, 724 mit Balkon); Größen: 15–126 qm
Sport & Wellness	3 Pools, 7 Whirlpools, Surfsimulator, Kletterwand, Sportplatz, Joggingstrecke, Spa, Fitnessclub, Boxring, Minigolf
Info-/Entertainment	Shows im Broadway-Stil, Eislauf-Revuen, Casino, 3-D-Kino, Live-Orchester, Shopping-Galerie, Kinderclub, Babybetreuung
Dresscode	leger, abends teils semiformell
Preis pro Nacht	€ 77 bis € 1.032; Durchschn. € 224
Info	RCL Cruises, Bremen Tel. 0800 724 03 45 www.royalcaribbean.de

PROFIL

Info-/Entertainment	⚓⚓⚓⚓
Sport & Wellness	⚓⚓⚓⚓
Gastronomie	⚓⚓⚓½
Familienfreundlichkeit	⚓⚓⚓⚓½
Service	⚓⚓⚓½
Routing	⚓⚓½

Freedom of the Seas

Freedom Class

Heute schon fast ein Oldie – 2006, als sie startete, ein Megaliner voller neuer Sensationen

Als sie 2006 in Fahrt ging, verdrängte sie die **Queen Mary 2** vom Thron des damals größten Cruiseliners der Welt – bis zur Taufe der **Oasis of the Seas** drei Jahre später behielt sie diesen Rang. Gebaut auf der Aker (heute: Meyer) Werft im finnischen Turku, lief sie als erstes Ziel Hamburg an, zu letzten Arbeiten bei Blohm + Voss – und wurde anschließend einer staunenden Öffentlichkeit am Grasbrook-Terminal präsentiert. Denn das hatte man noch nicht gesehen: eine von Läden und Bars gesäumte Promenade im Schiffsbauch, in dem ein Oldtimer als dekorativer Hingucker geparkt war. Eine Eislaufbahn unter Deck. Einen Boxring sogar. Und den „FlowRider" genannten Surfsimulator, auf dem man erstmals auf hoher See auf künstlichen Wellen reiten konnte. Das alles beeindruckt Big-Ship-Fans heute nicht mehr – damals aber war klar: Hier war erstmals das Schiff selbst zur Destination geworden. Die Schwestern **Liberty** und **Independence of the Seas** (2007/08) untermauerten diesen Anspruch noch. Wer sich also für die Geschichte der modernen Kreuzfahrt interessiert, findet hier einen stilbildenden Prototyp vor, den zu buchen sich noch immer lohnt. Denn dank guter Pflege erfüllt die Freedom, wenn auch etwas in die Jahre gekommen, noch immer das „Wow"-Versprechen von Royal Caribbean.

Fahrgebiete 2023

Die **Freedom** ganzjährig ab/bis Miami in die Karibik. **Liberty:** Karibik, USA. **Independence:** Bahamas.

Symphony of the Seas.

Foto: Royal Caribbean

Oasis-Klasse

Mit Platz für maximal fast 7.000 Passagiere setzt die größte Schiffsklasse der Welt Rekorde

Seit 2009 werden Schiffe der Oasis-Klasse gebaut, sie wurden im Laufe der Jahre nicht nur moderner, sondern auch größer. Jüngster und zugleich größter Spross ist die **Wonder of the Seas** mit 362 Meter Länge und Platz für bis zu 6.948 Passagiere (manche behaupten, es seien sogar 6.988) – sie war ursprünglich für den chinesischen Markt geplant. Auch deshalb hat das Schiff an einigen Stellen einen recht eigenen Charakter. Weil Asiaten dem Sonnenbad weniger zugeneigt sind, hat das Schiff beispielsweise mehr überdachte Bereiche auf den Außendecks. Schauen wir uns deshalb lieber die **Symphony of the Seas** an: Mit Features wie dem Central Park, dem Aqua Theater und dem Boardwalk inklusive Jahrmarkt-Karussell begeistert sie ihre Gäste. Sukzessive sind auf jedem neuen Oasis-Class-Schiff Features hinzugekommen, etwa die „Bionic"-Roboter-Bar, die „WOW Bands" als Ergänzung zur Kabinenkarte und die Trockenrutsche „Ultimate Abyss", mit der es 30 Meter rasant in die Tiefe geht. Bis zu 6.680 Gäste fahren auf der Symphony mit – und staunen, dass sie sich so verteilen, dass sie am Surfsimulator, an der Zip-Line oder im Theater ihren Platz finden. Wie auch in den 20 Restaurants und 20 Bars, die so viel bieten, dass man auf einer Reise nicht alles ausprobieren kann.

Fahrgebiete 2023

Symphony: Karibik, Bahamas, Mittelmeer. **Wonder:** Bahamas, Karibik. **Oasis:** Karibik, USA, Kanada. **Allure:** Mexiko, Roatán. **Harmony:** Karibik, Bahamas.

DATEN & FAKTEN SYMPHONY O. T. SEAS

BRZ 228.081	**Crew-Mitglieder** 2.200
Länge 362,10 m	**PCR (Pass. pro Crew)** 2,5
Breite 65,68 m	**PSR (Platzangebot)** 41,3
Indienststellung 2018	**Passagierdecks** 16
Bordsprache Englisch	**Restaurants** 20
Passagiere 5.518/6.680	**Bars** 20

Kabinen	2.759 (2.235 außen, 524 innen), davon 1.796 Balkonkabinen und 227 Suiten; Größen: 9–149 qm
Sport & Wellness	4 Pools, 10 Whirlpools, 3 Wasser-/2 Trockenrutschen, Surfsimulatoren, Joggingpfad, Eislaufbahn, Kletterwand, Zip-Line, Basketball, Minigolf, Fitness/Spa, Kinderclubs u. v. m.
Info-/Entertainment	Broadway-Shows, Aqua-Show im Heck, Eisrevuen, Jazzclub, Comedy, Boardwalk mit Karussell u. v. m.
Dresscode	leger, abends je nach Anlass schicker
Preis pro Nacht	€ 84 bis € 4.767; Durchschn. € 288
Info	RCL Cruises, Bremen Tel. 0800 724 03 45 www.royalcaribbean.de

PROFIL

Info-/Entertainment	⚓⚓⚓⚓⚓
Sport & Wellness	⚓⚓⚓⚓⚓
Gastronomie	⚓⚓⚓⚓
Familienfreundlichkeit	⚓⚓⚓⚓⚓
Service	⚓⚓⚓½
Routing	⚓⚓½

Anthem of the Seas

Foto: RCCL/Matt Alexander/PA Wire

DATEN & FAKTEN ANTHEM OF THE SEAS

BRZ 168.666	**Crew-Mitglieder** 1.300
Länge 348,00 m	**PCR (Pass. pro Crew)** 3,2
Breite 41,20 m	**PSR (Platzangebot)** 40,3
Indienststellung 2015	**Passagierdecks** 16
Bordsprache Englisch	**Restaurants** 18
Passagiere 4.188/4.905	**Bars** 19

Kabinen	2.090: 1.717 außen, davon 1.570 mit Balkon, 373 innen mit virtuellem Balkon, 28 Single-Studios, 16 Familiensuiten; Größen: 13,8–192 qm
Sport & Wellness	4 Pools, Fallschirmsimulator, Sportdeck SeaPlex, Autoscooter, Rollschuhbahn, Fitnesscenter/Spa, Ballsportplatz, Minigolf u. v. m.
Info-/Entertainment	Music Hall, Panoramasalon Two70°, Aussichtskapsel North Star, Akrobatik, Eisbar, Kinderclub u. v. m.
Dresscode	leger, abends teilweise schicker
Preis pro Nacht	€ 67 bis € 1.976; Durchschnitt € 237
Info	RCL Cruises, Bremen Tel. 0800 724 03 45 www.royalcaribbean.de

PROFIL

Info-/Entertainment	⚓⚓⚓⚓⚓
Sport & Wellness	⚓⚓⚓⚓⚓
Gastronomie	⚓⚓⚓⚓
Familienfreundlichkeit	⚓⚓⚓⚓⚓
Service	⚓⚓⚓½
Routing	⚓⚓½

Quantum-Klasse

Bionic Bar, iFly, „WOW Band“: Die Smartships von Royal Caribbean sind modern – und groß

Fünf Jahre nach der **Oasis of the Seas** startete Royal Caribbean 2014 eine weitere revolutionäre Schiffsklasse: Die „Smartships“ **Quantum, Anthem** und **Ovation of the Seas** katapultierten die Kreuzfahrt ins digitale Zeitalter, **Spectrum** und **Odyssey** setzen noch eins drauf. In die Voraussetzung dafür wurde kräftig investiert: Echtes Highspeed-WLAN setzt einen Maßstab für die Zukunft und ermöglicht, dass man sich als Gast von einer personalisierten App zu allen Aktivitäten an Bord leiten lässt. Wer will, trägt statt einer Bordkarte ein „WOW Band“, das alle Ausgaben registriert, auch an der „Bionic Bar“, wo Roboter Cocktails mixen. „Smart“ ist auch das Erlebnis „iFly“: Wie am Fallschirm schwebt man auf einer Windsäule über dem Boden. Doch der größte Hingucker ist die Glasgondel „North Star“: Von einem Kranarm himmelwärts gebracht, blickt man über dem Schiff aufs Meer. Und abends bezaubern in der „Lounge Two70°“ schwebende Artisten ebenso wie fliegende Videoschirme. Doch auch Handgemachtes gibt es: das Queen-Musical „We Will Rock You“ im 1.300 Plätze fassenden Theater, den Sport im „SeaPlex“, der mal Trapez-Arena, mal Autoscooter ist. Und: In den insgesamt 18 verschiedenen Restaurants Leckeres, das (noch) von Menschenhand zubereitet wird.

Fahrgebiete 2023

Anthem: Bahamas, Norwegen. **Quantum:** Alaska. **Ovation:** Alaska. **Spectrum:** Südostasien. **Odyssey:** Karibik, Bahamas, Mittelmeer, Griechenland.

Seabourn Cruise Line

Die All-inclusive-Luxusschiffe stehen für individuelles und entspanntes Jachtfeeling

Drei Schiffe à 450 Passagiere wurden zwischen 2009 und 2011 für Seabourn gebaut, zwei etwas größere mit 600 Betten, die **Seabourn Encore** und **Seabourn Ovation**, folgten 2017 und 2018. Ganz neu ist die **Seabourn Venture**, das erste explizite Expeditionskreuzfahrtschiff für lediglich 264 Passagiere. Ihr folgt 2023 die weitgehend baugleiche **Seabourn Pursuit**. All-inclusive gehört zum Seabourn-Konzept, sodass selbst das Spitzenrestaurant „The Grill by Thomas Keller" – wie alle Restaurants und Getränke – im Reisepreis inkludiert ist. Nahezu alle öffentlichen Bereiche liegen am Heck, sodass es vorn bei den Kabinen ruhig bleibt. Seabourn schafft es, Luxus sehr zwanglos und in familiärer Atmosphäre umzusetzen. Die persönliche Ansprache der Crew ist warmherzig, die Stimmung an Bord wie auf einer Jacht. Nur an einem Abend pro Woche sind ein Anzug (ohne Krawattenzwang) und das Abendkleid gefragt. Nicht nur dann zeigt sich das Entertainment-Team engagiert und sorgt auch für Stimmung auf der Tanzfläche. Zur Abendunterhaltung gehört auch die Musical-Produktion „An Evening with Sir Tim Rice". An Deck werden gelegentlich „Evenings Under the Stars" geboten. Exklusive Ausflüge zu UNESCO-Welterbestätten und zahlreiche Seminare sowie Lektorenvorträge runden das Bordprogramm ab. Die Zielgebiete sind erlesen, Urlauber kommen mit Seabourn zu allen Kontinenten inklusive Antarktis. Einige Kreuzfahrtrouten führen zudem durch den Panamakanal. Seabourn ist eine Marke des weltweit größten Kreuzfahrtunternehmens Carnival Corporation & plc. und steht seit 1987 für Exklusivität und Luxus auf See.

Schiff	Baujahr	Passagiere
Seabourn Odyssey	2009	450
Seabourn Sojourn	2010	450
Seabourn Quest	2011	450
Seabourn Encore	2017	600
Seabourn Ovation	2018	600
Seabourn Venture	2022	264
Seabourn Pursuit	2023	264

Fotos: Seabourn

LUXURIÖS: Bei Seabourn teilen sich wenige Passagiere die Schönheiten des Schiffs. Opulent ist die Owners Suite

Seabourn Encore

Foto: Seabourn

DATEN & FAKTEN SEABOURN OVATION

BRZ 40.350
Länge 210,00 m
Breite 28,04 m
Indienststellung 2018 (Encore 2017)
Bordsprache Englisch

Passagiere 600
Crew-Mitglieder 408
PCR (Pass. pro Crew) 1,5
PSR (Platzangebot) 600
Passagierdecks 10
Restaurants/Bars 5/5

Kabinen	300 Verandasuiten (23–120 qm), 8 barrierefreie Suiten
Sport & Wellness	2 Pools, 6 Whirlpools, Spa, Fitnesscenter, Saunen, Sportdeck, Wassersport-Marina, Thermalsuite
Info-/Entertainment	Shows, Seabourn Conversations, Musical, Casino, Seminare, Bibliothek, Konferenzraum
Dresscode	tagsüber casual, abends „elegant casual", ein formeller Abend pro Woche
Preis pro Nacht	€ 390 bis € 2.571; Durchschn. € 581
Info	Seabourn Cruise Line Tel. 00800 18 72 18 72 www.seabourn.com

PROFIL

Info-/Entertainment	⚓⚓⚓⚓½
Sport & Wellness	⚓⚓⚓⚓
Gastronomie	⚓⚓⚓⚓⚓
Familienfreundlichkeit	⚓⚓
Service	⚓⚓⚓⚓⚓
Routing	⚓⚓⚓⚓

Ovation & Encore

Schöner, größer, vielfältiger – die jüngeren Seabourn-Schiffe sind eine Luxus-Evolution

Stardesigner Adam Tihany hat sich hier einen Lebenstraum erfüllt: einmal ein komplettes Schiffskonzept zu entwerfen. Dass ihm das gelungen ist, sieht man am Seabourn Square – dem Herzen von **Seabourn Ovation** und **Sebourn Encore**. Seine Interpretation ist rund, offen und gemütlich wie ein Wohnzimmer. Auch sonst kommt schnell ein heimeliges Gefühl an Bord auf, obwohl die Jachten etwas größer als ihre Vorgängerinnen sind. Der zusätzliche Platz wird für eine Bar mit Signature-Cocktails und Livemusik vor dem Steakhaus „The Grill" des amerikanischen Sternekochs Thomas Keller genutzt sowie für ein kleines, aber sehr feines Sushi-Restaurant. Ein Geheimtipp ist „The Patio" am Pool: Wenn der Küchenchef hier abends seine tagelang marinierte Ente kredenzt, kommt sogar der Kapitän zum Genießen. Alternativ kann man sich aber auch ein mehrgängiges Menü auf die großzügige Suite bestellen – natürlich kostenlos, ebenso wie alle Getränke bis hin zum Champagner. Das überwiegend amerikanische Publikum trainiert die Kalorien im gut ausgestatteten Fitnessstudio, auf zahlreichen Aktivtouren und beim Wassersport von der Marina aus ab. Sehr amerikanisch fällt leider auch die Neugestaltung des Retreats aus: Die Cabanas auf diesem exklusiven Sonnendeck mit Zuzahlung bieten keinen Meerblick.

Fahrgebiete 2023

Ovation: Winter Karibik, Sommer Island, Nord- und Ostsee, Herbst im Mittelmeer. **Encore:** Winter ab Singapur, dann über Dubai ins östliche Mittelmeer.

Seabourn Venture

Foto: Seabourn

Venture & Pursuit

Eisklasse, Luxus – und alles inklusive: die noble Art, auf eine Expeditionskreuzfahrt zu gehen

Ausgestattet mit der Polarklasse PC 6 und einem Expeditionsteam von mehr als zwei Dutzend engagierten Spezialisten, ist die in Norwegen gebaute **Seabourn Venture** seit Juli 2022 unterwegs. Sie und ihr Schwesterschiff **Seabourn Pursuit**, das im Herbst 2023 in Dienst genommen wird, stellen ein völlig neues Design für Seabourn dar. Trotzdem sind die für diese Reederei typischen Luxusmerkmale auch auf den robusten Expeditionsschiffen zu finden. Das gilt natürlich ebenso für das Konzept „alles inklusive". Das Layout bietet viel Platz zum Beobachten von Natur und Tierwelt, es gibt eine Aussichtslounge auf Deck 6, Bow Lounge genannt. Sie liegt an der Vorderseite des Schiffs und verfügt über eine komplette Fensterwand. Vorträge finden im Discovery Center Theater statt, das mit bequemen Sitzen und hochauflösenden Großbildschirmen ausgestattet ist. Außerdem können sich die Gäste hier Filmaufnahmen von den Fahrten mit den beiden bordeigenen U-Booten ansehen. Obwohl die Seabourn Venture hauptsächlich in polaren Klimazonen unterwegs ist, gibt es einen Infinity-Pool auf Deck 5 und zwei kleine Whirlpools auf Deck 9. Gegessen wird in vier verschiedenen Restaurants – oder per Rund-um-die-Uhr-Zimmerservice auf der Suite.

Fahrgebiete 2023

Venture: im Winter Antarktis, im Frühjahr Amazonas, dann über Kapverden und Westeuropa nach Großbritannien. Von dort im Sommer nach Island und Grönland. **Pursuit:** Karibik bis Antarktis.

DATEN & FAKTEN VENTURE

BRZ 23.615	**Crew-Mitglieder** 120
Länge 173,30 m	**PCR (Pass. pro Crew)** 2,2
Breite 24,00 m	**PSR (Platzangebot)** 89,5
Indienststellung 2022	**Passagierdecks** 8
Bordsprache Englisch	**Restaurants** 4
Passagiere 264	**Bars/Lounges** 5

Kabinen	132 Suiten, alle mit Veranda, Größen: 33–130 qm
Sport & Wellness	2 Whirlpools auf Deck 9, Infinity-Pool auf Deck 5, kompaktes Spa mit Sauna, kleines Fitnesscenter
Info-/Entertainment	Lektorenvorträge, Observation Lounge, Seekajaks, 24 Zodiacs, 2 U-Boote, 26 Mitarbeiter im Expeditionsteam
Dresscode	elegant casual bis formell
Preis pro Nacht	€ 571 bis € 4.954; Durchschn. € 945
Info	Seabourn Cruise Line Tel. 00800 18 72 18 72 www.seabourn.com

PROFIL

Info-/Entertainment	⚓⚓⚓⚓○
Sport & Wellness	⚓⚓⚓○○
Gastronomie	⚓⚓⚓⚓⚓
Familienfreundlichkeit	⚓⚓○○○
Service	⚓⚓⚓⚓⚓
Routing	⚓⚓⚓⚓○

Fotos: Uwe Bahn, Marcelo Hernandez (2)

Luxus-Segler: Die Sea Cloud Spirit ist das größte Schiff der Segelflotte. Kapitän Vukota Stojanovic kommt aus Mazedonien

Sea Cloud Cruises

Die Segler Sea Cloud und Sea Cloud II haben mit der Sea Cloud Spirit endlich eine große Schwester erhalten

Drei Schiffe – und nur Platz für maximal 294 Gäste: Das ist das Erfolgsrezept der Hamburger Reederei Sea Cloud Cruises, die ihren Gästen exklusive Segelkreuzfahrten anbietet. Seit 2020 gehört mit der **Sea Cloud Spirit** (siehe auch Reportage in diesem Guide) das bisher größte Schiff zur Flotte. Es hat Platz für noch mehr Luxus unter den drei Masten und bietet Balkonkabinen, einen Fitnessbereich mit Meerblick und erstmals auch einen Aufzug zwischen den Decks. Die drei Hochseesegler werden größtenteils mit Muskelkraft gesegelt. Wenn es heißt „Segel setzen!“, klettern die Matrosen in die Masten. Die Gäste sind bei diesem Spektakel hautnah dabei – und können der Decksmannschaft auf Wunsch an den Tauen und Leinen helfen. Die 1931 gebaute **Sea Cloud** gilt als das älteste noch im Betrieb befindliche Hochseekreuzfahrtschiff der Welt. Das als Privatjacht gebaute Schiff hat eine bewegte Geschichte hinter sich, war Diplomatendomizil, Wetterstation und Schauplatz rauschender Partys. 2001 kam die etwas größere **Sea Cloud II** hinzu – ebenfalls mit Fokus auf das Segelerlebnis, exklusive Küche sowie erstklassigen und persönlichen Service. In den Eignerkabinen stehen vergoldete Wasserhähne für Luxus. Eine offene Brücke erlaubt den direkten Kontakt zum Kapitän. Liegeplätze direkt in den Stadtzentren machen Reisen in europäischen Gewässern und auch in der Karibik zu einem Erlebnis. Mit dem neuen Schiff reagiert das Unternehmen auf die hohe Nachfrage; es verfügt nun über zusätzliche Kapazität für individuelle Buchungen und Charter.

Schiff	Baujahr	Passagiere
Sea Cloud	1931/2010	64
Sea Cloud II	2001	94
Sea Cloud Spirit	2020	136

Sea Cloud

Foto: Sea Cloud Cruises

Sea Cloud & Sea Cloud II

Luxuriöse Kreuzfahrten unter Segeln – und Erlebnisreisen mit exklusivem Charme

Glänzendes Messing, flatternde Segel: An Bord dieser beiden Schiffe wird Seefahrerromantik Realität; denn die Zeit auf dem Schiff ist hier das eigentliche Reiseerlebnis. Wer Segelabenteuer ohne Show, Animation und Pool erleben möchte, ist hier genau richtig. Bei allen Reisen ist Zeit eingeplant, um über das Meer zu segeln. Spielen Wind und Wetter mit, werden Schlauchbootfahrten ums Schiff angeboten. Ist es warm genug, kommt bei der **Sea Cloud II** eine Badeplattform zum Einsatz, und das Meer wird zum privaten Pool. Kabinen mit traditionellem Design und moderner Ausstattung sowie die gute Küche machen die Schiffe zu Geheimtipps. Abends werden Vier-Gänge-Menüs serviert, zum Kapitänsdinner sind es fünf Gänge. Themenbuffets werden auch im Lido-Restaurant auf Deck angeboten. Hier begeistern die Köche mit Spezialitäten wie gegrillter Dorade oder Spanferkel. Das Ausflugsangebot orientiert sich an der kleinen Zahl der Gäste. Bei Themenreisen, zum Beispiel zum Thema „Gärten", wird es entsprechend ergänzt. Qualifizierte Lektoren sind genauso wie ein Bordarzt bei allen Reisen dabei.

Fahrgebiete 2023

Sea Cloud: Karibik bis März und im Dezember, Mittelmeer im Sommer/Herbst, Kanaren und Transatlantik im November. **Sea Cloud II:** Kuba im Januar, östliche Karibik mit Gustavia, White Bay, Union Island ab/bis Bridgetown im Februar. Im März Karibik ab/bis Philipsburg. Ab April im Mittelmeer mit Schwerpunkt Osten. Im November Kanaren und Kapverden.

DATEN & FAKTEN SEA CLOUD

BRZ 2.492	**Passagiere** max. 64
Länge 109,50 m	**Crew-Mitglieder** 60
Breite 14,94 m	**PCR (Pass. pro Crew)** 1
Indienststellung 1931	**PSR (Platzangebot)** 39
Renovierung 2011	**Passagierdecks** 3
Bordspr. Deutsch, Englisch	**Restaurants/Bars** 1/2

Kabinen	30 Außenkabinen (9,5–24 qm) plus 2 historische Eignersuiten (34 und 38 qm)
Sport & Wellness	Nutzung des Wassersport-equipments wie z. B. Schnorchelausrüstung, Stand-up-Paddles und Towable Tube (wetterabhängig)
Info-/Entertainment	landeskundliche Vorträge und Themenvorträge, Bordpianist
Dresscode	stilvoll-leger
Preis pro Nacht	€ 464 bis € 1.389; Durchschn. € 798
Info	Sea Cloud Cruises Hamburg Tel. (040) 30 95 92 50 www.seacloud.com

PROFIL

Info-/Entertainment
Sport & Wellness
Gastronomie
Familienfreundlichkeit
Service
Routing

Sea Cloud Spirit

Foto: Uwe Bahn

DATEN & FAKTEN

BRZ 5.431	**Crew-Mitglieder** 85
Länge 138,00 m	**PCR (Pass. pro Crew)** 1,6
Breite 17,20 m	**PSR (Platzangebot)** 39,9
Indienststellung 2021	**Passagierdecks** 4
Bordsprache Dt., Engl.	**Restaurants** 2
Passagiere 136	**Bars** 1

Kabinen	69 Außenkabinen (davon 22 Junior- und 3 Owner-Suiten, jeweils mit Balkon)
Sport & Wellness	Wellness- und Spa-Bereich mit zwei Anwendungsräumen, finnischer Sauna, Dampfbad, Ruheraum, Fitnessbereich hat Meerblick
Info-/Entertainment	Lounge mit Steinway-Flügel, Bibliothek, Livemusik
Dresscode	sportiv-elegant, stilvoll maritim
Preis pro Nacht	€ 546 bis € 1.494; Durchschn. € 924
Info	Sea Cloud Cruises Hamburg, Tel. (040) 30 95 92 50 www.seacloud.com

PROFIL

- Info-/Entertainment
- Sport & Wellness
- Gastronomie
- Familienfreundlichkeit
- Service
- Routing

Sea Cloud Spirit

Der neue Dreimastsegler von Sea Cloud Cruises ist 138 Meter lang und hat sogar Balkone

Was lange wird, fährt endlich gut. Eigentlich sollte der Hamburger Dreimaster schon seit Jahren unter Segeln kreuzen. Als Sea Cloud Hussar wurde der Windjammer bereits im März 2007 im spanischen Vigo bestellt. Dann ging die dortige Werft 2010 Pleite, und der „Rohbau" lag nach der Kiellegung brach. Mit über zehnjähriger Verspätung wurde das Schiff am 3. September 2021 auf den Namen **Sea Cloud Spirit** in Palma de Mallorca getauft. Das größte Schiff der Flotte bietet ein Novum: Die 25 Kabinen und Suiten auf dem Verandadeck haben einen eigenen Balkon! Dazu ist das ganze Interieur der Unterkünfte aus edlen Hölzern und massiven Materialien, die Armaturen sind vergoldet. Auch die öffentlichen Bereiche sind äußerst stilvoll. Billig ist hier nichts – auch nicht der Fahrpreis. Der größte Trumpf des Schiffs erlebt gerade in dieser klimasensiblen Zeit eine Renaissance: Segel. Davon hängen 28 an den drei Masten. Und alle werden hier wie auf den beiden Schwesterschiffen per Hand gesetzt. Segeln ist das Entertainment-Erlebnis an Bord, könnte sogar noch viel besser inszeniert werden. Beliebtester Treffpunkt: das Lidodeck mit Lidobar sowie Bistro und der Lounge für Lektorenvorträge und kleine Konzerte.

Fahrgebiete 2023

Zu Jahresbeginn vor allem in Mittelamerika, im Sommer wieder im Norden, dort auch ab Kiel und Hamburg. Im Herbst meist im Mittelmeer unterwegs, bevor die Wintersaison in der Karibik beginnt.

SeaDream I

Foto: SeaDream Yacht Club

SeaDream Yacht Club

„It's yachting, not cruising": Ein exklusives Duo bietet Kreuzfahrten auf Kaviar-Kurs

Kreuzen wie auf der eigenen Jacht, das ist das Konzept des SeaDream Yacht Clubs. Die beiden baugleichen Schiffe **SeaDream I & II** des norwegischen Multimillionärs Atle Brynestad bieten eine locker-sportliche Atmosphäre. Aufmerksam achtet die famose Crew auf das Wohl der Gäste, ohne dabei aufdringlich zu wirken. Da die Kabinen keine Balkone haben, findet das Leben zumeist an Deck statt. Hier schmecken die hochwertigen Gerichte gleich doppelt gut, egal ob Kaviar oder vegan – oft sind sie auch nach Gästewünschen individuell zubereitet. Wer möchte, kann in den „Balinese Dream Beds" unterm Sternenhimmel schlafen – eine einmalige Erfahrung. Für Kinder ist das Konzept eher ungeeignet, dafür werden Erwachsene zu Kindern, wenn es an der Marina am Heck Kajaks, Jetski, Segler und Wasserski gratis gibt. Spontane Badestopps gehören ebenso zu den Freiheiten des Kapitäns wie die Leitung eines Radausflugs. Der Abend klingt aus an der „Top of the Yacht"-Bar, im Casino oder bei Livemusik im Salon; der Champagner dazu ist im Preis inkludiert. Schnell kommen auch Alleinreisende mit dem internationalen Publikum ins Gespräch. Anfang 2022 stand ein Aufhübschungsprogramm für die SeaDream I an, bei dem alle Kabinen mit neuen Möbeln und 55-Zoll-TV ausgestattet wurden. Auch das Bord-Internet wurde verbessert.

Fahrgebiete 2023

Im Winter Karibik-, im Sommer Mittelmeerreisen. Highlights dabei sind u. a. die Weinreisen.

DATEN & FAKTEN SEADREAM I

BRZ 4.300	**Passagiere** max. 112
Länge 105,00 m	**Crew-Mitglieder** 95
Breite 14,33 m	**PCR (Pass. pro Crew)** 1,2
Indienstst. 1984/2001	**PSR (Platzangebot)** 38,4
Renovierung 2022	**Passagierdecks** 5
Bordsprache Englisch	**Restaurants/Bars** 2/3

Kabinen	56 Außenkabinen, 1 Admiral-Suite, 1 Eignersuite; Größen: 18–41 qm
Sport & Wellness	Fitnesscenter, Massagen, Dampfbad, Sauna, Golfsimulator, Mountainbikes, Jetski, Kajaks, Wasserski, Schnorchelausrüstung u. v. m.
Info-/Entertainment	Kino unter Sternen, Cocktailpartys, Vorträge auf Transatlantikreisen
Dresscode	„yacht casual" (kein spezieller formeller Dresscode)
Preis pro Nacht	€ 307 bis € 1.575; Durchschnitt € 750
Info	SeaDream Yacht Club E-Mail: info@seadream.com www.seadream.com

PROFIL

Info-/Entertainment
Sport & Wellness
Gastronomie
Familienfreundlichkeit
Service
Routing

Fotos: Silversea (2), iStockphoto

VIEL AMBIENTE: Das und auch weltweite Routen machen das Reisen auf den Schiffen von Silversea Cruises aus

Silversea Cruises

Unter dem Dach von Royal Caribbean wächst die Marke für Luxus und Expedition weiter

Die 1994 gegründete Reederei hat ihren Sitz in Monaco – und gibt sich so nobel wie jenes. Der überraschende Mehrheitsverkauf an **Royal Caribbean** im Sommer 2018 hat frisches Geld an Bord gebracht. Etwa für die Qualitätsinitiative „Project Invictus", dank derer selbst Kaviar wieder kostenlos erhältlich ist. Die aktuell elf Schiffe bieten erlesenen Luxus und sind klein genug, um auch Häfen abseits des Mainstreams anzulaufen. Man tafelt auf Gourmetniveau, reist ausschließlich in Außenkabinen und -suiten, und im All-inclusive-Konzept strömen Champagner und feine Weine. Die Klientel ist international – auch auf den Expeditionsschiffen **Silver Explorer** und der 2017 zu diesem Zweck umgebauten **Silver Cloud**. Die **Silver Wind** erhielt bei einer Renovierung im November 2021 einen verstärkten Rumpf und wurde auf Eisklasse umgerüstet. Ganz neu dabei: die **Silver Endeavour** für 200 Expeditionspassagiere. Auf den Galapagosinseln löste der Neubau **Silver Origin** die in die Jahre gekommene **Silver Galapagos** ab. Der Fokus scheint jedoch aktuell wieder mehr auf der Luxuslinie zu liegen: Die **Silver Shadow** und die **Silver Whisper** wurden 2019 nach dem Vorbild des Luxusflaggschiffs **Silver Muse** renoviert. Die **Silver Spirit** erhielt dieses Upgrade bereits 2018, zusammen mit einer Verlängerung. Und mit der **Silver Moon** und der **Silver Dawn** starteten kürzlich noch zwei neue Schwestern der Silver Muse. Übrigens: 2023/24 sollen mit der **Evolution-Klasse** zwei weitere Luxusschiffe – dann mit LNG und 4-Megawatt-Brennstoffzelle – von der Meyer Werft folgen.

Schiff	Baujahr	Passagiere
Silver Explorer	1989/2018	144
Silver Cloud	1994/2017	212
Silver Wind	1995/2021	274
Silver Shadow	2000/2019	392
Silver Whisper	2001/2018	392
Silver Spirit	2009/2018	608
Silver Muse	2017	596
Silver Moon	2020	596
Silver Origin	2020	100
Silver Dawn	2021	596
Silver Endeavour	2021	200

Silver Muse

Foto: Silversea Cruises

Silver Muse

& Silver Moon & Silver Dawn

Das noble All-inclusive-Schiff bekam 2020 und 2021 zwei Schwestern, die im Detail noch optimiert wurden

Die **Silver Muse** definierte als kleines Schiff mit großzügigen, butlerbetreuten Suiten neue Standards bei Silversea. Seit 2020 wird das Konzept auf der **Silver Moon** weitergeführt. Der Unterschied zwischen Muse und Moon: Das Restaurant La Dame mit französischer Küche in eleganter Atmosphäre wurde umgestaltet und vergrößert, es bietet dort jetzt 56 Plätze mit der Möglichkeit, im Freien zu speisen. Lalique-Kristallpaneele bereichern zudem das Design. Das Restaurant „Atlantide" wurde ebenfalls vergrößert und kann seitdem 220 Passagiere gleichzeitig verköstigen. Wer lieber ins Sushi-Restaurants „Kaiseki" geht, bemerkt dort ein betont minimalistisch gehaltenes Design. Was hat sich noch geändert? Die Lounge und Pianobar „Dolce Vita" wurden überarbeitet, zudem hat man dabei die Bar in die Mitte der Lounge verlegt. Und das „Connoisseur's Corner" verfügt nun über einen neuen Wintergartenbereich, sodass man sich dort ein wenig zwischen drinnen und draußen aufhalten kann. 2021 kam als drittes Schiff der Klasse noch die **Silver Dawn** hinzu, mit einem neuen Spa-Konzept und gelockertem Entertainment. Egal ob Muse, Moon oder Dawn: Überall gibt es individuell befüllte Minibars und Roomservice rund um die Uhr.

Fahrgebiete 2023

Muse: Australien und Neuseeland, dann Asien und Alaska. **Moon:** Südamerika, Mittelmeer, Island. **Dawn:** Karibik, Mittelmeer, Westeuropa, Nordeuropa.

DATEN & FAKTEN SILVER MUSE

BRZ 40.700	**Crew-Mitglieder** 411
Länge 212,80 m	**PCR (Pass. pro Crew)** 1,45
Breite 27,00 m	**PSR (Platzangebot)** 68,3
Indienststellung 2017	**Passagierdecks** 8
Bordsprache Englisch	**Restaurants** 8
Passagiere 596	**Bars** 6

Kabinen	298 Verandasuiten, alle mit Butlerservice; Größen: 36–183 qm
Sport & Wellness	Sonnendeck mit Pool u. Jacuzzi, Spa mit Akupunktur, Ruheräumen und Außenwhirlpool, Fitnesscenter
Info-/Entertainment	Show Lounge, intern. Künstler, Vorträge, Casino, Videothek, Bibliothek, WLAN kostenlos
Dresscode	casual bis elegant, ein bis zwei festliche Abende pro Reise
Preis pro Nacht	€ 281 bis € 4.150; Durchschnitt € 665
Info	Silversea Cruises, Frankfurt Tel. (069) 222 21 22 83 www.silversea.com

PROFIL

Info-/Entertainment

Sport & Wellness

Gastronomie

Familienfreundlichkeit

Service

Routing

Silver Origin

Foto: Silversea Cruises

DATEN & FAKTEN

BRZ 5.800	**Crew-Mitglieder** 86
Länge 101,00 m	**PCR (Pass. pro Crew)** 1,2
Breite 16,00 m	**PSR (Platzangebot)** 58
Indienststellung 2020	**Passagierdecks** 6
Bordsprache Englisch	**Restaurants** 2
Passagiere 100	**Bars, Lounges** 2

Kabinen	51 Suiten in 8 Kategorien, alle mit Balkon und Butlerservice, Größen: 30–160 qm
Sport & Wellness	Beauty Spa und Fitnesscenter, kleiner Whirlpool am Heck auf Deck 7, Kayak, Schnorcheln
Info-/Entertainment	Sterne observieren, Bordpianist, einheimische Lektoren, die Flora und Fauna der Galapagosinsel erklären
Dresscode	smart casual bis sportlich-elegant
Preis pro Nacht	€ 1.093 bis € 6.336; Durchschn. € 1.787
Info	Silversea Cruises, Frankfurt Tel. (069) 222 21 22 83 www.silversea.com

PROFIL

Info-/Entertainment	4/5
Sport & Wellness	3/5
Gastronomie	4,5/5
Familienfreundlichkeit	2/5
Service	4,5/5
Routing	4/5

Silver Origin

Mit diesem Schiff bekommen Expeditionsreisen zu den Galapagosinseln ein ganz neues Niveau

Früher gab es die **Silver Galapagos**, jetzt hat die **Silver Origin** das zu Ecuador gehörende Zielgebiet übernommen. Dieses Schiff wurde speziell für die empfindliche Destination gebaut, das Thema Nachhaltigkeit spielte eine große Rolle. Dank moderner Technologie soll der „Impact" auf die Umwelt minimal sein, das Schiff verfügt zum Beispiel über ein dynamisches Positionierungssystem, mit dem es ohne zu ankern an einer Stelle stoppen und stehen bleiben kann, die Unterwasserflora und -fauna wird also nicht beschädigt. Bei Rumpfkonstruktion und Antriebssystems wurde auf höchstmögliche Effizienz geachtet, in allen Suiten – nur solche gibt es hier, einfache Kabinen fehlen – kommt Trinkwasser aus dem Hahn, sodass (Plastik-)Flaschen weitgehend überflüssig sind. Beim Design hat Silversea versucht, helle und offene Räume zu schaffen. Dank der großen raumhohen Fenster, die sich über das gesamte Schiff erstrecken, bietet die Silver Origin gute Sicht auf die Schönheiten der Galapagosinseln. Gegessen wird auf Deck 4 und Deck 7, wie immer bei Silversea heißt es auch hier „alles ist inklusive". Das Schiff hat acht Zodiacs an Bord sowie einige Kayaks. Alle Suiten haben eine eigene Veranda, einen Butlerservice und eine inkludierte Minibar.

Fahrgebiete 2023

Ab/bis Puerto Baquerizo geht es in acht Tagen zu allen wichtigen Inseln des Galapagosarchipels. Nur über Weihnachten bzw. Neujahr ist das Schiff noch etwas länger unterwegs.

Star Clippers

Drei Großsegler gibt es in der Flotte, doch um das geplante vierte Schiff gab es einen langen Streit

Star Clippers ist das eindrucksvolle Lebenswerk des Schweden Mikael Krafft. Seine Leidenschaft gilt der Kreuzfahrt unter Segeln: Drei prachtvolle Schiffe – **Star Clipper**, **Star Flyer** und **Royal Clipper** (ein veritabler Fünfmaster) bilden seine Flotte. Die Schiffe bieten sportliche Urlaubsabenteuer, Mastklettern inklusive, interessante Fahrtgebiete und eine solide Gastronomie. Die Vision des Eigners, die legendären Clipperschiffe des 19. Jahrhunderts wiederauferstehen zu lassen, lebt von liebevollen maritimen Details ebenso wie von den Routen, welche die Schiffe befahren: Sie liegen in kleinen Häfen abseits des Mainstreams oder auf Reede, die Passagiere gelangen dann mit Tenderbooten an Land. Neben der Karibik und dem Mittelmeer gehörte vor der Pandemie Südostasien zu den bespielten Revieren, dort ist man 2023 aber nicht unterwegs. Gelegentlich stehen auch Eventformate wie Schlemmerreisen oder Yogakreuzfahrten auf dem Programm. Der Sitz der Firma befindet sich in Monaco. Übrigens: Schon 2019 sollte die Flotte, nach vielfachen Verzögerungen, um einen weiteren Fünfmaster erweitert werden. Die **Flying Clipper** als potenziell größtes Schiff wurde auf einer Werft in Kroatien bereits gebaut, die Ablieferung jedoch blockiert durch einen Rechtsstreit zwischen Reederei und Werft. Womöglich landet das mittlerweile **Golden Horizon** genannte Segelschiff aber doch noch bei Star Clippers, bei Redaktionsschluss war dies aber noch unklar.

Schiff	Baujahr	Passagiere
Star Clipper	1991	170
Star Flyer	1992	170
Royal Clipper	2000	227

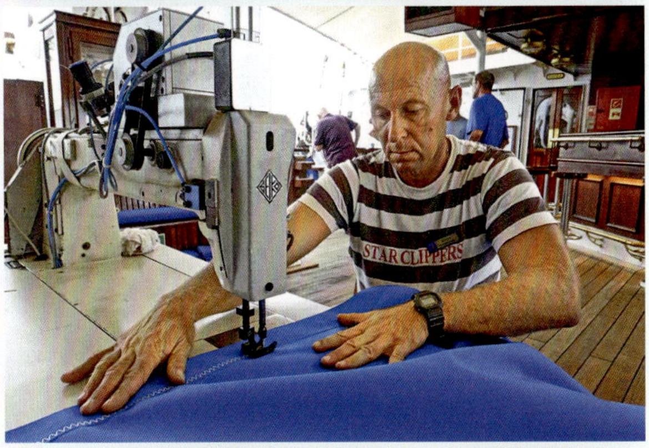

Foto: Uwe Bahn (2), Star Clippers

ROMANTIK: Foto-Tender um das Schiff mit voller Takelage gehören bei Star Clippers ebenso dazu wie Segelkunde

Foto: Star Clippers

DATEN & FAKTEN

BRZ 5.000	**Passagiere** 227
Länge 134,00 m	**Crew-Mitglieder** 106
Breite 16,00 m	**PCR (Pass. pro Crew)** 2,6
Indienststellung 2000	**PSR (Platzangebot)** 18
Renovierung 2007	**Passagierdecks** 4
Bordsprache Dt., Engl., Frz.	**Restaurants/Bars** 1/2

Kabinen	110 (104 außen, 6 innen), davon 14 Suiten mit Balkon, 2 Eignerkabinen; Größen: ca. 10–33 qm
Sport & Wellness	3 Pools, Morgengymnastik, Tauchen, Wasserski, Surfen, Dingi-Segeln, Fitnesscenter
Info-/Entertainment	Nautikkunde, Livemusik, Quiz, Talentshow, Modenschau etc.
Dresscode	kein Dresscode, zum Abendessen im Restaurant lange Hosen
Preis pro Nacht	€ 117 bis € 675; Durchschn. € 404
Info	Star Clippers, Monaco info.monaco@starclippers.com www.starclippers.com Star Clippers Kreuzfahrten Tel. (0511) 72 66 59 13

PROFIL

Info-/Entertainment	1½
Sport & Wellness	3
Gastronomie	3½
Familienfreundlichkeit	1½
Service	3½
Routing	3½

Royal Clipper

Fünf Masten, 5.000 Quadratmeter Segelfläche – und tolle Routen in der Karibik und im Mittelmeer

Lange galt die **Royal Clipper** als der größte echte Kreuzfahrtsegler unserer Zeit. Bis zu 227 Passagiere nimmt sie mit und bietet ihnen ein schickes, aber zwangloses Ambiente. Im beeindruckenden dreistöckigen Atrium wird zu Livemusik vom prächtigen Flügel gespeist – auch beim Abendessen ohne Krawattenzwang oder feste Sitzordnung, dafür mit aufmerksamem Service und guter Qualität. Überflüssige Pfunde können im kleinen Fitnessbereich „Captain Nemo Lounge" abtrainiert werden oder auch beim Wassersport. Die ausklappbare Badeplattform am Heck dient als Heimathafen für Kanu & Co. Auch Schnorchel-Equipment steht den Gästen zur Erforschung der Unterwasserwelt bereit. Wer lieber hoch hinaus will, kann seine Nerven beim Mastklettern testen. Keine Sorge: Es geht nur bis zum ersten Krähennest, und das vollständig gesichert. Wer nicht schwindelfrei ist, lässt einfach von der Sonnenliege oder den drei Pools auf dem Oberdeck aus den Blick in die Masten schweifen. Wer will, schaut auch dem Kapitän bei der Arbeit über die Schulter, so nah ist man sonst nicht am Geschehen. Und der beste Platz an Bord? Im Bugsprietnetz liegend genießt der Gast, fast frei schwebend, den Blick auf den Himmel über und das Meer unter sich. Manchmal surfen dort Delfine auf der Bugwelle …

Fahrgebiete 2023

Bis April Antillen ab/bis Barbados, von Mai bis Oktober Mittelmeer, ab/bis Cannes, Málaga, Civitavecchia oder Venedig; dann Rückkehr in die Karibik.

Star Clipper

Foto: Star Clippers

Star Clipper & Star Flyer

Cruisen wie auf alten Clipperschiffen: Wind und Wellen bestimmen den Weg

Kreuzfahrt auf die ganz andere Art: Tief entspannt liegt man im Netz unterm Klüverbaum, tankt Sonne, hört den Wellen zu. Oder klettert – gut gesichert – ins Krähennest, um die Aussicht aus luftiger Höhe zu genießen. Magisch sind auch die Momente des Segelsetzens, wenn die Deckhands in die Masten steigen, Seilwinden knarren und das Tuch sich entfaltet. Da darf das Tagesprogramm gern überschaubar sein: sanfte Morgengymnastik an Deck, vielleicht etwas Wassersport oder eine Massage, ein Besuch in der gemütlichen Bibliothek, abends Livemusik an der Tropical Bar – open Air natürlich. Kurzum: Das Seglerleben ist extrem entspannt für die internationale Gästeschar dieses wunderbaren Schiffsduos. Schnell kommt man miteinander in Kontakt, tauscht sich über die Faszination des Segelns aus. Dazu gibt es beste Küche, gute Weine und einen zuverlässigen, persönlichen Service. Abends lässt man sich in den maritim gestalteten Kabinen sanft in den Schlaf wiegen. In Südostasien bietet ein unabhängiger Tauchlehrer auf der **Star Clipper** so oft wie möglich Tauchgänge für Anfänger und Fortgeschrittene an. Kein Wunder, dass mehr als die Hälfte der Gäste wiederkommt.

Fahrgebiete 2023

Thailand, Malaysia und Indonesien stehen nicht mehr auf dem Fahrplan, stattdessen setzen beide Schiffe in den Sommermonaten im Mittelmeer die Segel, im Winter in der Karibik bzw. an der Pazifikküste Costa Ricas und Nicaraguas

DATEN & FAKTEN STAR CLIPPER

BRZ 3.092	**Passagiere** 170
Länge 115,50 m	**Crew-Mitglieder** 74
Breite 15,00 m	**PCR (Pass. pro Crew)** 2,3
Indienststellung 1991/92	**PSR (Platzangebot)** 18,2
Renovierung 2014/15	**Passagierdecks** 4
Bordsprache Dt., Engl., Frz.	**Restaurants/Bars** 1/2

Kabinen	84 (78 außen, 6 innen), davon 8 Suiten, 1 Eignerkabine; Größen: 9–21 qm
Sport & Wellness	2 Pools, Morgengymnastik, Kajak, Wasserski, Surfen, Dingi-Segeln, Schnorcheln, Tauchen
Info-/Entertainment	Nautikkunde, Livemusik, Quiz, Talentshow, Modenschau etc.
Dresscode	kein Dresscode, zum Abendessen im Restaurant lange Hosen
Preis pro Nacht	€ 96 bis € 647; Durchschn. € 392
Info	Star Clippers, Monaco info.monaco@starclippers.com www.starclippers.com Star Clippers Kreuzfahrten Tel. (0511) 72 66 59 13

PROFIL

Info-/Entertainment
Sport & Wellness
Gastronomie
Familienfreundlichkeit
Service
Routing

SH Minerva

Foto: Swan Hellenic

DATEN & FAKTEN SH MINERVA

BRZ 10.500	**Crew-Mitglieder** 120
Länge 115,00 m	**PCR (Pass. pro Crew)** 1,3
Breite 23,00 m	**PSR (Platzangebot)** 69,1
Indienststellung 2022	**Passagierdecks** 7
Bordsprache Englisch	**Restaurants** 2
Passagiere 152	**Bars** 2

Kabinen	76 Kabinen, davon 16 außen, 54 mit Balkon, zusätzlich 4 Suiten und 2 Premium-Suiten; Größen: 19–49 qm
Sport & Wellness	Infinity-Pool, Whirlpool, Fitnesscenter, Sauna, Massagen, Beautysalon
Info-/Entertainment	Pianist, Labor, Bibliothek, wissenschaftliche Lektorate durch Experten verschiedener Fachrichtungen
Dresscode	leger
Preis pro Nacht	€ 768 bis € 1.356; Durchschn. € 970
Info	Swan Hellenic Cruises, Düsseldorf Tel. (0211) 13 866 125 www.swanhellenic.com

PROFIL

Info-/Entertainment	⚓⚓⚓⚓
Sport & Wellness	⚓⚓⚓⚓
Gastronomie	⚓⚓⚓⚓½
Familienfreundlichkeit	⚓⚓½
Service	⚓⚓⚓⚓½
Routing	⚓⚓⚓⚓⚓

Swan Hellenic

Mit kleinen Expeditionsschiffen luxuriös die entlegensten Orte der Welt entdecken

Mit der **SH Minerva** legte Swan Hellenic den Grundstein als neue Reederei im Expeditionssegment. Das Konzept: „See What Others Don't." Fernab klassischer Ziele überzeugt Swan Hellenic mit Vielfalt in der Routengestaltung und kleinen Schiffen, die für Extreme gebaut wurden. 152 Gäste können mit SH Minerva und der baugleichen **SH Vega** die Welt auf Fünf-Sterne-Niveau erkunden. Mit einer Länge von 115 Metern und der Eisklasse PC 5 können die Schiffe zum Beispiel auch polare Regionen erreichen. Der Komfort an Bord soll das Erlebnis in den Destinationen nicht in den Schatten stellen. Die Einrichtung im „Scandinavian Chic" ist dezent, wirkt dennoch äußerst hochwertig. Großzügige Kabinen punkten mit virtuellem Kamin, die meisten haben einen privaten Balkon. Kulinarisch werden die Gäste im „Swan's Restaurant" verwöhnt, die zum Menü korrespondierenden Weine sind im Reisepreis enthalten – ebenso wie die meisten Getränke in der Barkarte. Im Basecamp hat jede Kabine einen Schrank für die Expeditionsausrüstung, die bei Zodiac-Fahrten und Anlandungen benötigt wird. Diese sind ebenso inkludiert wie ein Landausflug pro Hafen und eine Vorübernachtung im Hotel am Starthafen der Kreuzfahrt. 2023 ergänzt die **SH Diana** die Flotte und bietet Kabinen für etwa 40 zusätzliche Gäste.

Fahrgebiete 2023

Auf Arktis und Antarktis liegt der Fokus. Die **Minerva** kreuzt zudem in Asien, Südsee und Australien, die **Vega** passiert Afrika, die **Diana** befährt Europa.

TUI Cruises

Die „Wohlfühlflotte“ vereint mit ihrem beliebten Inklusivkonzept immer mehr Fans hinter sich

Mit schlauen Marketingideen für deutsche Babyboomer positionierte sich das Joint Venture von **TUI** und **Royal Caribbean** 2009 mit der **Mein Schiff 1** (zuvor **Celebrity Galaxy**) und der 2010 folgenden **Mein Schiff 2** (zuvor **Celebrity Mercury**) rasch am Markt. Längst steht fest, dass die Hamburger die Lücke zwischen klassischem Luxus und legerem Spaßschiff-Feeling treffsicher gefunden haben. Kern des Konzepts ist das „Wohlfühl“-Versprechen: Sport & Spa, gastronomische Vielfalt und stilvoll gestaltete Interieurs lösen das ebenso ein wie die „Premium alles inklusive“-Angebote: Getränke und Trinkgelder sind im Reisepreis eingeschlossen. Auch der große Saunabereich ist kostenlos. Dazu kommt zeitgemäßes Entertainment, auch mit Events, die in der deutschen Kreuzfahrt stilbildend waren, von „Rockliner“ und „Full Metal Cruise“ bis zum „Jeckliner“ oder der „Club Cruise“. 2014 startete der erste eigene Neubau **Mein Schiff 3**, gefolgt von **Mein Schiff 4**, **5** und **6** bis 2017. 2018 wurde mit der etwas größeren (neuen) **Mein Schiff 1** wieder von vorn gezählt, da die alte „1“ konzernintern nach Großbritannien wechselte, wo sie nun als **Marella Explorer** fährt. Die alte „2“ bleibt noch bis 2023 erhalten und fährt unter dem Namen **Mein Schiff Herz** besondere Routen, die sich im Sommer zu langen Reisen kombinieren lassen. TUI Cruises hat noch keine LNG-Schiffe im Programm, aber das wird mit den Neubauten Mein **Schiff 7** und **8** nachgeholt. Diese mit rund 166.000 BRZ vermessenen Schiffe werden von der Fincantieri-Werft in Monfalcone bei Triest gebaut und gehen nach bisherigen Planungen 2024 und 2026 in Dienst.

Schiff	Baujahr	Passagiere
Mein Schiff Herz	1997/2011	1.912/2.390
Mein Schiff 3	2014	2.506/k.A.
Mein Schiff 4	2015	2.506/k.A.
Mein Schiff 5	2016	2.534/k.A.
Mein Schiff 6	2017	2.534/k.A.
Mein Schiff 1	2018	2.948/k.A.
Mein Schiff 2	2019	2.948/k.A.

Fotos: TUI Cruises

AUSRUHEN ODER FEIERN: Beides kann man auf den Schiffen von TUI Cruises gut. Es gibt sogar einen Robo-DJ

Mein Schiff 1

Foto: TUI Cruises

DATEN & FAKTEN MEIN SCHIFF 1

BRZ 111.500	**Crew-Mitglieder** 1.200
Länge 315,70 m	**PCR (Pass. pro Crew)** 2,5
Breite 35,80 m	**PSR (Platzangebot)** 37,4
Indienststellung 2018	**Passagierdecks** 16
Bordsprache Deutsch	**Restaurants** 12
Passagiere 2.894/k. A.	**Bars** 15

Kabinen	1.447, davon 1.300 außen und 1.147 mit Balkon, 30 Suiten, 10 barrierefrei; Größen: 17–113 qm
Sport & Wellness	25-m-Pool, Joggingtrack (438 m), Spa & Meer mit Saunalandschaft, Massagen, Treatments etc., Fitnessclub, Kurse, Personal Trainer, Yoga, Indoor-Sportarena u. v. m.
Info-/Entertainment	Comedy, Stand-up & Kammerspiel in der Schaubühne, Diskothek, kl. Casino, Malatelier, Kinderclub, viele Themenreisen
Dresscode	leger bis sportlich-elegant
Preis pro Nacht	€ 100 bis € 809; Durch. € 196
Info	TUI Cruises, Hamburg Tel. (040) 286 67 71 11 www.tuicruises.com

PROFIL

Info-/Entertainment	⚓⚓⚓⚓½
Sport & Wellness	⚓⚓⚓⚓⚓
Gastronomie	⚓⚓⚓⚓
Familienfreundlichkeit	⚓⚓⚓⚓½
Service	⚓⚓⚓½
Routing	⚓⚓⚓½

Mein Schiff 1 & 2

Das „Sportschiff" und das „Designschiff" – beide mit „Wohlfühlkonzepten" in Bestform

Die neue **Mein Schiff 1**, im Mai 2018 gestartet, präsentiert das Wohlfühlkonzept von TUI Cruises in Bestform. „Premium alles inklusive" ist gesetzt, ebenso die Vielfalt bei Entertainment und Gastronomie – mit Neuheiten wie den Restaurants „Fischmarkt" (Sushi & Co.), „Manufaktur" (Kreativküche) oder der Craft-Beer-Bar „Ebbe & Flut". Das Studio bzw. Klanghaus heißt nun Schaubühne und zeigt Comedy und Kleinkunst. Den deutlichsten Akzent aber setzen Sport und Wellness. Mit einer überdachten Sportarena, mit einer 438 Meter langen Joggingbahn, die im ansteigenden Bogen ums Heck führt, mit modernsten Geräten im Fitnessclub – und natürlich mit dem 25-Meter-Pool. Bekannt ist auch der gläserne „Diamant" im Heck mit Kaffee-Lounge und Rundumblick aufs Meer, und die Kabinen überzeugen mit frischen, maritimen Designs und viel Platz. Apropos Design: Das ist die Karte, auf welche die neue **Mein Schiff 2** setzt. Anfang 2019 in Lissabon getauft, ist sie in puncto Architektur, Sportangebot und Gastronomie eine weitgehend identische Schwester der „1". Mit ihrem zeitgeistigen, von drei renommierten Designern gestalteten Ambiente aber ist sie eine spannende neue „Mein-Schiff-Welt", die auch Jüngere zu Fans machen will.

Fahrgebiete 2023

Mein Schiff 1: bis April Karibik, dann Transatlantik zum Sommerhafen Bremerhaven, später Ostsee ab Warnemünde, Kanaren. **Mein Schiff 2:** bis April Karibik, dann westl. und östl. Mittelmeer, später Orient.

Foto: TUI Cruises

Mein Schiff 4

Mein Schiff 3 bis 6

Viel Platz zum Wohlfühlen und gastronomische Vielfalt kennzeichnen die vier Schwestern

Die ersten Neubauten aus dem Hause TUI Cruises starteten zwischen 2014 und 2017 und setzten dabei klare Akzente: Der 25-Meter-Pool war ein Novum in der Kreuzfahrtwelt, ebenso wie der riesige kostenlose Saunabereich mit Meerblick. Von Schiff zu Schiff verfeinerte die Hamburger Reederei das Konzept: Der Innenpool wurde zur Lagune geöffnet, die Arena – Treffpunkt für Ballspiele und Public Viewing – mehr vor Wind und Sonne geschützt. Aus dem Klanghaus – der ersten Philharmonie auf See – auf der 3 und 4 wurde auf der 5 und 6 das Studio mit gemütlicherer Atmosphäre, eigener Bar und Hologramm-Shows. Der exklusive Diamant im Heck beherbergt Zuzahlrestaurants: Besonders beliebt ist das legendäre Steakhaus „Surf & Turf". Der Italiener „La Spezia" hat Ende 2018 auf der 3 und 4 das „Fine Dining" abgelöst, außerdem gibt es hier eine gemütliche „Coffee Lounge" mit Blick aufs Fahrwasser. Auf der 5 und 6 residiert an dieser prominenten Position der Asiate „Hanami by Tim Raue", der aber auf allen vier Schwestern vertreten ist. Wer das „Die ganz große Freiheit"-Paket bucht, kann diese exklusiven Bereiche ohne Zuzahlung nutzen. In den meisten anderen Bereichen des Schiffs greift ohnehin das Erfolgsgeheimnis „Premium alles inklusive".

Fahrgebiete 2023

Mein Schiff 3: Ab/bis Bremerhaven in die Karibik und zurück, dazu u. a. Nordland, Westeuropa. **MS 4:** Kanaren, Mittelmeer, Westeuropa, Ostsee. **MS 5:** u. a. Asien, Orient, Ind. Ozean. **MS 6:** u. a. Orient, Nordsee, Ostsee.

DATEN & FAKTEN MEIN SCHIFF 6

BRZ 99.800	**Crew-Mitglieder** 1.000
Länge 295,00 m	**PCR (Pass. pro Crew)** 25
Breite 35,80 m	**PSR (Platzangebot)** 38,9
Indienststellung 2017	**Passagierdecks** 12
Bordsprache Deutsch	**Restaurants** 12
Passagiere 2.534/k. A.	**Bars** 14

Kabinen	1.267, davon 127 innen, 1.140 außen (963 mit Balkon, 80 Suiten); Größen: 17–54 qm
Sport & Wellness	25-Meter-Pool, „Spa & Meer"-Anwendungen, Saunabereich, Fitnessstudio, Workshops (Pilates, Yoga), Sportplatz, Joggingbahn u. v. m.
Info-/Entertainment	„Holo-Shows" im Studio, Musical, Varieté u. v. m. im Theater, Edutainment & Vorträge, Malatelier, Shops („Neuer Wall"), Themenreisen
Dresscode	leger bis sportlich-elegant
Preis pro Nacht	€ 59 bis € 715; Durchsch. € 211
Info	TUI Cruises Hamburg, Tel. (040) 600 01 51 11 www.tuicruises.com

PROFIL

Info-/Entertainment	⚓⚓⚓⚓◐
Sport & Wellness	⚓⚓⚓⚓◐
Gastronomie	⚓⚓⚓◐○
Familienfreundlichkeit	⚓⚓⚓⚓◐
Service	⚓⚓⚓◐○
Routing	⚓⚓⚓◐○

Mein Schiff Herz

Foto: TUI Cruises

DATEN & FAKTEN

BRZ 76.998	**Passagiere** 1.912/2.390
Länge 262,50 m	**Crew-Mitglieder** 780
Breite 32,20 m	**PCR (Pass. pro Crew)** 2,5
Indienststellung 1997	**PSR (Platzangebot)** 40,3
Renovierung 2019	**Passagierdecks** 10
Bordsprache Deutsch	**Restaurants/Bars** 8/10

Kabinen	956, davon 304 innen, 652 außen (376 mit Balkon, 39 Juniorsuiten, 12 Suiten); Größen: 16–49 qm
Sport & Wellness	2 Pools, 3 Whirlpools, 1.700 qm „Spa & Meer" mit Thalasso, Saunen und Anwendungen, Fitnessstudio mit -kursen, Golfabschlag
Info-/Entertainment	Abend- und Showprogramme, Diskothek, Livemusik, Malkurse, Bibliothek, Kunstgalerie
Dresscode	leger bis sportlich-elegant
Preis pro Nacht	€ 106 bis € 433; Durchschn. € 173
Info	TUI Cruises Hamburg, Tel. (040) 600 01 51 11 www.tuicruises.com

PROFIL

Info-/Entertainment	⚓⚓⚓⚓
Sport & Wellness	⚓⚓⚓⚓
Gastronomie	⚓⚓⚓½
Familienfreundlichkeit	⚓⚓⚓⚓
Service	⚓⚓⚓½
Routing	⚓⚓½

Mein Schiff Herz

Das kleinste und älteste Schiff der Flotte besticht durch viel Charme und Rückzugsraum – noch

Mit dem Start der neuen **Mein Schiff 2** wurde die „alte" Mein Schiff 2 von Florettfechterin Anja Fichtel noch einmal getauft – auf den Namen **Mein Schiff Herz**. Eigentlich sollte sie aussortiert werden, doch das Herzstück der Flotte hatte einfach zu viele Fans und wechselt daher erst 2023 zur britischen TUI-Schwester Marella Cruises. Im Gegensatz zu den jüngeren Flottenmitgliedern hat die Mein Schiff Herz eine Sushi-Bar sowie ein Dinnerzimmer für private Gruppen an Bord. In der Vinothek erlebt man bei Weinverkostungen exklusive Momente, und die Karte des Edelitalieners „La Spezia" stammt aus der Feder von Sternekoch Theodor Falser. Kulinarischer Botschafter im Hauptrestaurant Atlantik ist Johann Lafer. Das Angebot im Buffetrestaurant „Anckelmannsplatz" wird durch „Gosch Sylt" und das italienische Bistro „La Vela" abgerundet. Dazwischen liegt ein loungiger Bereich – je nach Witterung von einem Magrodome überdacht oder unter freiem Himmel. Zwar gibt es hier noch keinen 25-Meter-Pool an Bord, dafür aber flache Becken, in denen man sich wunderbar erfrischen kann. Und der Kidsclub hat sogar einen eigenen Pool.

Fahrgebiete 2023

Ihre letzten Monate in Diensten von TUI Cruises verbringt die Mein Schiff Herz zunächst vor den Kanaren und Kapverden, bevor es dann im April von Teneriffa aus über Las Palmas, Agadir, Lissabon, Cádiz, Gibraltar und Valencia nach Palma de Mallorca geht. Dann ist Schluss, das Schiff wechselt nach England.

Scarlet Lady

Foto: Virgin Voyages

Virgin Voyages

Adults only, Crewmember mit Tattoos – und natürlich gibt es hier auch einen Plattenladen an Bord

Statt eines Dresscodes gibt es bei dieser jungen Reederei einen Plattenladen an Bord, im Spa wartet ein Tattoostudio und mitfahren dürfen ausschließlich erwachsene Gäste. Wenn Sir Richard Branson eine Kreuzfahrtlinie gründet, ist Rock'n' Roll auf dem Schiff angesagt. Der britische Milliardär ist Gründer der Virgin Group, bekannt für eines der größten Musiklabel der Welt. Aber auch mehrere Fluggesellschaften gehören zu seinem Portfolio, darunter Virgin Galactic für die ersten kommerziellen Weltraumflüge. Die 2021 gestartete **Scarlet Lady** trägt denselben Namen wie eines der ersten Flugzeuge von Virgin Atlantic. 2022 folgte die **Valiant Lady**, für 2023 wurde die **Resilient Lady** angekündigt, und 2024 soll die **Brilliant Lady** folgen. Die vier Schwestern stammen von den Fincantieri-Werften. Virgin Voyages inkludiert mehr als 20 gastronomische Outlets, alle Trinkgelder, Wi-Fi, viele Getränke und Gruppenfitnessangebote in den Reisepreis. Auf den Karibikreisen wartet Virgin Voyages mit einem Privatstrand auf den Bahamas auf, dem Beach Club at Bimini.

Fahrgebiete 2023

Die **Scarlet Lady** fährt aktuell von PortMiami aus kürzere Karibikrouten, die **Valiant Lady** und die **Resilient Lady** sind zwischen Mai und Oktober auf einwöchigen Kreuzfahrten ab Barcelona oder Piräus im Mittelmeer unterwegs. Letztere verbringt den Winter 2023/24 rund um Australien und Neuseeland, während Erstere in die Karibik zurückkehrt.

DATEN & FAKTEN SCARLET LADY

BRZ 110.000
Länge 277,00 m
Breite 38,00 m
Indienststellung 2021
Bordsprache Englisch
Passagiere 2.770
Crew-Mitglieder 1.160
PCR (Pass. pro Crew) 2,4
PSR (Platzangebot) 39,7
Passagierdecks 12
Restaurants 9
Bars/Lounges/Cafés 20

Kabinen	1.408, davon 78 Suiten mit Balkon, 86 Prozent Balkonkabinen, Größen: 10–201 qm
Sport & Wellness	Pool, Whirlpools, Kurse, Joggingtrack, Fitnesscenter und Spa, jeweils mit Außenbereich, Sauna, Friseur, Barber Shop
Info-/Entertainment	Musicals, Livemusik, Nachtclub, Casino, Karaokestudio, Plattenladen, Spielezimmer mit Air Hockey, Shuffleboard, Brett- und Kartenspielen, Videospielen
Dresscode	leger
Preis pro Nacht	€ 100 bis € 900; Durchschn. € 265
Info	Virgin Voyages Tel. +44 (20) 30 03 49 19 www.virginvoyages.com

PROFIL

Info-/Entertainment	⚓⚓⚓⚓ (4 von 5)
Sport & Wellness	⚓⚓⚓⚓ (4 von 5)
Gastronomie	⚓⚓⚓⚓ (4 von 5)
Familienfreundlichkeit	(0 von 5)
Service	⚓⚓⚓⚓ (4 von 5)
Routing	⚓⚓⚓ (3 von 5)

SECHS DEUTSCHE HÄFEN von West nach Ost: Bremerhaven (1, wo Phoenix Stammgast ist), Hamburg (2) an der Elbe, die Fördestadt Kiel (3), Lübeck-Travemünde (4), der Exot Wismar (5) und das beliebte Rostock-Warnemünde (6)

ABFAHRT VOR DER HAUSTÜR

Rostock, Hamburg, Kiel und Bremerhaven sind die vier großen deutschen Kreuzfahrthäfen: In guten Reisejahren zählen sie zusammen rund 700 Anläufe. Nur Nebenrollen für Cruiseliner spielen dagegen Travemünde und das beschauliche Wismar

Bremerhaven: Einst wichtiger Hafen für Auswanderer, heute für Kreuzfahrer: Das Columbus Cruise Center bietet Parkplätze direkt am Terminal; wer per Bahn anreist, kann einen Busshuttle nutzen. Die Stadt lockt mit Attraktionen wie dem Auswandererhaus und dem Klimahaus. In der **Saison 2023** starten hier: AIDA, Costa, Phoenix, TUI Cruises und Nicko Cruises.
Info: cruiseport.de

Hamburg: An der Elbe setzt man schon lange auf die Kreuzfahrt. Das Terminal am Grasbrook wird gerade erneuert, ein riesiges Shoppingcenter entsteht. U-Bahn-Anbindung hat aber auch der kompakte Anleger Baakenhöft. Vom Cruise Center Altona aus kann man die Stadt per Hafenfähre erkunden. Für das südlich der Elbe liegende Terminal Steinwerder ist die Verkehrsanbindung leider nicht optimal. In der **Saison 2023** starten in Hamburg vor allem Schiffe von: AIDA, Phoenix, Cunard, Hapag-Lloyd, Explora, MSC, Hurtigruten, Oceania, Nicko Cruises und Plantours mit der – na klar – Hamburg.
Info: hamburgcruisecenter.eu

Kiel: Mit vier Liegeplätzen ist die Stadt an der Förde für die Schifffahrt bestens gerüstet und Vorreiter beim Landstrom. Praktisch: Vom Hauptbahnhof aus kann man zu Fuß zum Schiff laufen, das Taxi braucht fünf bis zehn Minuten. In der **Saison 2023** starten hier vor allem AIDA, Costa, Cunard, MSC, TUI Cruises, Nicko Cruises und Sea Cloud.
Info: portofkiel.com

Lübeck-Travemünde: Als Fährhafen ist die Stadt eine feste Größe, in der Kreuzfahrt spielt sie nur eine Nebenrolle. In der **Saison 2023** startet hier nur die Europa zu einem Nordlandtörn, andere machen aber durchaus an der Trave mal Zwischenstation.
Info: travemuende-aktuell.de

Wismar Unter der Regie Bremerhavens ist Wismar seit 2012 Kreuzfahrthafen, allerdings nur ein kleiner. Auch in der **Saison 2023** wird man deshalb hier nur ein paar Entdeckerschiffe wie Amera, Deutschland oder Seven Seas Navigator sehen, die eine Alternative zu Warnemünde suchen.
Info: cruiseport.de

Rostock-Warnemünde Offiziell Teil des Rostock Port, ist Warnemünde für US-Gäste der Hafen Berlins. Dabei ist das Städtchen selbst sehr reizvoll für einen Tagesaufenthalt: Man kann Am Strom bummeln gehen und bei gutem Wetter am Ostseestrand liegen. **2023** starten hier neben AIDA auch MSC und TUI Cruises.
Info: rostock-port.de

Travemünde
Kiel
3
6
4
Rostock
5
Wismar
2
1
Bremerhaven
Hamburg

NORD-EUROPA

NORD- UND OSTSEE, ISLAND, SPITZBERGEN UND GRÖNLAND

Diese Schiffe (zu finden auf der markierten Seite) kreuzen hier 2023:

AIDAaura 102 /// AIDAbella, diva, luna, mar & sol 103 /// AIDAnova 105 /// AIDAperla & prima 104 /// Amadea 153 /// Amera 154 /// Anthem of the Seas 172 /// Artania 155 /// Azamara Journey & Pursuit 106 /// Celebrity Apex 112 /// Celebrity Silhouette & Summit 111 /// Costa Fascinosa, Favolosa & Firenze 115 /// Deutschland 156 /// Disney Dream 123 /// Explora I 94 /// Europa 127 /// Europa 2 128 /// Fram 135 /// Fridtjof Nansen 135 /// HANSEATIC inspiration & nature & spirit 129 /// Havila Capella & Castor 130 /// Hamburg 158 /// Jewel of the Seas 169 /// L'Austral, Le Boréal 160 /// Le Bellot, Le Champlain & Le Dumont-d'Urville 159 /// Le Commandant Charcot 28 /// Marina 150 /// Mein Schiff 1 188 /// Mein Schiff 3, 4 & 6 189 /// MSC Euribia & Poesia 138 /// MSC Fantasia & Preziosa 140 /// MSC Virtuosa 139 /// Nieuw Statendam 132 /// Norwegian Dawn 146 /// Norwegian Prima 148 /// Norwegian Star 145 /// Ocean Majesty 125 /// Queen Mary 2 119 /// Queen Victoria 120 /// Regal Princess 165 /// Riviera 150 /// Rotterdam 132 /// Sea Cloud Spirit 178 /// Seabourn Ovation 174 /// Seabourn Venture 175 /// Seaventure 136 /// Seven Seas Navigator, Splendor & Voyager 167 /// SH Minerva 186 /// Silver Cloud, Dawn, Endeavour, Moon, Shadow & Wind 180 /// Sky Princess 165 /// Spitsbergen 134 /// Vasco da Gama 144 /// World Voyager 143 /// Zuiderdam 131 ///

Diese Schiffe kreuzen hier 2023:

AIDAaura 102 /// AIDAbella, mar & sol 103 /// AIDAnova 105 /// AIDAperla & prima 104 /// Amadea 153 /// Amera 154 /// Anthem of the Seas 172 /// Artania 155 /// Azamara Journey, Onward & Pursuit 106 /// Celebrity Apex 112 /// Celebrity Silhouette 111 /// Costa Fascinosa, Favolosa & Firenze 115 /// Deutschland 156 /// Disney Dream 123 /// Explora I 94 /// Europa 127 /// Europa 2 128 /// Fridtjof Nansen 135 /// Hamburg 158 /// HANSEATIC nature & spirit 129 /// L'Austral 160 /// Le Bellot & Le Champlain 161 /// Le Commandant Charcot 28 /// Marina 150 /// Mein Schiff 1 188 /// Mein Schiff 3, 4 & 6 189 /// MSC Euribia & Poesia 138 /// MSC Fantasia & Preziosa 140 /// MSC Virtuosa 139 /// Nieuw Statendam 132 /// Norwegian Dawn 146 /// Norwegian Prima 148 /// Ocean Majesty 125 /// Queen Victoria 120 /// Riviera 150 /// Sea Cloud Spirit 178 /// Seabourn Ovation & Quest 173 /// Seabourn Venture 175 /// Seven Seas Navigator, Splendor & Voyager 167 /// Silver Cloud, Dawn, Moon, Nova, Wind 180 /// Sirena 151 /// Sky Princess 165 /// Spitsbergen 134 /// Vasco da Gama 144 /// World Voyager 143 ///

WEST-EUROPA

ENTDECKUNGEN ZWISCHEN CÁDIZ UND HAMBURG IN FRÜHJAHR UND HERBST

AIDAaura 102 /// AIDAbella, mar & stella 103 /// AIDAnova 105 /// Anthem of the Seas 172 /// Azamara Journey & Onward 106 /// Celebrity Infinity 111 /// Costa Diadema 117 /// Le Dumont-d'Urville 159 /// Le Lyrial 160 /// Europa 2 128 /// Hamburg 158 /// Mein Schiff 1 188 /// Mein Schiff 3 & 4 189 /// Mein Schiff Herz 190 /// MSC Virtuosa 139 /// Norwegian Sun 145/// Sea Cloud & Sea Cloud II 177 /// Sea Cloud Spirit 178 /// Silver Moon 180 /// Sirena 151 /// Star Clipper & Flyer 185 /// Vasco da Gama 144 ///

KANAREN

WOHIN IM WINTER? ZU DEN KANAREN UND NACH MADEIRA – DENN DA IST DIE SONNE GARANTIERT

Diese Schiffe (zu finden auf der farblich markierten Seite) kreuzen hier 2023:

AIDAblu & stella 103 /// AIDAcosma 105 /// AIDAprima 104 /// Amadea 153 /// Anthem of the Seas 172 /// Artania 155 /// Azamara Journey, Onward, Pursuit & Quest 106 /// Celebrity Apex, Beyond & Edge 112 /// Celebrity Infinity, Reflection, Silhouette 111 /// Costa Diadema 117 /// Costa Fascinosa, Favolosa, Fortuna & Pacifica 115 /// Costa Smeralda & Toscana 116 /// Disney Dream 123 /// Explora I 94 /// Europa 127 /// Europa 2 128 /// Le Bougainville, Le Champlain, Le Jacques Cartier 161 /// Le Lyrial 160 /// Marina 150 /// Mein Schiff 1 & 2 188 /// Mein Schiff 4 189 /// MSC Bellissima 139 /// MSC Divina, Euribia, Fantasia, Grandiosa, Lirica, Orchestra, Splendida, Sinfonia, World Europa 138 /// MSC Seashore, Seaview 141 /// Nautica 151 /// Nieuw Statendam 132 /// Norwegian Breakaway, Dawn, Epic, Gem, Getaway, Star, Viva 145 /// Norwegian Prima 148 /// Queen Elizabeth & Victoria 120/// Queen Mary 2 119 /// Oosterdam 131 /// Riviera 150 /// Royal Clipper 184 /// Sea Cloud & Sea Cloud II 177 /// Sea Cloud Spirit 178 /// Seabourn Ovation, Quest, Sojourn 173 /// Seven Seas Mariner, Navigator, Splendor, Voyager 167 /// Silver Cloud, Dawn, Moon, Nova 180 /// Sirena 151 /// Sky Princess 165 /// Star Clipper & Flyer 185 /// Symphony of the Seas 171 /// Vasco da Gama 144 /// Vista 95 ///

WESTLICHES MITTELMEER

SPANIEN, FRANKREICH, ITALIEN: EINES DER VIELFÄLTIGSTEN KREUZFAHRTREVIERE EUROPAS LOCKT MIT BEKANNTEN HÄFEN

Triest
Venedig
Savona
Genua
La Spezia
Monte Carlo
Nizza
Cannes
Livorno
Marseille
Split
Adriatisches Meer
Dubrovnik
Korsika
Ajaccio
Civitavecchia
Rom
Barcelona
Bonifacio
Olbia
Bari
Neapel
Menorca
Mallorca
Maó
Sardinien
Tyrrhenisches Meer
Ibiza
Palma de Mallorca
Ibiza
Cagliari
Mittelmeer
Palermo
Messina
Trapani
Sizilien
Catania
Ionisches Meer
Algier
Tunis
Syrakus
Malta
Sousse
Valletta
Tripolis

Diese Schiffe (zu finden auf der farblich markierten Seite) kreuzen hier 2023:

AIDAblu 103 /// Amadea 153 /// Azamara Journey, Onward, Pursuit & Quest 106 /// Celebrity Apex, Beyond & Edge 112 /// Celebrity Constellation, Infinity & Reflection 111 /// Celestyal Crystal 114 /// Costa Deliziosa, Fortuna, Pacifica 115 /// Costa Toscana 116 /// Disney Dream 123 /// Explora I 94 /// Europa 127 /// Europa 2 128 /// Le Bougainville, Le Champlain, Le Jacques Cartier 161 /// Le Lyrial 160 /// Marina 150 /// Mein Schiff 2 188 /// Mein Schiff 5 & 6 189 /// MSC Armonia, Divina, Lirica, Musica, Opera, Poesia, Sinfonia, Splendida 138 /// Nautica 151 /// Nieuw Statendam 132 /// Norwegian Breakaway, Dawn, Epic, Gem, Getaway, Jade & Viva 145 /// Ocean Majesty 125 /// Odyssey of the Seas 172 /// Oosterdam 131 /// Queen Victoria 120 /// Riviera 150 /// Royal Clipper 184 /// Sea Cloud II 177 /// Seabourn Encore & Quest 173 /// Seven Seas Mariner, Navigator, Splendor & Voyager 167 /// Silver Cloud, Moon, Nova & Spirit 180 /// Sirena 151 /// Star Flyer 185 /// Vasco da Gama 144 /// Vista 95 ///

ÖSTLICHES MITTELMEER

HIER GEHT ES NICHT NUR UM DOLCE VITA, SONDERN AUCH UM KULTUR: VENEDIG, ATHEN, ALEXANDRIA – DIE WIEGE UNSERER ZIVILISATION LIEGT IM OSTEN DES MARE MEDITERRANEUM

Odessa
Krim
Jalta
Constanza
Schwarzes Meer
Varna
Burgas
Dubrovnik
Kotor
driatisches
Meer
Bari
Istanbul
Korfu
Ägäis
Ionisches Meer
Athen
Kuşadası
Katakolon
Nauplia
Mykonos
Bodrum
Antalya
Santorin
Rhodos
Heraklion
Kreta
Mittelmeer
Zypern
Limassol
Beirut
Haifa
Alexandria
Port Said
Kairo, Gizeh

New Orleans
Galveston
Port Canaveral
Fort Lauderdale
Golf von Mexiko
Miami
Nassau
Bahamas
Havanna
Kuba
Cienfuegos
Cancún
Merida
Cozumel
Santiago de Cuba
Cayman
Islands
Costa Maya
Montego Bay
Falmouth
Kingst
Jamaika
Belize City
Karibisches Meer
Tegucigalpa
Managua
Cartagen
San José
Colón
Panama City

Diese Schiffe (zu finden auf der farblich markierten Seite) kreuzen hier 2023:

AIDAbella, diva & luna 103 /// AIDAperla 104 /// Artania 155 /// Azamara Onward 106 /// Carnival diverse (darunter Vista, Mardi Gras & Horizon) 107 /// Celebrity Apex, Beyond, Edge & Equinox 111 /// Costa Fascinosa & Pacifica 115 /// Disney Dream, Fantasy, Magic, Wish 121 /// Emerald Princess 164 /// Eurodam 131 /// Europa 127 /// Europa 2 128 /// Explora I 94 /// Hamburg 158 /// HANSEATIC inspiration 129 /// Insignia 151 /// Le Bellot & Le Dumont-d'Urville 159 /// Mein Schiff 1 & 2 188 /// Mein Schiff 3, 4 & 6 189 /// MSC Divina, Mafnifica, Meraviglia 138 /// MSC Seascape, Seashore & Seaside 141 /// Nieuw Amsterdam & Nieuw Statendam 131 /// Norwegian diverse (darunter Dawn, Gem, Getaway & Joy) 145 /// Norwegian Prima 148 /// Royal Caribbean diverse (darunter Anthem of the Seas, Freedom of the Seas, Independence of the Seas) 169 /// Queen Mary 2 119 /// Regal Princess 164 /// Riviera 150 /// Rotterdam 132 /// Royal Clipper 184 /// Ruby Princess 164 /// Scarlet Lady 191 /// Sea Cloud & Sea Cloud II 177 /// Sea Cloud Spirit 178 /// Seabourn Ovation & Quest 173 /// Seven Seas diverse (darunter Grandeur, Mariner & Navigator) 167 /// Silver Dawn, Moon & Nova 180 /// Sirena 151 /// Sky Princess 164 /// Star Clipper & Flyer 185 /// Vista 95 /// World Voyager 143 ///

KARIBIK

TÜRKISBLAUES WASSER, TRAUMHAFTE STRÄNDE, LEBENSFROHE RHYTHMEN: DAS LIEBLINGSMEER DER AMERIKANER

Diese Schiffe (zu finden auf der farblich markierten Seite) kreuzen hier 2023:

Anthem of the Seas 172 /// Caribbean Princess 164 /// Carnival Legend, Magic & Sunshine 107/// Celebrity Equinox, Silhouette & Summit 111 /// Disney Wish 124 /// Emerald Princess 164 /// Enchantment of the Seas 169 /// Eurodam 131 /// Europa 127 /// Europa 2 128 /// Freedom of the Seas 170 /// Grandeur of the Seas 169 /// Hamburg 158 /// HANSEATIC inspiration & spirit 129 /// Jewel of the Seas 169 /// Le Bellot, Le Dumont-d'Urville 159 /// Liberty of the Seas 169 /// Mein Schiff 6 189 /// MSC Meraviglia 139 /// Norwegian Escape, Getaway, Pearl & Sky 145 /// Oasis of the Seas 171 /// Queen Mary 2 119 /// Regal Princess 164 /// Riviera 150 /// Rotterdam 132 /// Royal Princess 165 /// Seabourn Quest 173 /// Serenade of the Seas 169 /// Seven Seas Mariner & Navigator 167 /// Silver Cloud, Shadow 180 /// Vision of the Seas 169 /// Zaandam 131 ///

NORD-AMERIKA

ATLANTIK VON HALIFAX BIS ZU DEN BAHAMAS – MIT DEN GROSSEN SEEN

SÜD-AMERIKA

AMAZONAS – UND DANN BIS USHUAIA? DER KONTINENT BIETET NOCH MEHR

Diese Schiffe kreuzen hier 2023:

Azamara Pursuit & Quest 106 /// Celebrity Eclipse & Infinity 111 /// Costa Favolosa, Firenze & Fortuna 115 /// Europa 127 /// Europa 2 128 /// Fram 133 /// Hamburg 158 /// HANSEATIC inspiration & spirit 129 /// Insignia 151 /// L'Austral, Le Boréal & Le Lyrial 160 /// Marina 150 /// MSC Armonia, Fantasia, Musica & Preziosa 138 /// MSC Seashore & Seaview 141 /// Norwegian Star 145 /// Oosterdam, Volendam & Zaandam 131 /// Roald Amundsen 135 /// Sapphire Princess 164 /// Seabourn Quest 173 /// Seabourn Pursuit & Venture 175 /// Seven Seas Mariner & Voyager 167 /// Silver Cloud, Explorer, Moon, Shadow, Wind 180 /// Silver Origin 182 /// Royal Princess 165 /// World Voyager 143 ///

Wladiwostok
Peking
Tianjin
Pusan
Tokyo
Nordpazifik
Osaka
Fukuoka
Shanghai
Hongkong
Chan May
Bangkok
Ho-Chi-Minh-Stadt
Singapur
Jakarta
Bali
Darwin
Île
de Pins
Fiji
Tonga
Brisbane
Adelaide
Sydney
Bay of
Islands
Auckland
Melbourne
Hobart
Christchurch

Diese Schiffe kreuzen hier 2023:

Amadea 153 /// Amera 154 /// Azamara Quest 106 /// Carnival Luminosa 109 /// Carnival diverse (darunter Miracle, Splendor & Spirit) 107 /// Celebrity Flora, Xpediton & Xploration (Galapagos) 113 /// Celebrity Eclipse, Millennium 111 /// Princess Cruises (diverse) 164/// Disney Wonder 122 /// Holland America Line (diverse) 131 /// HANSEATIC nature 129 /// Le Lapérouse 159 /// Le Soléal 160 /// Europa 127 /// Europa 2 128 /// Nautica, Regatta 151 /// Norwegian diverse (darunter Bliss, Encore & Sun) 145 /// Paul Gauguin 162 /// Queen Elizabeth & Victoria 120 /// Royal Caribbean diverse 169 /// Seaboun diverse 173 /// Seven Sea Explorer & Mariner 167 /// Silversea diverse 180 ///

Südpazifik

PAZIFIK

VON ALASKA NACH DOWN UNDER, ÜBER HAWAII NACH SHANGHAI: HIER SIND KREUZFAHRTEN MITUNTER WELTREISEN – ODER ENTDECKERTOUREN AUF DEM GALAPAGOSARCHIPEL

Suez
Hurghada
Bahrain
Dubai
Qatar
Abu Dhabi
Muskat
Rotes Meer
Salala
Wadi Hadramaut
Sana'a
Mukalla
Aden
Arabisches Meer
Mogadischu
Masal Mara
Nairobi
Mombasa
Seychellen
Sansibar
Daressalam
Komoren
Nosy Be
Antananarivo
Mauritius
Madagaskar
La Réunion
Kruger-Nationalpark
Maputo
Durban
Weinroute
Kapstadt
Garden Route
Port Elizabeth
Kap-Halbinsel

Diese Schiffe kreuzen hier 2023:

AIDAaura 102 /// AIDAbella, blu & sol 103 /// AIDAcosma 105 /// Amadea 153 /// Amera 154 /// Artania 155 /// Azamara Journey, usuit & Quest 106 /// Celebrity Edge, Millennium & Solstice 111 /// oral & Diamond Princess 164 /// Costa Toscana 116 /// Europa 127 /// Europa 2 128 /// HANSEATIC nature 129 /// Insignia, Nautica & egatta 151 /// Mein Schiff 2 188 /// Mein Schiff 5 & 6 189 /// MSC Opera, Orchestra, Sinfonia, Splendida, Virtuosa, World Europa 138 /// Norwegian Dawn & Jewel 145 /// Ponant diverse 159 /// Queen Elizabeth & Victoria 120 /// Queen Mary 2 119 /// Riviera 150 /// eabourn Encore & Sojourn 173 /// Seven Seas Explorer & Mariner 167 /// Silversea diverse 180 /// Spectrum of the Seas 169 /// Vasco da Gama 144 /// World Voyager 143 ///

INDISCHER OZEAN

BLAUE WUNDER VOM KAP DER GUTEN HOFFNUNG BIS ZU DEN TRAUMSTRÄNDEN SÜDOSTASIENS

GEREIST & GETESTET

FLUSS

WACHAU UND DONAU:
Ein weißes Flussschiff zieht an Dürnstein und den Terrassen der Weinbauern vorbei – ein Ort, an dem sich Tradition und Moderne begegnen

Foto: Stockphoto/getty images

A-ROSA AKKU

KEINE REEDEREI STEHT SO FÜR INNOVATION AUF DEM FLUSS WIE DIESE. MIT MODERNEM DESIGN UND EBENSOLCHEN KONZEPTEN WOLLEN DIE ROSTOCKER EINE NEUE ZIELGRUPPE AN BORD HOLEN. DER JÜNGSTE NEUBAU A-ROSA SENA SETZT MIT HYBRIDANTRIEB EIN ZEICHEN FÜR NACHHALTIGKEIT – HAT ABER NOCH VIEL MEHR ZU BIETEN

VON UWE BAHN (TEXT UND FOTOS)

AUSBLICK: Die A-ROSA Sena hat – neben sieben Suiten – auch 119 Balkonkabinen. Dort kann man sich in Ruhe das Lichtspiel der Natur anschauen

S

Stolz steht Kapitän Ulli Schwalbe vor einer Wand, die aussieht wie die Schließfächer einer Postfiliale. Was sich hier unter Deck versteckt, sind die A-ROSA-Akkus. Batterien, die Energie für den E-Antrieb liefern. Mit dem kann das Schiff eine knappe Stunde lang alternativ fahren. Wenn die A-ROSA Sena eine der Metropolen anläuft, wird von Diesel auf Elektro umgestellt. Emissionsfreies und geräuschloses Cruisen. Nicht rund um die Uhr, aber immerhin mehr als eine Fünf-Minuten-Turbine.

Überhaupt, was hier an Filtern und Abgasnachbehandlung verbaut ist, setzt ein ökologisches Zeichen der Zeit. Es ist fast klinisch rein dort in den Katakomben, durch die der Kapitän die Führungen leitet, als wäre es sein Eigenheim. Aber auch oben an Deck kleine Details der Nachhaltigkeit: Die ausgedruckten Tagesprogramme sind abgeschafft. Stattdessen ist alles digital auf den Kabinen-Flatscreens oder in den öffentlichen Räumen nachzulesen. Papierlos. Auch Plastik fehlt fast völlig an Bord. Im Restaurant gibt es eine vegane Ecke, die allerdings von der klassischen Zielgruppe auf dem Weg zum Rinderfilet meist umkurvt wird. Dann gießt sich aber doch jemand Hafermilch in seinen Kaffee.

Apropos Zielgruppe. A-ROSA hat längst erkannt, dass in seinen schicken Lounge-Möbeln kein Schaukelstuhl-Publikum sitzen muss. Die Rostocker Reederei setzt seit einigen Jahren auch verstärkt auf Familien. Die haben auf Deck 1 der A-ROSA Sena ihr eigenes Refugium bekommen, sogar mit einem Kids Club. Ein Novum auf dem Fluss. Sind mehr als fünf Kinder eingecheckt, ist eine pädagogische Betreuung mit an Bord fast wie auf der Hochsee. Dazu gibt es zwölf Familienkabinen, in denen sogar Eltern mit drei Kindern Platz finden. Und oben auf dem Sonnendeck haben die Jüngsten einen eigenen Pool, an dem XXL-Wasserpistolen installiert sind. Deren Radius und Reichweite sind – zum Glück – begrenzt.

A-ROSA hat erkannt, dass in seinen Lounge-Möbeln kein Schaukelstuhl-Publikum sitzen muss

Die Außendecks auf der A-ROSA Sena sind weitläufig. Auf dem Sonnendeck gibt es sogar einen Jogging-Parcours und zwei beheizte Pools. Dazu die hydraulisch versenkbare „Up & Down"-Bar. Meistens ist sie down: Während der Fahrt durch Belgien und die Niederlande kann das Sonnendeck nicht betreten werden. Dann fährt auch Kapitän Ulli hydraulisch eine Etage tiefer, bevor eine Brücke seine Brücke köpft. Das größte Flussschiff Europas ist Maßarbeit und fährt passgenau auf den Kanälen unserer Nachbarn. Bei Hochwasser kann es knapp werden. Aber dafür gibt es vorne und hinten weitere Open-Air-Flächen. Dabei ist der „Captain's View" eines der Highlights. Einen besseren Blick hat der Kapitän auch nicht. Die gesamte Bugspitze spendiert A-ROSA seinen Passagieren, die es sich in hochwertigen Outdoor-Möbeln gemütlich machen können. Dazu werden am Platz die Drinks serviert – auch auf der A-ROSA gilt „Premium alles inklusive". Der Service ist sehr stimmig und eingespielt, obwohl das Schiff gerade erst wenige

MODERN EINGERICHTET:
Erstmals wurde bei A-ROSA ein Spezialist für Hoteldesign mit der Innengestaltung eines Schiffs beauftragt

AUF DER GRACHT:
Rein elektrisch geht es bei diesem einstündigen Ausflug voran – alle Getränke sind im Preis enthalten

Wochen im Fahrwasser ist. Die Heck-Außenplätze heißen „Riverside“ und gehören zum Buffetrestaurant. Dort gibt es das klassische Showcooking wie auf der AIDA, dessen Schwester die Fluss-Variante A-ROSA einst war. Im Restaurant kann es zu den Essenszeiten eng werden: Bei Belegung aller Betten sind immerhin über 300 Passagiere an Bord. Zum Glück schluckt der Teppich den Geräuschpegel. Wer bedient werden möchte, kann auf den „Sena-Grill“ ausweichen. Die Surf- & Turf-Küche kostet extra.

Auf Deck 4 des Schiffs sind die meisten öffentliche Bereiche untergebracht. Wer die kleine Weinbar passiert und dort nicht gegen die Scheibe rennt, landet in der großen Lounge mit der zentralen „Sena-Bar“. Sehr stilvoll, die A-ROSA-Architekten wussten, was sie taten. Die Lounge

HOLLAND ERLEBEN:
Die Bloemgracht in Amsterdam ist ein beliebtes Fotomotiv – und das Fahrrad hier ein sehr nützliches Verkehrsmittel

MIT KUSSMUND:
So wie der Bug bei AIDA verziert ist, gehören auch bei A-ROSA rote Lippen am Bug zur Corporate Identity. Beide waren einst Schwestern

ELEKTRISCH UNTERWEGS:
Kapitän Ulli Schwalbe bei den Akkupacks der A-ROSA Sena. Mit diesen Batterien kann das Schiff fast eine Stunde lang abgasfrei fahren

ist auch das Epizentrum des Entertainments. Auf anderen Schiffen ertönt dort schon mal „Muss i denn zum Städtele hinaus". Diese Art der Unterhaltung hat A-ROSA vor Jahren verbannt, und das ist gut so. An dessen Stelle steht nun ein DJ-Pult, Gastkünstler treten auf. Mit dem Iren Norman Hartnett haben sie auf dieser Reise einen guten Griff gemacht. Eine akustische Gitarre, ein guter Gesang und die richtigen Songs – dann passt es. Das Passagiere wissen es zu würdigen. Den Sound der „goldenen Hochzeit" vermisst niemand wirklich. Eine große LED-Wand und zwei große versenkbare Screens könnten die Lounge auch zum Public-Viewing-Erlebnis machen. Gerade jetzt zur WM. Und dazu fährt das Schiff noch durch Holland – die Brisanz wird quasi „frei Haus" geliefert. Bisher gucken Fußballfans

ENTERTAINMENT:
Musiker Norman Hartnett aus Irland hat eine akustische Gitarre, einen guten Gesang und die richtigen Songs mitgebracht – schon passt es

eher in die Röhre. Schade. Der Empfang dürfte auf dem Fluss einfacher sein als fernab auf See.

Auch wenn es auf der Strecke zwischen Duisburg und der Grenze streckenweise ein mobiles Niemandsland gibt, das Bord-WLAN funktioniert. Darüber lässt sich dann auch die neue A-ROSA-App nutzen, die durch die Funktion eines digitalen Reiseführers erweitert werden soll. So bekommen die Passagiere in Echtzeit zu den relevanten Stromkilometern die passenden Informationen. So ähnlich wie beim Hop-on-Hop-off-Bus in den bekannten Großstädten.

Durch ihre Schiffsgröße hat die A-ROSA Sena ein festes Routenrevier: Sie wird immer auf dem nördlichen Rhein fahren, entweder ab Köln, manchmal auch ab Düsseldorf. Und die Ziele, das sind wahrlich keine „Städtele", sondern faszinierende Metropolen. Amsterdam, das Gesamtkunstwerk aus Giebeln und Grachten, ist meist die erste Station. Der Anleger ist in der Nähe der Centraal Station, des Bahnhofs. Natürlich gehört die Grachtentour zum Standardausflugsprogramm. Aber es empfiehlt sich die eigene Erkundungstour. Wer durch die A-ROSA-eigene E-Mobilität auf den Geschmack gekommen ist, der sollte unbedingt in Amsterdam mit den kleinen E-Boutique-Booten eine Tour machen. Sie sind individueller, fahren auch durch die kleinen Kanäle. Dazu „all you can drink" in der Open Bar für 35 Euro und eine Stunde ausgelassene Stimmung. Niemand muss zurück an Bord hetzen: Die A-ROSA Sena liegt in der Regel über Nacht in Amsterdam und auch in Rotterdam. Eine komfortable Städtereise, die durchaus für ein junges Publikum attraktiv sein könnte. Und für ein jung gebliebenes – der Coffeeshop „The Bulldog" hat ja bereits 1974 in Amsterdam eröffnet. Die Konsumenten von damals sind heute klassische Fluss-Klientel.

Auch der Liegeplatz in Rotterdam ist zentral nur wenige Gehminuten von der neuen Markthalle und den Cube-Häusern entfernt. Hier steht auch eines der wenigen verbliebenen historischen Häuser der Stadt: Das „Weiße Haus" ist ein Bürohochhaus aus dem 19. Jahrhundert, direkt am alten Hafen mit der kleinen Kneipenszene. Über Dordrecht geht es dann nach Antwerpen. Eine Stadt, die auch ein „Overnight" verdient hätte. Die Diamanten- und Modemetropole an der Schelde hat ihr historisches Flair vor allem rund um den Grote Markt und die Kathedrale.

Der letzte Flusstag an Bord. Vor allem jetzt beginnt der Run auf Deck 1. Dort unten ist die Kernkompetenz von A-ROSA auf extra vielen Quadratmetern: Fitness und Wellness. Von der Sauna bis zur Eisgrotte, vom Whirlpool bis zum Ruheraum mit Fake-Kamin. Dazu eine Geräte-Landschaft und Anwendungsräume. Auf den Trend hat A-ROSA schon vor Jahren gesetzt, als die Klientel noch „Kur" statt „Spa" gesagt hat.

Das Schiff hat den Rhein wieder erreicht, die Reling auf dem Sonnendeck ist wieder hochgeklappt, einige Tische und Stühle sind besetzt. Viele sitzen jedoch auf ihrem besonderen Stück Privatheit: dem eigenen Balkon. Vor Jahren noch eine Fluss-Utopie, haben hier auf der A-ROSA Sena alle Standardkabinen auf Deck 2 und Deck 3 einen Balkon. Und der ist nicht französisch, sondern hat tatsächlich Platz für zwei Personen. Der perfekte Ort für den Sonnenaufgang und Sonnenuntergang auf dem Fluss. So gleitet das größte Flussschiff Europas nach einer Woche wieder Köln entgegen. Fast lautlos scheint es zu schweben. Oder hat Kapitän Ulli jetzt schon auf A-ROSA-Akku umgestellt?

ROTTERDAM:
Das Witte Huis war vor 125 Jahren der größte Jugendstil-Wolkenkratzer Europas. Heute stehen moderne Türme drumherum

KURS AUF BERLIN

MIT DER SERRAHN QUEEN DER BERGEDORFER SCHIFFFAHRTSLINIE VON HAMBURG IN DIE HAUPTSTADT

VON SVEN SCHNEIDER

POLITIK HAUTNAH:
Die Serrahn Queen fährt direkt am Bundestag vorbei

B

Bereits die erste Kontaktaufnahme mit der Bergedorfer Schifffahrtslinie lässt aufhorchen. Auf die Frage, ob es denn während der angebotenen Flussreise über die Kanäle zwischen Hamburg und Berlin irgendein Entertainment an Bord des Ausflugsschiffs Serrahn Queen gebe, stockt die freundliche Dame am Telefon. Um dann, nach kurzem Zögern, einzuräumen: „Wir haben Brettspiele. Aber die nutzt eigentlich keiner." Sonstige Zerstreuung an Bord: ein Stapel tagesaktueller Zeitungen, ein paar Magazine – das war's.

Minimalismus pur. Allerdings nicht aus Versehen oder Finanzknappheit, sondern aus voller Überzeugung, wie der Eigentümer der nach eigener Darstellung mit zwei Fahrgastschiffen kleinsten Reederei Hamburgs betont. „Das ist eine grundehrliche Geschichte", sagt Heiko Buhr. „Wir wollen unseren Gästen die Wasserstraßen zeigen, die sie so garantiert noch nie gesehen haben." Und da würde Ablenkung jedweder Art eher stören, wie Binnenschifffahrtskapitän Buhr betont.

„Die meisten anderen Schiffe könnten diese Route gar nicht fahren"

Die Natur gibt ihm recht. Eigenhändig steuert der 51-Jährige die Serrahn Queen über die Dove Elbe durch die Vier- und Marschlande, von alters her der Obst- und Gemüsegarten der Hansestadt. Der Trubel einer Millionenmetropole ist hier weit entfernt. Im Gegenteil: Windmühlen und Treibhäuser stehen am Ufer, Bäume recken ihre Äste wie dichte Fächer über das Flussbett, ein paar Graureiher stürzen sich in mäandernden Seitenarmen auf Nahrungssuche ins Wasser.

Manchmal ist die Fahrrinne so eng, dass meterhohes Schilf am Schiff schabt, während es sich mit gerade mal zwölf Stundenkilometern in Richtung Elbe-Seitenkanal schiebt. Zügiger geht es nicht. „Die meisten anderen Schiffe könnten diese Route gar nicht fahren", sagt Buhr.

Die 33 Meter lange Serrahn Queen kommt auf gerade mal 110 Zentimeter Tiefgang – ähnlich wie die ortstypischen Ewer, jene Segelschiffe mit Flachkiel, die an den zahlreichen Anlegern am Ufer vertäut sind. Diesen Booten fällt das Navigieren in dem vor langer Zeit eingedeichten Seitenarm der Elbe leicht, während große Kabinenschiffe, wie sie beispielsweise auf der Donau kreuzen, hier definitiv aufgeschmissen wären.

Zumal diese Schiffe nach Meinung von Reeder Buhr den Sinn einer Flussreise ins Gegenteil verkehren: Um die Fahrt als solches gehe es da nicht, sondern eher darum, möglichst viele Orte abzuklappern. Und damit die Passagiere tagsüber die angesteuerten Städte erkunden können, „klüddern diese Pödde meistens abends oder nachts", wie er in seinem hartnäckigen Hamburger Dialekt sagt. Von den Schönheiten der Landschaft kriegen die Passagiere deswegen kaum etwas mit. Seit 2017 fährt Buhr mit GTL, einem Kraftstoff, der aus Gas gewonnen wird und bis zu 90 Prozent geruchsärmer, bis zu 70 Prozent schadstoffärmer als Schiffsdiesel und zudem biologisch abbaubar ist. Im Schnitt verbraucht die Serrahn Queen pro Tag und pro Fahrgast nur zwei Liter davon.

Die maximal 50 Gäste, die auf der Serrahn Queen über die norddeutschen Kanäle schippern, wissen das – und haben sich genau deswegen für eine Tour mit der Bergedorfer Schifffahrtslinie entschieden. Vielen ist das Hetzen durch mehrere Städte an Rhein, Mosel oder Donau auch einfach zu stressig. Elisabeth Runge beispielsweise, eine 88-Jährige, die eigentlich anders heißt, ihren richtigen Namen aber nicht gedruckt lesen will, hat schon zahlreiche Touren mit großen Kreuzfahrtschiffen gemacht.

Sie hat Feuerland umrundet, den Panamakanal durchfahren, Bangkok gesehen, in Australien die Füße in den Pazifik getaucht. Mehr als 100 besuchte Länder stehen auf ihrer eindrucksvollen Liste. Ihr hohes Alter sei allerdings nicht der Grund, solche Reisen nicht mehr ins Auge zu fassen. „Ich habe viel von der Welt gesehen", sagt die fidele Rentnerin, die sich nach jedem Mittagessen an Bord ein Glas Rotwein gönnt. „Aber meine Heimat kam immer zu kurz. Ich will entdecken, was Norddeutschland zu bieten hat." Nach den beeindruckenden Flussauen der Dove Elbe und der herbstlichen Vegetation der Lüneburger Heide, die an den ersten beiden Tagen an den Passagieren vorbeiziehen, ist das leider erst mal nicht viel. Vor allem das Stück zwischen Wolfs-

Fotos: Bergedorfer Schifffahrtslinie

GLIENICKER BRÜCKE: Zu Zeiten des Kalten Krieges wurden hier an der Grenze die Agenten ausgetauscht

SONNENDECK: Der perfekte Platz bei gutem Wetter

KAPITÄN: Auf der Serrahn Queen fährt der Chef selbst: Heiko Buhr ist Flussschiffer und zugleich Unternehmer

burg und Magdeburg auf dem Elbe-Havel-Kanal ist, genau genommen, Ödnis pur. Wenig Bewuchs schmückt das Ufer, die betonierten Mauern des Kanalbeckens kennen kaum Abwechslung.

Die Passagiere stört es nicht. Sie sitzen auf dem Panoramadeck in gemütlichen Sitzecken und Liegestühlen, betrachten die Landschaft, dösen in der Sonne und entspannen. Diverse Schleusen, ein Shopping-Ausflug ins Wolfsburger Designer-Outlet-Center oder die Autostadt des VW-Konzerns sind die Höhepunkte des Tages. Anschließend hat Kapitän Buhr Pause, seine Passagiere fahren mit dem Bus weiter in ihr Vier-Sterne-Hotel in der Magdeburger Innenstadt, suchen sich dort ein Restaurant, relaxen im hoteleigenen Spa oder tapern erkundungswillig durch die Landeshauptstadt Sachsen-Anhalts.

Ein weiterer Unterschied zu den herkömmlichen und viel größeren Kabinenschiffen. Dort beziehen die Passagiere ihre eigene Kabine, während die Gäste der Serrahn Queen jeden Nachmittag in ein anderes Hotel gehen. Für Marion, die sich kurz vor Brandenburg an der Havel auf dem Panoramadeck des Schiffs in eine weiche weiße Decke kuschelt, ist das ideal. „Ich schlafe lieber in einem echten Bett als in einer engen Koje", sagt die 62-Jährige, die gemeinsam mit ihrem Lebensgefährten die Tour nach Berlin gebucht hat. Ob es sie

BERLINER DOM: Das imposante Bauwerk spiegelt sich in der Fensterscheibe des kleinen Flussschiffs

REFUGIUM: Wenn die Serrahn Queen das Babelsberger Schloss passiert, werden an Bord die Kameras gezückt

nicht stört, dass es kaum ein vorgegebenes Programm auf der Reise gibt? „Überhaupt nicht“, sagt sie, „für mich ist das Entschleunigung pur.“ Schließlich könne sich jeder selbst überlegen, wie er die Nachmittage und Abende auf der Fahrt gestaltet. „Wir sind ja alle drei mal sieben.“

Der Altersschnitt auf den Flussreisen der Bergedorfer Schifffahrtslinie ist tatsächlich ein wenig höher als auf anderen Schiffen – doch Heiko Buhr legt Wert darauf, dass es sich um keine reine Rentnerbespaßung handelt. „Zwei oder drei jüngere Pärchen sind immer dabei“, sagt er, die meisten seien aus Hamburg und Umgebung.

So oder so, die Gäste schätzen vor allem auch den sanften Tourismus. Denn die Nutzung der Ressourcen an Land bringe jeder Stadt etwas, im Gegensatz zu den großen Kreuzfahrern. Denn vor Ort übernachten die Gäste, besuchen noch Restaurants oder kulturelle Sehenswürdigkeiten. Auch das Catering für das Mittagessen an Bord wird von Land bezogen, jeden Tag frisch und regional wechselnd. Die letzte Etappe zwischen Brandenburg an der Havel und Berlin entschädigt für die ein oder andere Länge an den vorherigen Tagen. Frühmorgens bricht die Serrahn Queen auf, lediglich ein paar Reiher auf Nahrungssuche durchbrechen den Morgennebel über der Havel. Der Bewuchs wird dichter, spätestens auf Höhe Potsdam und dem Wannsee sieht man vor lauter Weiden, Birken und Eichen kaum noch die zahlreichen Villen am Flussufer. Oft verrät nur ein einsamer Bootssteg die Anwesenheit menschlichen Lebens.

Eingerahmt von den typischen bunten und kleinen Bungalowbooten, den sogenannten BunBos, nähert sich das Binnenschiff langsam Berlin. Die geringe Höhe der Serrahn Queen von 3,30 Metern ist ideal für das Brücken- und Kanalnetz der Hauptstadt. Die maximale Durchfahrtshöhe sind vier Meter, die wenigsten Ausflugsschiffe können das einhalten. Und als das Schiff dann den Spreebogen erreicht und den Reichstag auf Steuerbord passiert, versammeln sich alle Passagiere auf dem Panoramadeck, „um mal dem Kanzler zuzuwinken“, wie Heiko Buhr sagt. Kurz darauf legt sein Schiff nahe der Friedrichstraße an. Berlin ist an diesem Tag angenehm ruhig, der übliche Trubel der Weltstadt scheint meilenweit entfernt. Für viele, die die Ruhe auf der Serrahn Queen so sehr genossen haben, das passende Entree zurück ins Großstadtleben.

Foto: Oliver Asmussen

HIER KOMMT DIE LADY

ES MUSS NICHT IMMER DIE WEITE WELT DER SEEREISE SEIN, HEIMISCHE GEWÄSSER HABEN AUCH VIEL ZU BIETEN. UNTERWEGS AUF DEM MAIN MIT DER LADY DILETTA

VON SUSANNE HAMANN

2020 in Dienst gestellt: Lady Diletta von Plantours

M

Man nennt sie scherzhaft „die Schleuserbande". Drei Herren gesetzteren Alters in karierten Kurzarmhemden, sportlichen Hosen und Trekkingsandalen, die während der Fahrt mit Begeisterung am Bug sitzen. Hier haben sie alles im Blick. Ab und zu wandert eine auf den Kopf geschobene Lesebrille runter auf die Nase, um Unterlagen zu studieren. Wann kommt die nächste Staustufe? Wie viele Meter wird die Lady Diletta angehoben? Höhe über Normalnull, Beckenlänge, Verweildauer – es gibt viel zu notieren. „Auf den Großen Seen in den USA ist das ja noch viel beeindruckender. Da müssen fast 100 Meter überbrückt werden", sagt der Herr auf der Steuerbordseite und malt ein Häkchen auf seine Liste.

Schleusen sind die Fahrstühle der Wasserwege. Diese Meisterwerke der Ingenieurskunst stehen alle paar Kilometer plötzlich im Weg. Das Schiff fährt in die Schleusenkammer, dann schließt sich dahinter ein Tor. Wasser strömt ein und hebt den in diesem Fall 135 Meter langen Flusskreuzer nach oben. Auf dem Rückweg wird das Wasser abgelassen, um die Schiffe nach unten zu befördern.

„Wir haben mehrere Leute mit Patent, damit wir uns beim Fahren abwechseln können"

In den Schleusen muss die Mannschaft der Lady Diletta Präzisionsarbeit leisten. Zwischen Schiffswand und Schleusenmauer sind kaum zwei Handbreit Platz. Passagiere mit langen Armen könnten die Blumen pflücken, die sich aus Mauerritzen gen Sonne recken. Ein Schild an den Kabinenfenstern warnt jedoch davor, sich unbedacht im falschen Moment nach draußen zu lehnen. „Da kann man sich den Kopf stoßen oder schlimmer verletzen", warnt Kapitän Radek Dupal eindrücklich.

Der 52-jährige Tscheche ist einer von drei Kapitänen an Bord. „Wir haben hier mehrere Leute mit Patent, damit wir uns beim Fahren abwechseln können", erzählt er. In der Flusskreuzfahrt tragen die Schiffsführer nicht nur die Verantwortung, sie legen auch richtig Hand ans Steuerrad. „Der Main ist ein anspruchsvolles Revier – nautisch eine Herausforderung", sagt Dupal. Kurvenreich, schmal, gespickt mit jeder Menge Schleusen. Dafür gibt es weniger Verkehr als zum Beispiel auf dem Rhein.

Wer will, kann unterwegs dem Kapitän bei der Arbeit zusehen. Denn die Brücke ist kein versteckter Bereich, sondern befindet sich gut einsehbar in einem kleinen Kabuff an Deck. Besucher, die an die Scheibe klopfen, sind willkommen. Dupal fuhr früher Tankschiffe für niederländische und belgische Reedereien, vor acht Jahren heuerte er bei Plantours Kreuzfahrten an. Die Arbeit mit „sprechender Ladung" macht Radek Dupal viel Spaß: „Es hat viele Vorteile. Mit einem Tanker muss man aus Sicherheitsgründen immer weit draußen anlegen. Das ist hier anders. Da liegen wir mitten in der Stadt." Allerdings sei die Verantwortung natürlich viel größer, wenn man Menschen befördert.

„In Pandemiezeiten steigen immer mehr Kreuzfahrtfans von der Hochsee auf den Fluss um", hat auch Kreuzfahrtdirektorin Sarah Pingel beobachtet. Sie selbst arbeitete lange für Plantors auf dem Kreuzer MS Hamburg und hat jetzt ebenfalls den Fluss für sich entdeckt. Die Passagiere auf dieser Reise auf Rhein, Main und dem Main-Donau-Kanal haben zum größten Teil schon das Rentenalter erreicht und genießen nun das Leben. „Unser Schiff verfügt zwar über Aufzug und Treppenlift, aber wirklich behindertengerecht ist es nicht", sagt Sarah Pingel. Auch wer eine auf den ersten Blick behäbig wirkende Flusskreuzfahrt unternehmen möchte, sollte gut zu Fuß sein. Immerhin: Die Liegezeiten werden oft großzügig bemessen – manchmal bleibt ein Kreuzer sogar über Nacht. Viel Zeit, um einen Ort zu erkunden.

Das Schiff Lady Diletta verfügt über 92 Kabinen für 172 Passagiere. Es gibt ein schickes Restaurant, über der Bar wölbt sich ein Glasdach und lässt wie in einem Wintergarten viel Licht ins Innere. Taupefarbene Einbauschränke, passende Teppichböden in Fischgrätmuster, seidig schimmernde Tapeten – die Kabinen sind edel eingerichtet. Eine Schiebetür aus Milchglas führt ins Bad, das mit Waschtisch in Marmoroptik und einer großzügigen Dusche punktet. Die Betten sind alle so ausgerichtet, dass man in Fahrtrichtung schläft. „Das ist für viele Gäste sehr wichtig", sagt die Kreuzfahrtdirektorin. Bei offenem Fenster plätschert das

Fotos: Oliver Asmussen

MODERNES INTERIEUR: Die Lady Diletta bietet ihren Gästen geräumige Kabinen (fast alle mit französischem Balkon), ein Sonnendeck, die Restaurants „Tiepolo" und „Canaletto", einen Fitnessbereich und eine ansprechende Möblierung. So lässt es sich an Bord des 135 Meter langen und zwölf Meter breiten Schiffs gut aushalten. Für die maximal 172 Passagiere stehen um die 45 Crew-Mitglieder parat

Wasser sanft vor sich hin. Vögel zwitschern. Entschleunigung pur. Das 2020 gebaute Schiff ist mit modernster Technik ausgestattet und zuckelt fast vibrations- und geräuschlos mit einer Geschwindigkeit von durchschnittlich zehn bis 15 Kilometern pro Stunde stromaufwärts. Mancher Radler am Ufer feiert unerwartete Erfolgserlebnisse, indem er oder sie die Lady Diletta fast mühelos und lässig überholt.

Die Flusskreuzfahrtbranche ist vom Pegelstand der Gewässer abhängig, muss daher hin und wieder die Fahrpläne ändern. Besonders im trockenen Sommer 2022 ein großes Problem, das mit dem Klimawandel zu tun hat, aber auch am Umgang mit dem Rohstoff an sich. Schon vor einigen Jahren regnete es so wenig, dass der untere Rhein und die Mosel zu wenig Wasser hatten. Die Reedereien kommandierten ihre Schiffe Richtung oberer Rhein und nach Holland ab.

Zu viel Wasser ist aber auch schlecht: Denn dann kommen selbst die kleinen Dampfer irgendwann nicht mehr unter den Brücken hindurch, und der Betrieb muss eingestellt werden. Bei Hochwasser kann Kapitän Radek Dupal sein Steuerhäuschen hydraulisch einen halben Meter nach unten fahren. Dann wird auch das Sonnendeck aus Sicherheitsgründen gesperrt, alle Möbel entfernt, der Schornstein abgeschraubt und die Geländer umgeklappt. Doch es gibt eine halbe Treppe tiefer einen weiteren Außenbereich, auf dem man gemütlich sitzen kann.

„Wir verteilen die Kabinen über zweieinhalb Decks, sodass wir auch bei schlechtem Wetter oder der Unterfahrt von Brücken Gästen einen Aufenthalt im Außenbereich ermöglichen“, sagt Silvio Ciprietti, Direktor Cruise Division bei der Ligabue Group. Das italienische Unternehmen mit Sitz in Venedig ist die Muttergesellschaft von Plantours Kreuzfahrten. Der Bremer Veranstalter betreibt vier Flusskreuzfahrtschiffe. Die Lady Diletta ist das jüngste Mitglied der Flotte. Es wurde in den Niederlanden konstruiert und im Juni 2020 getauft. Doch wie kommt man bloß auf den für deutsche Ohren möglicherweise lustig klingenden Namen? Ganz einfach: Das Schiff wurde nach der jüngsten Tochter von Inti Ligabue, dem Chef der Ligabue Group benannt. Die kleine Diletta ist 2019 geboren und war bei der Taufe „ihres“ Schiffs dabei.

Auf der Route liegen Orte, die man sonst nur aus den Staumeldungen im Verkehrsfunk kennt: In Seligenstadt winken Menschen mit Leintüchern. In Würzburg-Randersacker watschelt eine Entenmutter mit vier Küken am Ufer vorbei. Weil die Städte nicht weit auseinanderliegen stehen

KAPITÄN Radek Dupal fuhr früher Tankschiffe für belgische und niederländische Reedereien, seit acht Jahren ist er bei Plantours

an vielen Reisetagen gleich zwei Ziele auf dem Plan. Morgens Frankfurt, abends Aschaffenburg. Oder morgens Miltenberg, abends Wertheim. Ein großer Vorteil im Vergleich zur Hochseereise: Von den Anlegestellen sind es meist nur wenige Schritte in die Stadt.

Städte, Burgen, Kirchen – entlang großer Flüsse wie dem Rhein oder der Donau gibt es unterwegs eine Menge zu sehen. Der Main hingegen ist eher für Naturfreunde und Technikfreaks geeignet. Die einen freuen sich über einen im Tiefflug vorbeijagenden Fischreiher. Die anderen fachsimpeln über Schleusen.

> „Wir bieten auch bei schlechtem Wetter oder unter Brücken einen Aufenthalt im Außenbereich“

Erstaunlich viele Profis haben sich vorab informiert und eine Liste mitgebracht. Wer erst an Bord seine Begeisterung für Schiffshebeanlagen entdeckt, kann sich bei Kreuzfahrtdirektorin Sarah Pingel eine Liste geben lassen und die 52 Schleusen auf der Route auswendig lernen. In Freudenberg (Schleuse Nummer 12) sind Natur- und Technikfans gleichermaßen begeistert: Zwei Schwäne sind vor das Schiff geschwommen und spielen Anhalter. Wie Boote in einer Wildwasserbahn schaukeln sie hektisch auf und ab, als sich die Kammer zischend und strudelnd mit Wasser füllt. Oben angekommen gleiten die Vögel lässig durch das sich langsam öffnende Tor zur Seite, als wüssten sie genau, dass das kleine Abenteuer sonst nicht gut für sie ausginge. Es gibt mehr Schleusenprofis, als man so denkt.

Meer geht nicht.
A-ROSA SENA
DAS NEUE
PREMIUM
ALLES
INKLUSIVE

1AVISTA REISEN 229 ///
AMADEUS FLUSSKREUZFAHRTEN 231 ///
AMAWATERWAYS 233 ///
A-ROSA FLUSSSCHIFF 234 ///
CROISIEUROPE/ANTON GÖTTEN REISEN 237 ///
NICKO CRUISES FLUSSREISEN 240 ///
PHOENIX REISEN 243 ///
PLANTOURS KREUZFAHRTEN 246 ///
EXCELLENCE/REISEBÜRO MITTELTHURGAU 248 ///
SE-TOURS 250 ///
THURGAU TRAVEL 251 ///
VIVA CRUISES 252 ///

SCHIFFE & ROUTEN

SÜSSWASSER

1AVista Reisen

Ein neues Schiff für den Rhein – und weiterhin die Kreuzfahrten für Hundeliebhaber

Die Kölner Fluss-Experten setzen 2023 auf die bewährten Fahrgebiete Donau, Rhein, Mosel, Neckar, durch Holland und Belgien, an der kroatischen Küste sowie auf Nil und Mekong. In den letzten Monaten wurden **VistaRio** und **Switzerland** renoviert, die runderneuerte **Royal Emerald** ist dazugekommen und seit Juni 2022 auf dem Rhein sowie in Holland und Belgien unterwegs. Eine Besonderheit der Reederei sind die Hundekreuzfahrten, bei denen Vierbeiner herzlich willkommen sind und sogar ein Hundetrainer mit an Bord ist. Dafür kommen die Schiffe **Junker Jörg** und **Rigoletto** zum Einsatz. Auf dem Nil wurden Schiffe der Premiumkategorie unter Vertrag genommen. In Kroatien gibt es Verträge mit verschiedenen Motorjachten und -seglern, von denen aus man Badefreuden erleben kann. Bei einigen ausgewählten Reisen können Singles Doppelkabinen zur Alleinbenutzung buchen – für einen moderaten Aufpreis. Reisen zum Blumenparadies Keukenhof, zu Weihnachtsmärkten und über die Feiertage und den Jahreswechsel runden das Programm von 1AVista Reisen ab.

Schiff	Baujahr	Passagiere
Rigoletto	1987/2003	120
Junker Jörg	1991/2012	112
Mekong Prestige II	2013	64
VistaSun	2007/2021	170
VistaStar	2018	196
VistaFidelio	1995/2020	146
VistaSky	2020	181
Switzerland	1988/2022	113
VistaRio	2006/2022	192
Royal Emerald	2008/2022	166

Fotos: 1AVista Reisen

BEWÄHRT: Die Schiffe von 1AVista sind nicht brandneu, werden aber immer wieder zeitgemäß renoviert

Royal Emerald

Foto: 1AVista Reisen

DATEN & FAKTEN

Länge 135,00 m
Breite 11,40 m
Tiefgang keine Angaben
Indienststellung 2008
Passagiere 166
Crew-Mitglieder 42
Bordsprache Deutsch
Passagierdecks 3+SD
Bars 1
Restaurants 1

Kabinen	83 Außenkabinen, davon 67 auf Mittel- und Oberdeck mit Balkonen; Größe: ca. 20–28 qm. Nicht barrierefrei
Sport & Wellness	Sonnendeck, kleiner Fitnessraum
Info-/Entertainment	Themenabende, Livemusik, Quizveranstaltungen und Vorträge
Dresscode	leger bis sportlich-elegant
Preis pro Nacht	ab € 150
Info	1AVista Reisen Köln, Tel. (0221) 99 80 08 00 www.1avista.de

PROFIL

Kabine/Raumangebot	⚓ ⚓ ⚓ ⚓ ◐
Ausflüge/Programm	⚓ ⚓ ⚓ ◐ ○
Gastronomie	⚓ ⚓ ⚓ ⚓ ○
Service	⚓ ⚓ ⚓ ⚓ ○

Royal Emerald

Stilvolle Eleganz auf 135 Metern – gestartet wird im Schatten des Kölner Doms

Mit der 2008 gebauten **Royal Emerald** verstärkt 1AVista Reisen das Angebot auf dem Rhein. Rechtzeitig zum Start im Sommer 2022 wurde einiges in das Schiff investiert, sodass es in der Deluxe-Klasse nun ein modernes und stilvolles Ambiente bietet. Besonders fällt das Moderne in der Lobby ins Auge. Restaurant und Kabinen setzen auf klassischere Formen und Farben. Während die Fenster der günstigeren Kabinen auf dem Hauptdeck nicht geöffnet werden können, verfügen alle anderen Kabinen über Balkone. Bei kühler Witterung bieten diese einen schönen Sitzbereich – fährt man die Panoramascheibe bei schönem Wetter herunter, entsteht ein offener Balkon, von dem man das Flusspanorama genießen kann. Deutsch als Bordsprache und die Bordwährung Euro sorgen für einen entspannten Urlaub. Durch die zentralen Liegeplätze in den meisten Städten kann man auf individuelle Entdeckungstouren gehen. Alternativ gibt es ein Ausflugsprogramm mit Stadtbesichtigungen, Bustouren und Bootsausflug. Bei den Ausflügen steht den Gästen ein modernes Audiosystem zur Verfügung, sodass man den Guide per Funkverbindung hört und deshalb auch in der Gruppe etwas mehr Freiraum für eigene Entdeckungen hat. Wer es ganz bequem mag, bucht die Anreise mit Haustürabholung.

Fahrgebiete 2023

Holland und Belgien (7 Nächte), Rhein stromaufwärts in Richtung Basel (7 Nächte), Rhein bis Amsterdam und Basel (14 Nächte) jeweils ab/bis Köln.

Amadeus Flusskreuzfahrten

Die eleganten und luxuriösen Flussschiffe aus Österreich erfüllen gehobene Ansprüche

Die **Amadeus Flusskreuzfahrten GmbH** vermarktet von ihrem Leonberger Verkaufsbüro aus die Premium-Schiffe des österreichischen Familienunternehmens **Lüftner Cruises**. Die Reederei betreibt ihre Flotte in Eigenregie und setzt auf 40 Jahre Erfahrung im Tourismusbereich. Auch in den Jahren 2022 und 2023 kamen und kommen neue Schiffe ins Programm – die nicht nur durch die moderne Gestaltung auffallen, sondern auch durch erstklassige Kulinarik und die herzliche Atmosphäre an Bord. Luxus bedeutet auch im Flussbereich, Gäste zu begeistern. Sei es mit einem Infinity-Pool auf dem Sonnendeck, großen absenkbaren Panoramafenstern oder einem gut ausgestatteten Sonnendeck. Daneben steht auch Nachhaltigkeit auf dem Programm. Gerade erst wurde die Reederei mit dem „Green Award" ausgezeichnet. Dieser wird von einer unabhängigen Jury mit Blick auf hohe Standards in den Bereichen Umwelt, Sicherheit und Qualität vergeben. Das gilt zum Beispiel für die Nutzung von Landstrom an den Liegeplätzen. Neben den klassischen Flusskreuzfahrten auf Rhein, Main und Mosel, Donau sowie den holländischen und belgischen Wasserwegen hat Amadeus auch Reisen auf der Seine sowie auf Rhône und Saône im Programm. Golf-Themenkreuzfahrten bringen die Gäste bei achttägigen Reisen zu den schönsten Golfplätzen. So kann man im Kreis von Gleichgesinnten einen schönen Urlaub auf den Flüssen verbringen und nebenbei einige Stunden auf dem Golfplatz verbringen.

Schiff	Baujahr	Passagiere
Amadeus Diamond	2009	146
Amadeus Brilliant	2011	150
Amadeus Silver II	2015	168
Amadeus Silver III	2016	168
Amadeus Provence	2017	140
Amadeus Queen	2018	162
Amadeus Star	2019	164
Amadeus Imperial	2020	168
Amadeus Cara	2022	162
Amadeus Riva	2023	158

Fotos: Amadeus Flusskreuzfahrten

ELEGANT: Die Schiffe von Amadeus Flusskreuzfahrten erfüllen auch sehr hohe Ansprüche der Passagiere

Amadeus Cara

Foto: Amadeus Flusskreuzfahrten

DATEN & FAKTEN

Länge 135,00 m	**Crew-Mitglieder** 46
Breite 11,40 m	**Bordsprache** Deutsch, Englisch
Tiefgang k.A.	**Passagierdecks** 3+SD
Indienststellung 2022	**Bars** 2
Passagiere 162	**Restaurants** 1

Kabinen	81, davon 10 Suiten mit 26,4 qm und 71 Kabinen mit 16–17,5 qm; 55 mit absenkbarer Panorama-Fensterfront und 10 mit einem begehbaren Balkon
Sport & Wellness	Massage, Shuffleboard, Schach und Putting Green auf dem Sonnendeck, Fitnessraum mit Geräten
Info-/Entertainment	Livemusik, abendliche Unter--haltungsprogramme, Lektorenvorträge, TV, Video
Dresscode	sportlich-leger bis elegant
Preis pro Nacht	ab € 150
Info	Amadeus Flusskreuzfahrten München, Tel. (089) 87 80 64 97 www.amadeus-flusskreuzfahrten.de

PROFIL

Kabine/Raumangebot	⚓ ⚓ ⚓ ⚓ ⚓
Ausflüge/Programm	⚓ ⚓ ⚓ ◐ ○
Gastronomie	⚓ ⚓ ⚓ ⚓ ◐
Service	⚓ ⚓ ⚓ ⚓ ◐

Amadeus Cara

Luxuriöser Flusskreuzer mit großzügig geschnittenen Balkonkabinen

Suiten mit begehbaren Balkonen und großzügige Kabinen mit absenkbarer Fensterfront: So hat die Innsbrucker Reederei Lüftner Cruises das Flusskreuzfahrterlebnis neu definiert. Die angenehm geschnittenen Kabinen verfügen über einen begehbaren Kleiderschrank und die in der gehobenen Hotellerie übliche Ausstattung. Bei einem Schiff mit diesem Anspruch dürfen auch ein moderner Fitnessraum und ein Massageraum für Spa-Anwendungen nicht fehlen. Eine weitere Besonderheit sind die liebevoll gestalteten kleinen Rückzugsräume überall im Schiff. Einen Kaffee im „Amadeus-Club" im Heck? Ein Blick auf die nächste Brücke oder Schleuse von der „River Terrace" am Bug? Selbst einen kleinen Bord-Shop hat man untergebracht. Große Panoramafenster sorgen dafür, dass man in Restaurant und Lounge nichts von der Landschaft verpasst. Im großzügig gestalteten Restaurant, in dem eine exzellente Gastronomie gepflegt wird, finden alle Gäste gleichzeitig Platz. Auf dem Sonnendeck warten Shuffleboard, Schach und Putting Green sowie überdachte Bereiche zum Relaxen. Internetzugang über WLAN ist genauso im Reisepreis enthalten wie Getränke bei den Mahlzeiten, Wasser in der Kabine und eine Reiserücktrittsversicherung.

Fahrgebiete 2023

Im Frühjahr Tulpenkreuzfahrt ab/bis Amsterdam, Rhein- bzw. Donaukreuzfahrten (8 Tage), Fahrten von Passau bis ins Donaudelta (16 Tage), Adventskreuzfahrt auf dem Rhein (5 Tage).

AmaWaterways

Flüsse aus einer anderen Perspektive sehen – auf Schiffen, die zu den besten der Welt zählen

Manchmal ist ein Blick von außen spannend: Viele Gäste der in Kalifornien beheimateten Reederei **AmaWaterways** kommen aus den USA und anderen englischsprachigen Ländern. 22 der aktuell 27 Schiffe sind in Europa unterwegs und bieten nicht nur für Passagiere aus Übersee reizvolle Reisen. Wer gerne mit internationalen Mitreisenden unterwegs ist, gut Englisch spricht und Europa aus einer anderen Perspektive entdecken möchte, ist an Bord der vielfach ausgezeichneten Schiffe von AmaWaterways genau richtig. Durch die herzliche und offene Art der meisten Mitreisenden kann man schnell neue Freundschaften schließen und ist als „Einheimischer" zugleich ein gefragter Gesprächspartner an Bord. Mit kostenfreien Fahrrädern, gratis Internetzugang per WLAN und einer modernen Innenausstattung machen die Schiffe auch für jüngere Gäste eine Flusskreuzfahrt interessant. Eines der neusten Schiffe in der europäischen Flotte, die **AmaLucia**, wurde in Rüdesheim am Rhein getauft. Schön für Frischluft-Fans: Sie bietet großzügige Außenkabinen mit echtem und zusätzlich noch mit französischem Balkon. Natürlich gibt es an Bord auch einen Pool, einen Spa-Bereich und einen Fitnessraum mit modernen Geräten. Genuss und Erholung sind bei AmaWaterways genauso Teil der Reise wie die aktive Entdeckung der jeweiligen Zielregion. Bei den Mahlzeiten sind Wein, Bier, Softgetränke und Mineralwasser bereits im Reisepreis inkludiert.

Schiff	Baujahr	Passagiere
AmaViola	2016	156
AmaStella	2016	156
AmaKristina	2017	156
AmaLea	2018	156
AmaMora	2019	156
AmaMagna	2019	196
AmaLucia	2021	156
AmaSiena	2021	156
AmaDahlia	2021	72

Fotos: AmaWaterways

SPORTPLATZ: Der Fitnesskurs findet an Deck statt – dort, wo sonst auch Schach gespielt werden kann

Fotos: A-ROSA Flussschiff GmbH (2), Uwe Bahn

MODERN: Die Schiffe von A-ROSA sind im Vergleich zu anderen Anbietern oft bunter und frischer eingerichtet

A-ROSA Flussschiff GmbH

Wohlfühlen auf dem Fluss, für Gäste jeden Alters. Und seit 2019 auch auf dem Douro

A-ROSA aus Rostock verfolgt ein besonderes Geschäftsmodell: 13 Schiffe wurden eigens für die Reederei gebaut – und um deren Betrieb kümmert sie sich selbst. Auch die Crews aller Schiffe werden eigenständig von Rostock aus angeheuert, eine Aufgabe, die sonst oft von Dienstleistern übernommen wird. Alles aus einer Hand also: Damit konnte A-ROSA sich als führende deutsche Flussreisemarke etablieren. Sicher auch weil man sich bemüht, wegzukommen vom mitunter verstaubten Image der Flusskreuzfahrt. Deshalb spricht man von „Städte-, Erlebnis- und Naturreisen", setzt auf Buffetgastronomie mit Live-Cooking, holt prominente Gäste ins Entertainment-Programm – und setzt auf eine neue Zielgruppe: Familien mit Kindern. So gibt es auf der **A-ROSA Sena** 28 qm große Familienkabinen für bis zu fünf Personen, dazu auch eine Family Area mit Kids Club. Sogar einen kleinen Flachwasserpool hat man für die jüngsten Kreuzfahrtgäste eingebaut. Ein technologisch wichtiger Schritt mit Blick auf nachhaltiges Reisen ist die A-ROSA Sena außerdem. Das weltweit erste E-Motion-Flussschiff verfügt über einen hybriden Antrieb und Batterien. So wird der Dieselverbrauch reduziert und zumindest zeitweise emissionsfrei und geräuschlos gefahren (darüber berichtet auch unsere Reportage ab S. 210). Nach der deutlich kleineren **A-ROSA Alva**, mit der man den Douro befährt, ist das Hybrid-Schiff mit bis zu 280 Passagieren das neuste in der Flotte. Die Schiffsgröße bietet Platz für eine kleine Wellness-Oase unter anderem mit Sauna, Eisgrotte und Erlebnisduschen, in der man besonders gut entspannen kann.

Schiff	Baujahr	Passagiere
A-ROSA Riva	2004	242
A-ROSA Luna	2005	174
A-ROSA Stella	2005	174
A-ROSA Aqua	2009	202
A-ROSA Viva	2010	202
A-ROSA Brava	2011	202
A-ROSA Silva	2012	186
A-ROSA Flora	2014	183
A-ROSA Alva	2019	126
A-ROSA Sena	2022	280

A-ROSA Alva

Foto: A-ROSA Flussschiff GmbH

A-ROSA Alva

Eines der schönsten Flusstäler Europas vom Schiff aus entdecken

Eine Flusskreuzfahrt auf dem Douro ist ein besonderes Erlebnis. Ausgehend von der trubeligen Hafenstadt Porto fährt das Schiff zunächst durch sanfte Ebenen. Je weiter man dem Fluss ins Landesinnere folgt, umso schmaler wird der Fluss und so zerklüfteter die Ufer. Der Fluss – und die eindrucksvollen Schleusen – limitieren die Größe aller Schiffe, sodass auch A-ROSA kleiner planen musste als auf anderen Flüssen. Komfortable Kabinen mit großen, elektrisch beweglichen Panoramafenstern machen die Kabinen auf Deck 2 und 3 der **A-ROSA Alva** zum Landschaftskino. Das Sonnendeck bietet viel Platz für Portugal-Liebhaber. Während ein Teil der Sitzgelegenheiten überdacht ist, liegt der Pool in der Sonne. Der „Premium alles inklusive“-Tarif inkl. Vollpension, Flug ab Deutschland und Transfers ist für die meisten Gäste die beste Wahl. Die Mahlzeiten gibt es auf der A-ROSA Alva vom Buffet. Die Bar ist dank all-inclusive deutlich länger geöffnet als auf anderen Flusskreuzern. Die Barkeeper mixen erstklassige Cocktails. Beeindruckend ist auch das Wellnessangebot: Das Schiff bietet einen Spa-Bereich mit Sauna, Beautybehandlungen, einen Fitnessraum und einen großen Pool. Da viele Ausflugsziele weit entfernt von den Anlegestellen liegen, muss man Ausflüge buchen.

Fahrgebiete 2023

Das Schiff bietet die ganze Saison über 7-tägige Kreuzfahrten auf dem Douro an. Diese führen von Porto über Régua, Pinhão, Vega Terrón, Barca d'Alva und über Bitetos zurück nach Porto.

DATEN & FAKTEN

Länge 79,80 m
Breite 11,40 m
Tiefgang 1,80 m
Indienststellung 2019
Passagiere 126
Crew-Mitglieder ca. 35
Bordsprache Deutsch, Englisch
Passagierdecks 3+SD
Bars 1
Restaurants 1

Kabinen	61 Außenkabinen (12–13 qm), 2 Balkonsuiten (29 qm)
Sport & Wellness	Spa mit Massage/Beauty und Sauna, Fitnessraum, Pool auf dem Deck, Putting Green, Shuffleboard, Großschach, Nordic Walking, Kurse, Trekkingbikes für Ausflüge
Info-/Entertainment	Shows, Künstlergruppen, Spiele; Themenreisen für Gourmets, Kinderprogramm in den Ferien
Dresscode	sportlich-leger
Preis pro Nacht	ab € 216 inkl. Flug
Info	A-ROSA Flussschiff GmbH Rostock Tel. (0381) 202 60 01 www.a-rosa.de/flusskreuzfahrten

PROFIL

Kabine/Raumangebot	⚓⚓⚓○○
Ausflüge/Programm	⚓⚓⚓◐○
Gastronomie	⚓⚓⚓⚓○
Service	⚓⚓⚓⚓○

A-ROSA Sena

Foto: Uwe Bahn

DATEN & FAKTEN

Länge 135,00 m	**Passagiere** 280/316
Breite 17,70 m	**Crew-Mitglieder** 80
Tiefgang 2,10 m	**Passagierdecks** 5
Indienststellung 2022	**Restaurants** 2
Bordsprache Deutsch	**Bars** 3

Kabinen	121 Kabinen mit Balkon, 2 davon barrierefrei (21 qm), 7 Balkonsuiten (26–31 qm), 12 Familienkabinen (28 qm)
Sport & Wellness	Finnische Sauna, Eisgrotte, Ruhezone, Whirlpool, Massage- u. Beautybehandlungen, Fitnessstudio, E-Bikes und Fahrräder für Landausflüge, zwei beheizte Pools und Jogging-Parcours auf dem Sonnendeck
Info-/Entertainment	Lounge mit Disco und kleiner Bühne für Gastkünstler, Flatscreens für Präsentationen und Kino
Dresscode	casual
Preis pro Nacht	€ 124 bis € 506
Info	A-ROSA Flussschiff GmbH Rostock, Tel. (0381) 202 60 01 www.a-rosa.de/flusskreuzfahrten

PROFIL

Kabine/Raumangebot	⚓⚓⚓⚓◐
Ausflüge/Programm	⚓⚓⚓◐○
Gastronomie	⚓⚓⚓⚓○
Service	⚓⚓⚓⚓○

A-ROSA Sena

Das größte Flussschiff Europas fährt mit hybridem Antrieb – und nutzt dafür große Speicherakkus

Der Neubau der Rostocker Reederei setzt Maßstäbe auf dem Fluss. Nicht nur, was Länge, Breite und Passagierzahlen angeht – da ist es der neue Superlativ in Europa. Gleiches gilt aber auch in Sachen Nachhaltigkeit. Über den eigenen Batteriespeicher kann das Schiff alternativ zum Diesel nämlich auch bis zu eine Stunde lang rein elektrisch fahren. Das tut es vor allem, wenn die Metropolen in den Niederlanden und Belgien angesteuert werden. Mit der **A-ROSA Sena** soll der Fluss weiter verjüngt werden: Auf Deck 1 des Schiffs gibt es einen großen Familienbereich mit 28 qm großen Familienkabinen sowie einen Kids Club. Auf demselben Deck befindet sich der großzügige Fit- und Wellnessbereich „SPA-ROSA" mit Sauna, Whirlpool und Eisgrotte und Anwendungsräumen. Die Standardkabinen auf Deck 2 und 3 haben einen Balkon. Der ist nicht französisch, sondern begehbar und hat Platz für zwei Personen. Ein besonderes Highlight ist auch die Bugspitze des Schiffs. Der „Captain's View" ist eine Outdoor-Lounge mit hochwertigen Möbeln und bestem Blick auf den Rhein. Denn nur dort kann das Schiff aufgrund seiner Größe eingesetzt werden. Bei voller Auslastung sind über 300 Passagiere an Bord, die alle „Premium alles inklusive" reisen.

Fahrgebiete 2023

Aufgrund ihrer Größe kann die A-ROSA Sena nur auf dem nördlich Rhein fahren. Bis auf zwei Monate zu Jahresbeginn fährt das Schiff ganzjährig meist ab Köln nach Amsterdam, Rotterdam und Antwerpen.

CroisiEurope

Vielseitige Schiffskonzepte, Monopol bei einigen Zielen und ein lukratives All-inclusive-Konzept

Mit aktuell 44 Schiffen – größtenteils im Eigenbesitz und firmenintern klassifiziert im Vier- und Fünf-Anker-Bereich – ist **CroisiEurope** der Marktführer für Flusskreuzfahrten im europäischen Raum. Entsprechend vielfältig präsentiert sich das Angebot des Familienunternehmens, das seit über 45 Jahren am Markt ist: Es reicht von Klassikern wie Rhein, Donau, Douro und Rhône über kleine Schiffe auf französischen Kanälen bis hin zu exotischen Flüssen in Asien. Auf der Loire, auf der Gironde, auf dem Po und auf dem Guadalquivir in Südspanien war man Pionier und als erstes Unternehmen mit einem Schiff unterwegs. Auf Loire und Guadalquivir ist man bis heute einziger Anbieter. Im Angebot sind auch Kreuzfahrten vor den Küsten Kroatiens sowie weiterer Destinationen im Mittelmeer und ein Afrika-Abenteuer mit mehrtägigem Landprogramm und Kreuzfahrt auf dem Karibasee in Simbabwe. In Deutschland und Österreich wird das gesamte Programm vom Busreiseveranstalter **Anton Götten Reisen** aus Saarbrücken verkauft – auch in Verbindung mit einer Busanreise. Im Reisepreis inkludiert sind bei CroisiEurope nicht nur die Getränke zu den Mahlzeiten und an der Bar, sondern auch einige Ausflüge und der WLAN-Zugang. Salon und Bar sind aus Sicht des Anbieters Mittelpunkt des Schiffslebens. Aufgrund der großen Flottenstärke nachfolgend ein Überblick über die jüngsten bzw. zuletzt renovierten Schiffe.

Schiff	Baujahr	Passagiere
Miguel Torga	2017	132
Indochine II	2017	60
Elbe Princesse II	2018	88
African Dream	2018	16
Renoir	2018 ren.	108
Van Gogh	2018 ren.	108
Amalia Rodrigues	2019	122
Mistral	2019 ren.	156
Victor Hugo	2019 ren.	90
Zimbabwean Dream	2020	16

Fotos: CroisiEurope

FRANKREICH und seine Weine: Die Heimat von CroisiEurope ist nur ein kleiner Teil im großen Programm des Veranstalters

Cyrano de Bergerac

Foto: CroisiEurope

DATEN & FAKTEN

Länge 110,00 m
Breite 11,40 m
Tiefgang keine Angaben
Indienststellung 2013
Passagiere 174
Crew-Mitglieder 25
Bordsprache Dt., Engl., Frz.
Passagierdecks 3+SD
Bars 2
Restaurants 1

Kabinen	87 Kabinen, auf Ober- und Mitteldeck mit zu öffnendem Panoramafenster, auf dem unteren Deck mit Bullaugen; Größe: ca. 12 qm
Sport & Wellness	Sonnendeck mit Liegestühlen
Info-/Entertainment	Salon mit Bar, Panoramabar, Aufzug, kleiner Bordshop & kostenfreies WLAN
Dresscode	leger
Preis pro Nacht	ab € 233
Info	CroisiEurope/ Anton Götten Reisen Saarbrücken Tel. (0681) 303 25 55 www.croisieurope.de

PROFIL

Kabine/Raumangebot	⚓⚓⚓○○
Ausflüge/Programm	⚓⚓⚓◐○
Gastronomie	⚓⚓⚓⚓○
Service	⚓⚓⚓⚓○

Cyrano de Bergerac

Von Bordeaux aus durch die weltberühmte französische Weinregion fahren

Während in der französischen Hafenstadt Bordeaux am Ufer der Garonne Einheimische und Touristen Austern schlürfen, gehen die womöglich ähnlich gestärkten Passagiere an Bord der **Cyrano de Bergerac**. Die Stadt mit ihren prächtigen Gebäuden gibt der ganzen Region ihren Namen. Kurz vor dem Atlantik gelegen und durchzogen von imposanten Flüssen, lässt sich das wohl berühmteste Weinanbaugebiet der Welt mit dem Schiff besonders gut entdecken. Von Bordeaux aus geht es gen Norden ins Médoc. Hier stehen die berühmten Schlösser, auf deren Weingütern besonders exklusive Tropfen hergestellt werden wie Château Lafite und Mouton Rothschild. Bei einer Verkostung erzählen Winzer von ihrer Leidenschaft. Das romantische Dorf Bourg eröffnet eine einzigartige Aussicht auf die Flusslandschaft: Hier fließt die Dordogne in die Garonne, die als Gironde in den Atlantik übergeht – der größte Mündungstrichter Europas. Auf täglichen Landgängen und Ausflügen erkundet man die Weinregion. Einer der schönsten Orte ist Saint-Émilion mit seinen steilen Gassen. Die Cyrano de Bergerac bietet neben gemütlichen Kabinen eine ausgezeichnete Küche und einen sehr sympathischen und professionellen Service. CroisiEurope zählt seit vielen Jahren zu den führenden Anbietern für Flusskreuzfahrten in Südwestfrankreich.

Fahrgebiete 2023

Gironde, Dordogne und Garonne (6 Tage) im Mai, Juni, August und September 2023.

Elbe Princesse

Foto:CroisiEurope

Elbe Princesse I & II

Stylishe Spezialanfertigung mit französischem Savoir-vivre für Elbe und Moldau

Für die Elbe hat CroisiEurope den Antrieb für Flusskreuzfahrtschiffe neu erfunden, wie zuvor schon für die Loire: Entwickelt nach historischem Vorbild, können die **Elbe Princesse** (2016) und ihre jüngere Schwester mit geringem Tiefgang dank der beiden Schaufelräder am Heck auch bei Niedrigwasser fahren. Angenehmer Nebeneffekt ist das einzigartige Fahrgefühl durch die sanften Schwingungen, die von den Schaufelrädern ausgehen. Die Bauweise ermöglicht den Flussschiffen während der ganzen Sommersaison eine attraktive Route von Berlin aus über Havel, Elbe und Moldau bis Prag, mit Stationen in Wittenberg, Meißen und Dresden. Außen schnittig, innen schick: Das Design der Kabinen und öffentlichen Bereiche ist schnörkellos und modern, ohne unterkühlt zu wirken. Die Lounge bietet bodentiefe Fenster und kleine, flexible Sitzgruppen für gesellige Treffen. Ein weiterer Pluspunkt: Die Gäste schlemmen wie Gott in Frankreich und genießen einen sehr persönlichen Service. Und dank des All-inclusive-Konzepts sind die Getränke an der Bar und im Restaurant sowie WLAN-Verbindung und Landausflüge bereits im Reisepreis inbegriffen. Vertriebspartner **Anton Götten Reisen** aus Saarbrücken sorgt außerdem auf Wunsch für die Busanreise.

Fahrgebiete 2023

Berlin bis Prag und retour (9 Tage) mit inkludierten Ausflügen, Berlin bis Hamburg (7 Tage) sowie von Prag in 7 Tagen zu den Schlössern Böhmens (mit **Elbe Princesse II**).

DATEN & FAKTEN ELBE PRINCESSE II

Länge 101,42 m
Breite 10,63 m
Tiefgang 0,80 m
Indienststellung 2018
Passagiere 88
Crew-Mitglieder 31
Bordsprache Deutsch, Frz.
Passagierdecks 2+SD
Bars 1
Restaurants 1

Kabinen	42 Außenkabinen mit Klimaanlage, Safe, Minibar, Telefon, Radio, TV, Schreibtisch, Föhn; Größe: ca. 15 qm
Sport & Wellness	Sonnendeck (teilüberdacht) mit Liegestühlen
Info-/Entertainment	musikalische Unterhaltung, Tanzfläche, Crew-Show, WLAN kostenlos, Audio-Kommunikationssystem auf Ausflügen
Dresscode	leger bis sportlich-elegant
Preis pro Nacht	ab € 240
Info	CroisiEurope/ Anton Götten Reisen Saarbrücken Tel. (0681) 303 25 55 www.croisieurope.de

PROFIL

Kabine/Raumangebot
Ausflüge/Programm
Gastronomie
Service

Fotos: Nicko Cruises

VIELFALT: Ob auf der Donau, dem Rhein oder dem Douro – Schiffe von Nicko Cruises sind auf vielen Flüssen unterwegs

Nicko Cruises

Der Stuttgarter Veranstalter baut mithilfe des portugiesischen Investors sein Portfolio aus.

Mit aktuell 22 Flussschiffen, dem Expeditionsschiff World Voyager und dem Hochseeschiff Vasco da Gama hat Nicko Cruises ein vielseitiges Reiseprogramm zusammengestellt. Der Veranstalter verspricht einen erstklassigen Komfort – unterschieden wird im hauseigenen Bewertungssystem nur zwischen vier und fünf „Wellen". Kleine und besonders stilvoll eingerichtete Schiffe sind mit der Zusatzbezeichnung „Boutique" versehen. Die Schiffsgrößen reichen auf dem Fluss von 40 bis 220 Passagieren, sodass für jedes Fahrgebiet und jeden Geschmack die passende Reise dabei sein sollte. 81 verschiedene Routen auf 35 Wasserwegen in 21 Ländern hat der Anbieter in seinem 2023er-Programm gezählt. Die **nickoSPIRIT** zum Beispiel ist zu ausgewählten Terminen auch auf der Donau unterwegs. Die **Douro Queen** wurde für die neue Saison umfangreich in hellen Farben renoviert und fährt – wie der Schiffsname schon verrät – auf dem portugiesischen Douro. Unter dem Motto „Time to discover" setzt Nicko Cruises nicht nur auf außergewöhnliche Routen, sondern auch auf längere Liegezeiten. So bleibt mehr Zeit, um eigenständig an Land zu gehen und sich von den Städten und Orten an den Ufern der Flüsse verzaubern zu lassen. Gerade in den Sommermonaten – und bei schönem Wetter natürlich auch im Winter – ist das ein echter Vorteil. Themenreisen u. a. zu „Rhein in Flammen" und zur Bundesgartenschau nach Mannheim ergänzen das Programm zu ausgewählten Terminen.

Schiff	Baujahr	Passagiere
Katharina von Bora	2000	80
Bijou du Rhône	2001	150
Casanova	2001	96
Frederic Chopin	2002	80
Bolero	2003	180
Heidelberg	2004	110
Bellissima	2004	132
Douro Cruiser	2005	130
Rhein Melodie	2005	196
nickoVISION	2018	220
nickoSPIRIT	2020	170
Douro Serenity	2021	126

nickoVISION

Foto: Nicko Cruises/iStockphoto (Montage):

nickoVISION

Drei Restaurants, offene Tischzeiten und das moderne Ambiente sind zukunftsweisend

Große Glasflächen und fließende Übergänge zwischen Panoramasalon, Bar und Hauptrestaurant bringen fast Hochsee-Feeling auf den Fluss. Das speziell für Nicko Cruises entwickelte Scylla-Design zeigt sehr viel Liebe zum Detail. Als Alternative zum Hauptrestaurant lockt auf der **nickoVISION** morgens und abends das intimere Spezialitätenrestaurant „Manhattan" im Stil eines New Yorker Jazzclubs; abends wird um Anmeldung gebeten. Das Menü wechselt alle drei Tage. „Mario's Grill" serviert mittags Burger, Nudeln und Pizza sowie abends Entrecôte und Lachssteak. Dank offener Tischzeiten können die Passagiere ihren Urlaub individueller und spontaner gestalten und auch mal etwas länger an Land bleiben. Zudem dürfen ein Wellnessbereich mit Sauna und Dampfbad und ein kleiner Fitnessbereich nicht fehlen. Zusätzlich gibt es auf dem Sonnendeck einen kleinen Pool, ein Putting Green und zwei Hängematten. Die 14 Quadratmeter großen Kabinen auf den oberen Decks haben französische Balkone über die gesamte Breite. Wertige Materialien und indirekte Beleuchtung sorgen auch hier für Wohlfühlatmosphäre. Individuellere Ausflugskonzepte machen das Rundumpaket für jüngere Gäste perfekt.

Fahrgebiete 2023

Die **nickoVISION** ist von März bis Oktober sowie zum Jahreswechsel auf der Donau unterwegs. Neben dem 8-tägigen Klassiker zwischen Passau und Budapest sind 15-tägige Reisen zum Schwarzen Meer und zurück sowie 5-tägige Adventskreuzfahrten geplant.

DATEN & FAKTEN

Länge 135,00 m
Breite 11,45 m
Tiefgang 2,10 m
Indienststellung 2018
Passagiere 220
Crew-Mitglieder 54
Bordsprache Deutsch
Passagierdecks 3+SD
Restaurants 3
Bars 2

Kabinen	110 Außenkabinen; Größe: 14 qm, davon 91 mit französischem Balkon
Sport & Wellness	Sonnendeck mit Pool und Putting Green, Wellnessbereich mit Sauna und Dampfbad, Fitnessraum
Info-/Entertainment	Bordmusiker, Spiele, Bibliothek
Dresscode	sportlich-leger bis elegant
Preis pro Nacht	€ 137 bis € 267; Durchschnitt € 199
Info	nicko cruises Schiffsreisen Stuttgart Tel. (0711) 24 89 80 44 www.nicko-cruises.de

PROFIL

Kabine/Raumangebot	⚓⚓⚓⚓○
Ausflüge/Programm	⚓⚓⚓½○
Gastronomie	⚓⚓⚓⚓○
Service	⚓⚓⚓⚓○

Douro Serenity

Foto: Nicko Cruises

DATEN & FAKTEN

Länge 79,90 m	**Passagiere** 126
Breite 11,40 m	**Crew-Mitglieder** 30
Tiefgang: 1,80 m	**Passagierdecks** 3+SD
Indienststellung 2021	**Restaurants** 1
Bordsprache Deutsch, Engl.	**Bars** 1

Kabinen	63 Außenkabinen (Größe: 12 qm auf dem Hauptdeck, sonst 14 qm), davon 22 mit Loggia-Balkon und 2 Juniorsuiten
Sport & Wellness	Sonnendeck mit Pool, Fitnessraum, Spa
Info-/Entertainment	Bordmusiker, Spiele, Bibliothek
Dresscode	sportlich-leger bis elegant
Preis pro Nacht	ab € 85
Info	nicko cruises Schiffsreisen Stuttgart Tel. (0711) 24 89 80 44 www.nicko-cruises.de

PROFIL

Kabine/Raumangebot	⚓⚓⚓◐○
Ausflüge/Programm	⚓⚓⚓◐○
Gastronomie	⚓⚓⚓⚓○
Service	⚓⚓⚓○○

Douro Serenity

Eine gute Basis für die Entdeckung des malerischen Tals des Douros

Wenige portugiesische Städte sind so zauberhaft wie die Hafenstadt Porto. Wer sich für eine Flusskreuzfahrt auf dem Douro entscheidet, sollte unbedingt Zeit einplanen, um durch die kleinen Gassen zu flanieren, mit der historischen Straßenbahn zu fahren und am Abend mit Blick auf die historische Brücke den Tag ausklingen zu lassen. Da die **Douro Serenity** den Liegeplatz im Herzen von Porto erst am Mittag des zweiten Reisetags verlässt, ist sie ein guter Ausgangspunkt für eine solche Entdeckungsreise. Das Schiff selbst hat einen natürlichen Charme und setzt auf raumhohe Fenster und Panoramafronten im Restaurant und in der Bar. Das ist gut, denn auf dem engen Fluss können die Schiffe nur am Tag navigieren. Dafür gibt es immer wieder Neues zu entdecken. Von der eigenen Kabine – oder wegen des Überblicks besser vom Sonnendeck oder gleich aus dem Pool – kann man die immer steiler und schroffer werdende Landschaft genießen. Die Standard-Kabinen sind je nach Deck 12 bis 14 qm groß und praktisch sowie funktional eingerichtet. Mehr Platz und einen Loggia-Balkon bieten die Deluxe-Kabinen (19 qm) und die Juniorsuiten (29 qm inkl. Balkon). Da viele Ausflugsziele von den Anlegern aus nur mit dem Bus zu erreichen sind, sollte man bei dieser Reise unbedingt Ausflüge einplanen und diese gleich beim Anbieter buchen.

Fahrgebiete 2023

Die Douro Serenity ist von März bis November auf dem portugiesischen Douro (8 Tage) unterwegs.

Phoenix Reisen

Das Bonner Familienunternehmen mit Herz und großem Flussschiff-Portfolio wird 50 Jahre alt

Die vielen Schiffe des inhabergeführten Veranstalters Phoenix Reisen sind gechartert. Auf dem Fluss planen die Bonner im Jahr 2023 über 100 Reisen – von der Schnupperkreuzfahrt bis zum 50-Tage-Flusserlebnis ab/bis Frankfurt. Im wohl umfangreichsten Angebot auf dem deutschsprachigen Markt sind auch exotische Ziele wie der Amazonas und sein Zufluss Rio Negro sowie der Brahmaputra in Ostindien zu finden. Außerdem ist Phoenix ein Experte für Ägypten. Dort werden 5- bis 14-tägige Reisen angeboten. Wie auf den Phoenix-Hochseeschiffen kann man auch auf dem Fluss von einer herzlichen Bordatmosphäre und moderaten Nebenkosten ausgehen. In einigen Destinationen sind Ausflugspakete im Reisepreis bereits enthalten. Phoenix Reisen inkludiert zudem eine CO_2-Kompensation, sodass der ökologische Fußabdruck der Reise unter dem Strich kleiner ausfällt und man die eigenen Urlaubsträume unbeschwert genießen kann. Das Unternehmensmotto „Willkommen zu Hause“ betont, wie wichtig die familiäre Atmosphäre an Bord genommen wird. Dafür sorgen nicht zuletzt auch erfahrene Kapitäne und Kreuzfahrtleiter. Die unten stehende Liste ist nur ein Auszug, denn 2023 sind 26 Phoenix-Schiffe buchbar, darunter die **Alisa**, die 2023 startet. Noch nicht mitgezählt sind dabei die vier Hochseeschiffe (siehe Seite 152).

Schiff	Baujahr	Passagiere
Ariana	2012	158
A-Silver	2013	180
Anesha	2015	180
Asara	2017	190
Alena	2018	190
Charaidew II	2018	34
Adora	2019	190
Anna Katharina	2019	180
Annika	2020	180
Andrea	2020	190
Annabelle	2020	180
Viola	2020	122
Antonia	2021	190

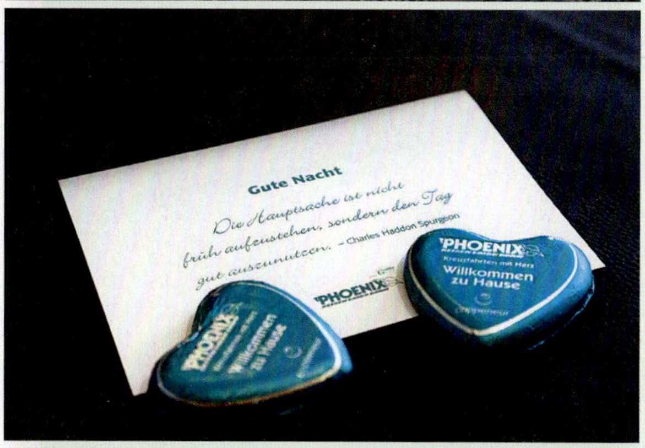

Fotos: Phoenix Reisen

TYPISCH PHOENIX: Das Motto auf den Schiffen heißt „Willkommen zu Hause“. Die vielen Stammgäste mögen das

Anna Katharina

Foto: Phoenix Reisen

DATEN & FAKTEN

Länge 135,00 m	**Crew-Mitglieder** 40
Breite 11,40 m	**Bordsprache** Deutsch
Tiefgang 1,50 m	**Passagierdecks** 3+SD
Indienststellung 2019	**Restaurants** 2
Passagiere 180	**Bars** 1

Kabinen	90, davon 74 mit einem französischem Balkon; Größen: 17–18,5 qm
Sport & Wellness	Sonnendeck mit kleinem Pool, Shuffleboard und Minigolf, Fitness, Sauna, Dampfbad, Friseur
Info-/Entertainment	Brett- und Kartenspiele, Bibliothek, Tanzabend mit Livemusik, Internet über Satellit gegen Gebühr
Dresscode	sportlich-leger, elegant am Kapitänsabend
Preis pro Nacht	ab € 87
Info	Phoenix Reisen Bonn, Tel. (0228) 92 60-55 www.phoenixreisen.com

PROFIL

Kabine/Raumangebot	⚓⚓⚓⚓½
Ausflüge/Programm	⚓⚓⚓½
Gastronomie	⚓⚓⚓⚓
Service	⚓⚓⚓⚓

Anna Katharina

Ein bewährtes Scylla-Konzept mit viel Platz für die Passagiere wurde 2019 neu aufgelegt

Das Schwesterschiff der 2015 in Dienst gestellten **Anesha** wurde im Juni 2019 von der gleichnamigen Nichte des Firmengründers Johannes Zurnieden getauft. Das Schiff stammt von der Schweizer Scylla-Reederei und gehört in die Kategorie der Premium-Schiffe: Die meisten der großzügigen Kabinen haben einen französischen Balkon, alle sind mit einer eigenen Kaffeemaschine ausgestattet. Praktisch: Die Betten lassen sich wahlweise als Doppel- oder Einzelbetten stellen. Im Panoramarestaurant „Vier Jahreszeiten" finden alle Passagiere gleichzeitig Platz. Sie werden in gewohnter „Sea Chefs"-Qualität versorgt. Auf der Aussichtsterrasse unterhalb der Brücke kommt man den angesteuerten Reisezielen besonders nah. Aber auch der Rest des Sonnendecks wirkt mit Minigolf, Shuffleboard, Pool, Liegestühlen und überdachten Sitzgruppen sehr einladend. Wer mag, kann sich im kleinen Fitnessraum überschüssige Kalorien abtrainieren – und entspannt danach in der Sauna oder im Dampfbad. Zum Kapitänsabend dürfen sich die Gäste eleganter kleiden, sie müssen auf die Kreuzfahrten mit der **Anna Katharina** aber keine formelle Abendgarderobe mitbringen.

Fahrgebiete 2023

Zum Saisonbeginn und im Oktober/November 3-tägige Kurzreisen nach Amsterdam ab/bis Köln. Mai bis August 16-tägige Reisen ins Donaudelta ab/bis Passau. Im Herbst 5-tägige Hollandreisen ab/bis Köln. Fahrten zu Weihnachtsmärkten an der Mosel (5 Tage)

Annabelle

Foto: Phoenix Reisen

Annika & Annabelle

Unterwegs auf Rhein und Donau mit Annika oder auf Rhône und Saône mit der Annabelle

Wer die schönsten Orte an den Ufern der Flüsse sehen möchte und dabei auf der Suche nach einem komfortablen Schiff mit moderaten Preisen ist, der sollte sich auch die Reisen mit der **Annika** und **Annabelle** anschauen. Beide Scylla-Schiffe setzen auf das Wesentliche: schöne Kabinen mit funktionaler und doch geschmackvoller Einrichtung. Dazu ein gemütliches Restaurant mit gutem Essen. Und ein abwechslungsreiches Ausflugsprogramm mit kulturellem Schwerpunkt. Das alles sorgt für eine harmonische Zusammensetzung der meist deutschsprachigen Gäste, die gemeinsam die deutschen bzw. die französischen Flüsse entdecken. Wie bei allen Schiffen von Phoenix sind Nebenkosten und Ausflüge moderat kalkuliert. Je nach Reiseroute besteht zudem die Möglichkeit, einige der Städte in Eigenregie zu entdecken. „Essen was das Herz begehrt" lautet das kulinarische Motto – vom Frühstück bis zum Mitternachtssnack. Im Restaurant gibt es eine gemeinsame Tischzeit, und natürlich werden auch Wünsche von vegan bis glutenfrei erfüllt.

Fahrgebiete 2023

Während **Annika** auf Rhein und Donau unterwegs ist und dabei hin und wieder auch eintägige Eventreisen anbietet, ist die **Annabelle** im französischen Lyon beheimatet und bricht von dort zu 7- bzw. 10-tägigen Reisen auf. Hier kommt zum pauschalen Reisepreis noch die Anfahrt per Bus oder Flug hinzu – falls die Anreise nicht individuell per privatem Pkw, Bahn oder Flug selbst organisiert werden kann.

DATEN & FAKTEN ANNABELLE

Länge 135,00 m	**Passagiere** 180
Breite 11,40 m	**Crew-Mitglieder** 40
Tiefgang: 1,50 m	**Passagierdecks** 3+SD
Indienststellung 2020	**Restaurants** 2
Bordsprache Deutsch	**Bars** 1

Kabinen	90, davon 74 mit einem französischen Balkon; Größen: 17–18,5 qm
Sport & Wellness	Sonnendeck mit kleinem Pool, Shuffleboard und Minigolf, Fitness, Sauna, Friseur
Info-/Entertainment	Brett- und Kartenspiele, Tanzabend mit Livemusik, Internet über Satellit gegen Gebühr
Dresscode	sportlich-leger, elegant am Kapitänsabend
Preis pro Nacht	ab € 100
Info	Phoenix Reisen Bonn, Tel. (0228) 92 60-55 www.phoenixreisen.com

PROFIL

Kabine/Raumangebot	⚓⚓⚓⚓◐
Ausflüge/Programm	⚓⚓⚓◐○
Gastronomie	⚓⚓⚓⚓○
Service	⚓⚓⚓⚓○

Fotos: Susanne Hamann

NEUZUGANG: Die Lady Diletta wurde 2020 in Dienst gestellt. Mehr über dieses Schiff in der Reportage auf Seite 222

Plantours Kreuzfahrten

Der Bremer Veranstalter setzt bei seinen Flussreisen auf die eher wenig befahrenen Routen

Vielfältige Routen jenseits des Massentourismus: Was für das Hochseeschiff Hamburg von Plantours Kreuzfahrten gilt, trifft auch auf die Flussflotte zu. Nach der Schiffstaufe im Sommer 2020 ist die **Lady Diletta** im Jahr 2023 auf Rhein, Mosel und in holländischen sowie belgischen Gewässern unterwegs. Insgesamt 43 Abfahrten sind mit dem Vier-Sterne-plus-Schiff geplant. Es verfügt über besonders viele Einzelkabinen, die für Alleinreisende spannend sind, da so die bei vielen Reedereien üblichen Zuschläge für Singlereisende in einer Doppelkabine entfallen. Erstmals können die Passagiere an den verschiedenen Haltepunkten E-Bikes ausleihen und so die Umgebung mit größerem Radius und in Eigenregie erkunden. Über die Lady Diletta berichtet auch unsere Reportage ab S. 222. Mit der **Elegant Lady**, der **Rousse Prestige** auf der Donau und der **Sans Souci** deckt Plantours eine große Bandbreite außergewöhnlicher Routen ab und ist deshalb auch für Reisende interessant, die sehr touristischen Orten wenig abgewinnen und lieber Geheimtipps für sich entdecken möchten. Wer Ausflüge buchen möchte, sollte sich auch die Ausflugspakete anschauen, die gleich mehrere Ausflüge bündeln. Premiere hat eine Themenreise „Wein“: Karl-Josef Krötz, Diplom-Ingenieur für Weinbau und Kellerwirtschaft und Sohn einer Winzerfamilie von der Mosel, begleitet die Touren im September und Oktober 2023. Neben Weinverkostungen an Bord sind Ausflüge zu verschiedenen Weingütern entlang der Mosel geplant. Erneut im Programm ist eine 4-tägige Karnevalsreise ab/bis Köln – 2023 mit Live-Auftritten der Bands Bläck Fööss, Domstürmer und Kolibris. Im Oktober 2023 ist zudem eine Flusskreuzfahrt auf dem Rhein ab/nach Düsseldorf über Straßburg und Basel mit Lesungen von Wolfgang Bosbach und Ulli Potofski geplant.

Schiff	Baujahr	Passagiere
Sans Souci	2000	81
Elegant Lady	2003	126
Rousse Prestige	2004	151
Lady Diletta	2020	172

Sans Souci

Foto: Plantours

Sans Souci

Mit dem Kapitän und Eigner unterwegs auf kleinen Flüssen im Norden des Landes

Liebevoll kümmert sich der Eigner und Kapitän Peter Grunewald um sein sommerliches Zuhause – die **Sans Souci**. Den Großteil der Saison steuert er das Flussschiff mit dem nachtblauen Rumpf auf den Wasserwegen im Norden und Osten Deutschlands höchstpersönlich und präsentiert den Passagieren die Schönheiten seiner Heimat. Im Winter investiert er regelmäßig in sein geliebtes Schiff. Das zierliche Schiff passt nicht nur unter niedrigen Brücken hindurch und in alle wichtigen Schleusen, es ist auch seetauglich. Und so fährt Grunewald auch mal bis nach Rügen oder ins IJsselmeer. Langweilig wird sein Routenplan dank neuer Touren jedenfalls nie. 2023 stehen nicht nur die Kulturschätze am Oderufer, sondern auch der Frühling an der Elbe und eine Tour durch den Nord-Ostsee-Kanal mit Besuch bei der Kieler Woche auf dem Programm. Bis nach Holland und auch durch den Amazonas des Nordens, den Peene-Strom, steuert Grunewald die **Sans Souci**. Damit das Schiff die spannenden Ziele erreichen kann, muss es klein sein – und hat deshalb mit 12 qm auch nur überschaubar große Kabinen. Auf dem oberen Deck sorgen 2019 nachträglich eingebaute französische Balkone für zusätzlichen Komfort bei den Flusskreuzfahrten.

Fahrgebiete 2023

Das Schiff kreuzt auf zahlreichen kleinen Wasserstraßen zwischen Amsterdam und Breslau. Die meisten Reisen dauern 8 Tage, ein Highlight ist die neue Route von Berlin bis Breslau und zurück in 12 Tagen.

DATEN & FAKTEN

Länge 82,00 m	**Passagiere** 81
Breite 9,50 m	**Crew-Mitglieder** 25
Tiefgang 1,30 m	**Bordsprache** Deutsch
Indienststellung 2000	**Passagierdecks** 2+SD
Renovierung 2018/19	**Restaurants/Bars** 1/1

Kabinen	41 Außenkabinen, davon 21 mit französischem Balkon, der Rest mit Panoramafenster, das sich vom Gast nicht öffnen lässt; Die Größe der Kabinen: ca. 12 qm
Sport & Wellness	Sonnendeck, Putting Green, kleiner Fitnessbereich
Info-/Entertainment	Bibliothek, TV, Tanzmusik
Dresscode	leger
Preis pro Nacht	ab € 190
Info	Plantours Kreuzfahrten Bremen Tel. (0421) 17 36 90 www.plantours-partner.de

PROFIL

Kabine/Raumangebot	⚓⚓⚓○○
Ausflüge/Programm	⚓⚓⚓◐○
Gastronomie	⚓⚓⚓⚓○
Service	⚓⚓⚓⚓○

Fotos: Reisebüro Mittelthurgau

STIMMUNGSVOLL: Die vom Reisebüro Mittelthurgau und Excellence angebotenen Reisen sind von hoher Qualität

Excellence

Reisebüro Mittelthurgau: Schweizer Qualität auf einer Flotte von zehn eigenen und vielen anderen Schiffen

Seit 2005 baut die Schweizer Familienreederei eine eigene Premium-Flussflotte auf, teils aus Neubauten und teils aus Umbauten bestehender Einheiten. Für das Innendesign ist Nazly Twerenbold, die Witwe des ehemaligen Firmenchefs Werner Twerenbold, verantwortlich. Das Produktmanagement und den Vertrieb steuert der **Veranstalter Mittelthurgau**. Das Familienunternehmen befindet sich inzwischen bereits in der vierten Generation. Ein Geheimtipp für Genießer ist das „Excellence Gourmetfestival", das alljährlich im Herbst zahlreiche Spitzenköche für Kurzreisen auf die Schiffe holt. Im Juni 2020 startete der jüngste Flottenneuzugang **Excellence Empress** auf Rhein, Main und Donau. Die Schwester der **Excellence Countess** und der **Excellence Princess** wartet mit einem Swimmingpool auf dem Sonnendeck auf. Nach Anbieterangaben reduziert moderne Umwelttechnik mindestens 75 Prozent der Stickoxide und über 90 Prozent des Feinstaubs. Das Unternehmen setzt auf eine inkludierte CO_2-Kompensation. Die Green Award Foundation klassifizierte nach der **Excellence Empress** und der **Excellence Coral** drei weitere Schiffe als vorbildhaft: die **Excellence Princess**, die **Excellence Countess** und die **Excellence Queen**. Teil der Flotte ist auch die **Excellence Adria**. Die moderne Jacht für 37 Gäste kreuzt vor Kroatien. Die **Excellence Katharina**, die in Russland fuhr, ist derzeit nicht in Betrieb. Das Angebot an Themen-Flussreisen dürfte eines der größten in Europa sein. Neben den eigenen Excellence-Schiffen (siehe Liste) hat Mittelthurgau auch noch viele Schiffe anderer Veranstalter im Programm.

Schiff	Baujahr	Passagiere
Excellence Rhône	2006	142
Excellence Baroness	2007	150
Excellence Royal	2010	144
Excellence Queen	2011	142
Excellence Princess	2014	186
Excellence Pearl	2003/2017	82
Excellence Countess	2019	178
Excellence Adria	2019/2020	37
Excellence Empress	2020	178
Excellence Coral	1998/2022	87

Excellence Countess

Foto: Reisebüro Mittelthurgau

Excellence Countess

Das Schiff der Schweizer Familienreederei Excellence hat für anspruchsvolle Gäste viele Suiten an Bord

Viel Raum zum Genießen in behaglichem Ambiente bietet die **Excellence Countess** auf ihren Reisen zwischen Basel und Amsterdam/Rotterdam, Friesland und dem IJsselmeer. Das Skylight sorgt für Licht in der Lounge mit großen Fensterflächen, und die Juniorsuiten sind größer als auf so manchem Hochseekreuzer. Für den außergewöhnlichen Abend steht im Heck ein exquisites À-la-carte-Restaurant zur Verfügung. Apropos Genuss: Die Küche auf den Excellence-Schiffen ist viel gelobt, und die Käseauswahl wird der Schweizer Flagge am Heck gerecht. Zum Glück gibt es für den Kampf gegen die Kalorienzufuhr auch einen kleinen Fitnessraum an Bord. Die Lounge am Heck mit Blick aufs Fahrwasser dürfte schnell zum Lieblingsort der Gäste werden, die Aussichtsterrasse am Bug wurde im Vergleich zu den Vorgängerschiffen vergrößert. Selbstverständlich verfügen die Kabinen auf den oberen Decks über französische Balkone. Schöne Idee: Neben dem Lunchmenü, wird auch ein Light Lunch serviert. Der neuste Flussliner der Flotte, die **Excellence Empress**, hat sogar einen Pool auf dem Sonnendeck, ein Sushi-Bistro und eine schadstoffreduzierende Antriebstechnologie, die ihr die Gold-Zertifizierung der Green-Award-Stiftung einbrachte.

Fahrgebiete 2023

Das Schiff fährt innerhalb von 9 Tagen ab/bis Basel nach Amsterdam, 1- bis 2-tägige Schnupperreisen, teils mit Sterneköchen. Verschiedene Reisen und Themenflussreisen auf dem Rhein, von 3 bis 9 Tagen.

DATEN & FAKTEN

Länge 135,00 m
Breite 11,45 m
Tiefgang 1,55 m
Indienststellung 2019
Passagiere 178
Crew-Mitglieder 46
Bordsprache Deutsch
Passagierdecks 3+SD
Bars 2
Restaurants 2

Kabinen	89 Außenkabinen, davon 65 mit frz. Balkon – 24 Juniorsuiten (20 qm) und 41 Komfortkabinen (16 qm). Die 24 Hauptdeckkabinen sind 13 qm groß
Sport & Wellness	Sonnendeck mit Golf-Putting-Green und beheiztem Whirlpool, Fitnessbereich, Sauna
Info-/Entertainment	musikalische Unterhaltung, Bordspiele, Quizabende, Tanzmusik
Dresscode	leger bis sportlich-elegant
Preis pro Nacht	ab Sfr. 150 (inkl. An-/Abreise mit firmeneigenen Bussen), individuelle Anreise möglich
Info	Reisebüro Mittelthurgau Weinfelden, Schweiz Tel. +41 (71) 626 85 85 www.mittelthurgau.ch

PROFIL

Kabine/Raumangebot
Ausflüge/Programm
Gastronomie
Service

Fotos: SE-Tours

AKTIVURLAUB: Bei SE-Tours ist die Kombination von Schiff und Fahrrad besonders reizvoll. So lassen sich Orte gut entdecken

SE-Tours

Europas größter Spezialveranstalter für sportliche Fahrrad-Flusskreuzfahrten

Seit fast 30 Jahren bietet der Bremerhavener Veranstalter **SE-Tours** auf kleinen Flusskreuzfahrtschiffen eine Spezialität an: kombinierte Rad- und Schiffsreisen auf den Flüssen und Kanälen Europas. 2023 sind acht Schiffe exklusiv für den umtriebigen Veranstalter unterwegs. Weitere Schiffe, darunter auch kleine Motorsegler und Jachten, können als Partnerreisen gebucht werden. Die kombinierten Rad- und Schiffsreisen bieten die Möglichkeit, die Koffer nur einmal zu packen und von verschiedenen Orten zu Radtouren in die Umgebung zu starten. Ortskundig ausgesuchte Routen ermöglichen Touren, die am einen Anleger starten und bei denen die Radler an einem anderen wieder aufs Schiff zurückkommen. Auf den Schiffen stehen Leihräder – sowohl Fahrräder als auch E-Bikes – zur Verfügung. Wer mag, kann auch sein eigenes Fahrrad mit an Bord bringen. Da das Schiff auf Radler eingestellt ist, können die Gäste sich beim Frühstück ein Lunchpaket packen. Abends wird ein 3-Gänge-Menü im Restaurant serviert. Das kleinste Schiff, die **MS Allure** hat nur Platz für 20 Gäste und ist zwischen Bamberg und Aschaffenburg unterwegs. Die Radtouren durch das Frankenland sind pro Tag zwischen 30 und 60 Kilometer lang. Bei lediglich drei Besatzungsmitgliedern ist der Kapitän und Eigner des Schiffs auch der Bordreiseleiter. Das kleine Kabinenschiff (8 qm pro Kabine) ist rustikal und modern zugleich – und eine tolle Möglichkeit, mit anderen Radbegeisterten zugleich mit Schiff und Rad zu reisen. Nachfolgend eine Liste der Schiffe aus dem „Rad & Schiff"-Programm.

Schiff	Baujahr	Passagiere
Serena	2010 ren.	99
Allure	2014 ren.	20
Florentina	2014 ren.	86
Prinz. Katharina	2015 ren.	140
Princess	2015 ren.	102
Olympia	2015/16 ren.	96
SE-Manon	2018/19 ren.	148
Normandie	2019/20 ren.	100

Thurgau Travel

Schiffsreisen auf wenig befahrenen Flüssen in Deutschland – und in fernen Ländern

Dieser Player auf dem Schweizer Flussreisenmarkt macht mit ausgefallenen Destinationen von sich reden. Gemeinsam mit ihrem rund 30-köpfigen Team gelingt es der Familie Kaufmann als Inhaber von **Thurgau Travel** immer wieder, Neuheiten aus der Welt der Flusskreuzfahrten anzubieten und Wasserwege für ihre Schiffe zu erschließen. 2023 setzt das Unternehmen neben den Klassikern wie Rhein und Donau auch auf 24 Routen abseits der großen Flüsse. Elbe, Havel und Neckar stehen genauso auf dem Programm wie Moldau, Rhône, Ganges und Mekong sowie eine Küstenfahrt an der Adriaküste. Das Angebot in diesem Bereich reicht von 8- bis 52-tägigen Reisen auf Schiffen auf 4- und 5-Sterne-Niveau. Insgesamt sind es rund 40 Schiffe, darunter die feine Selektion von Boutique-Schiffen wie **Thurgau Saxonia** und **Thurgau Chopin**. Wahre Abenteuer erwarten die Gäste in Asien: Hier können sie bis zu 52 Tage lang mit der **Ganga Vilas** Abenteuer auf dem Ganges und dem Brahmaputra erleben (auch Teilabschnitte buchbar). Viele Orte an den Ufern sind nur mit dem Schiff erreichbar. Auch auf dem Amazonas sind drei jeweils 16-tägige Reisen im Programm. Die Umwelt hat der Anbieter dabei im Blick: Da Mahlzeiten individuell an Bord zubereitet werden, kann man die Menge an Abfall reduzieren. Wer sich für ein kleineres Schiff entscheidet, vermeidet zu großen Andrang in Tourismus-Hotspots und profitiert davon, dass man die Bedürfnisse der Gäste „intensiver" im Blick hat – klein, fein und persönlich. Nachfolgend eine Auswahl der jüngeren Schiffe.

Schiff	Baujahr	Passagiere
Thurgau Exotic I	2009	20
Thurgau Prestige	2009	124
Thurgau Exotic II	2012	26
Antonio Bellucci	2012	140
Edelweiss	2013	180
Thurgau Exotic III	2017	32
Thurgau Adriatica	2018	36
Thurgau Chopin	2002/2018	80
Thurgau Saxonia	2001/2019	84
Thurgau Ganga V.	2020	36

Fotos:: Thurgau Travel

EUROPA – ODER INDIEN? Der Schweizer Veranstalter Thurgau Travel hat beides im Flussschiff-Programm

Fotos: VIVA Cruises:

TAUFPATIN: Die VIVA ONE wurde im Frühjahr 2022 von TV-Moderatorin Judith Rakers getauft

VIVA Cruises

Der Veranstalter mit All-inclusive-Konzept setzt auf zwei neue Schiffe und spannende Destinationen

„Enjoy the Moment" – unter diesem Motto vermarktet VIVA Cruises seit Ende 2018 Schiffe der Schweizer Scylla-Reederei. Im Jahr 2022 ging mit der **VIVA ONE** der erste Neubau des Flusskreuzfahrtveranstalters an den Start. Das Schiff ist auf Rhein und Mosel unterwegs. Im April 2023 ist die Jungfernfahrt der **VIVA TWO** geplant. 95 Kabinen, darunter acht Suiten, bieten Platz für 190 Passagiere. Die modern und dezent eingerichteten Schiffe bieten nicht nur klassische Kreuzfahrten, sondern auch Themenreisen wie eine Wellnessreise, Krimireisen, kurze Städtetrips oder die beliebten Advents- und Weihnachtsreisen. Mit Blick auf die Nachhaltigkeit verfügen **VIVA ONE** und **VIVA TWO** über Photovoltaikmodule und können so einen Teil der Energie aus der Kraft der Sonne gewinnen. Eine effiziente Rumpfform und mit synthetischem Kraftstoff betriebene Motoren sind ebenfalls gut für die Umwelt. Dank des All-inclusive-Konzepts sind neben der Vollpension ganztags alle Getränke und die Minibar in der Kabine enthalten. Freie Tischplatzwahl, flexible Essenszeiten, eine große Getränkekarte und kostenfreies WLAN sprechen auch jüngere Gäste an. Auf nahezu allen Schiffen gibt es neben dem Hauptrestaurant noch ein Bistro als lockere kulinarische Alternative. VIVA Cruises (www.viva-cruises.com) zeichnet sich durch individuelle Routen und Rahmenprogramme aus, die perfekt aufeinander abgestimmt sind: Ausflüge und Exkursionen vermitteln einen authentischen Einblick in die Besonderheiten der jeweiligen Region. Neu im Landprogramm sind individuelle „Create your own Moment"-Ausflüge sowie mehr kulinarische, kulturelle und aktive Angebote wie Winetastings, Stadtführungen und Fahrradtouren.

Schiff	Baujahr	Passagiere
SWISS RUBY	2013 ren.	88
VIVA MOMENTS	2018	176
SWISS DIAMOND	2020 ren.	123
VIVA TIARA	2020 ren.	153
VIVA VOYAGE	2022 ren.	152
VIVA GLORIA	2022 ren.	152
VIVA ONE	2022	176
VIVA TWO	2023	190

ELBE, HAVEL & ODER

HAMBURG, BERLIN, DRESDEN, PRAG – UND VIELLEICHT ÜBER DIE FLÜSSE HINAUS IN DIE OSTSEE? HIER LASSEN SICH KULTUR UND NATUR IN ALL IHRER VIELFALT ERLEBEN

Diese Schiffe (farblich ist ihre Seitenzahl im Guide markiert) fahren hier 2023:

Elbe Princesse I & II 239 /// Excellence Pearl 248 /// Frederic Chopin 240 /// Junker Jörg 229 /// Katharina von Bora 240 /// Sans Souci 247 /// Serrahn Queen 216 /// SWISS DIAMOND 252 /// SWISS RUBY 252 /// Thurgau Saxonia 251 ///

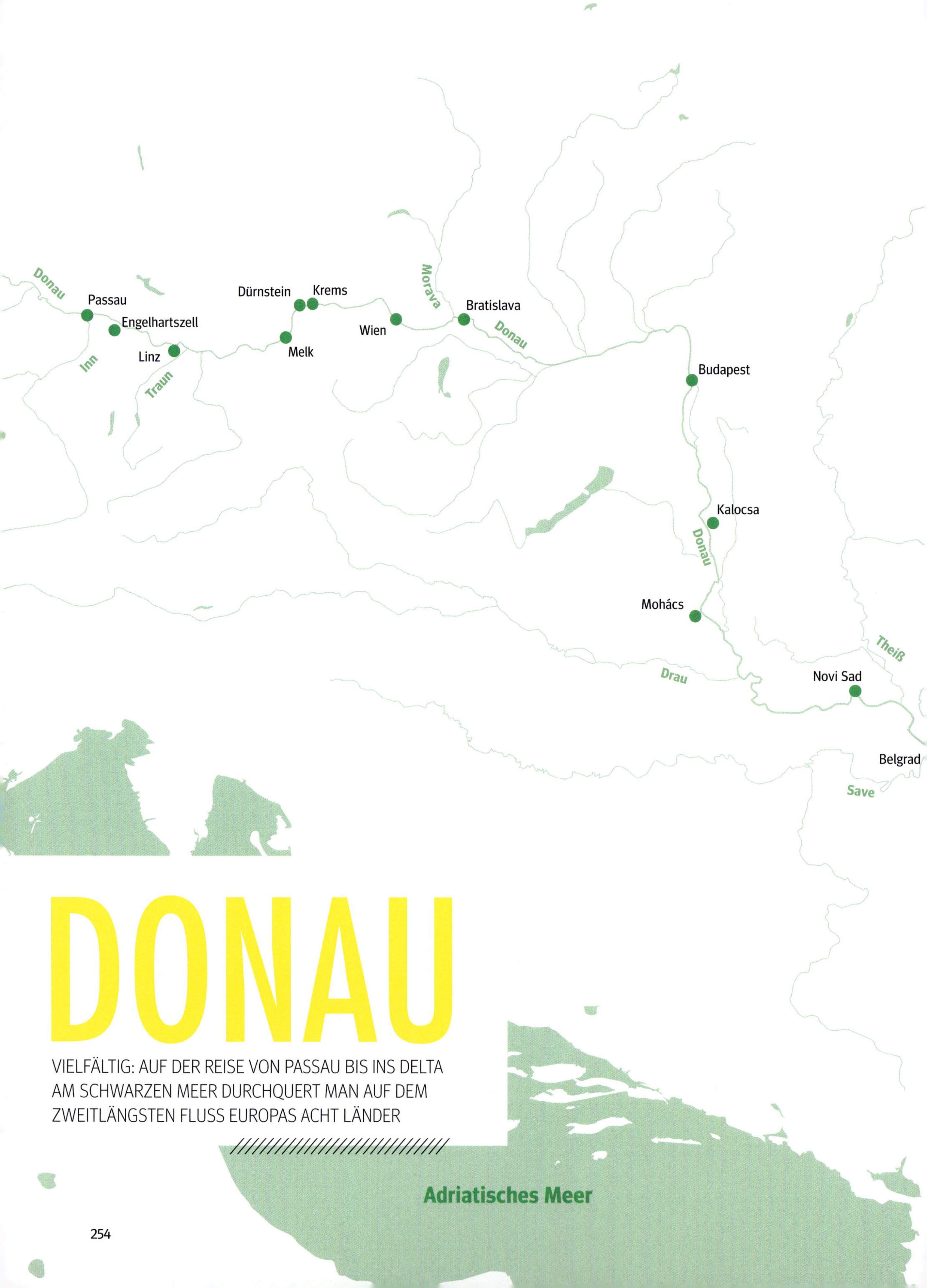

DONAU

VIELFÄLTIG: AUF DER REISE VON PASSAU BIS INS DELTA AM SCHWARZEN MEER DURCHQUERT MAN AUF DEM ZWEITLÄNGSTEN FLUSS EUROPAS ACHT LÄNDER

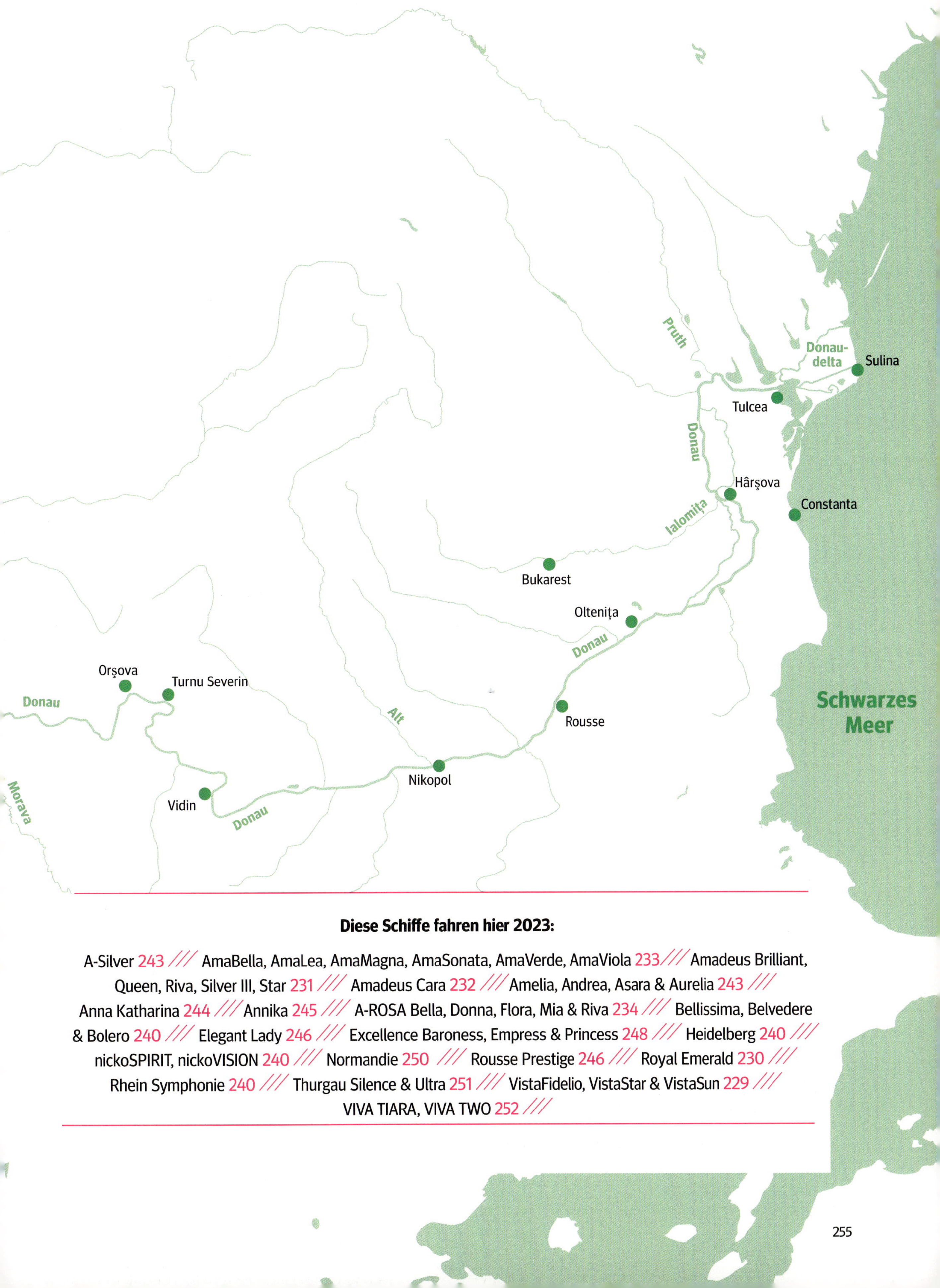

Diese Schiffe fahren hier 2023:

A-Silver 243 /// AmaBella, AmaLea, AmaMagna, AmaSonata, AmaVerde, AmaViola 233/// Amadeus Brilliant, Queen, Riva, Silver III, Star 231 /// Amadeus Cara 232 /// Amelia, Andrea, Asara & Aurelia 243 /// Anna Katharina 244 /// Annika 245 /// A-ROSA Bella, Donna, Flora, Mia & Riva 234 /// Bellissima, Belvedere & Bolero 240 /// Elegant Lady 246 /// Excellence Baroness, Empress & Princess 248 /// Heidelberg 240 /// nickoSPIRIT, nickoVISION 240 /// Normandie 250 /// Rousse Prestige 246 /// Royal Emerald 230 /// Rhein Symphonie 240 /// Thurgau Silence & Ultra 251 /// VistaFidelio, VistaStar & VistaSun 229 /// VIVA TIARA, VIVA TWO 252 ///

RHEIN & RHEINDELTA

AUCH NECKAR, MOSEL UND MAIN ZÄHLEN ZUM FAHRGEBIET RHEIN. UND VON HOLLAND AUS GEHT ES ÜBER SCHELDE UND MAAS BIS NACH BELGIEN

Diese Schiffe fahren hier 2023:

AmaCerto, AmaLucia, AmaMora, AmaPrima, AmaSerena, AmaSiena 233 /// Amadeus Brilliant, Imperial, Queen, Riva & Star Symphony 231 /// Amadeus Cara 232 /// Amelia, Andrea, Anesha, Antonia, Asara, Aurelia & Viola 243 /// Anna Katharina 244 /// Annika 245 /// A-ROSA Aqua, Brava, Silva 234 /// A-ROSA Sena 236 /// Belvedere & Casanova 240 /// Elegant Lady 246 /// Excellence Countess 249 /// Excellence Coral, Empress, Pearl & Queen 248 /// Heidelberg 240 /// Lady Diletta 246 /// nickoSPIRIT 240 /// Rhein Melodie & Symphonie 240 /// Rigoletto, Royal Emerald 229 /// Sans Souci 247 /// SWISS CRYSTAL & RUBY 252 /// Switzerland 229 /// Thurgau Saxonia, Silence 251 /// VistaSky & VistaStar 229 /// VIVA MOMENTS, TIARA, ONE & TWO 252 ///

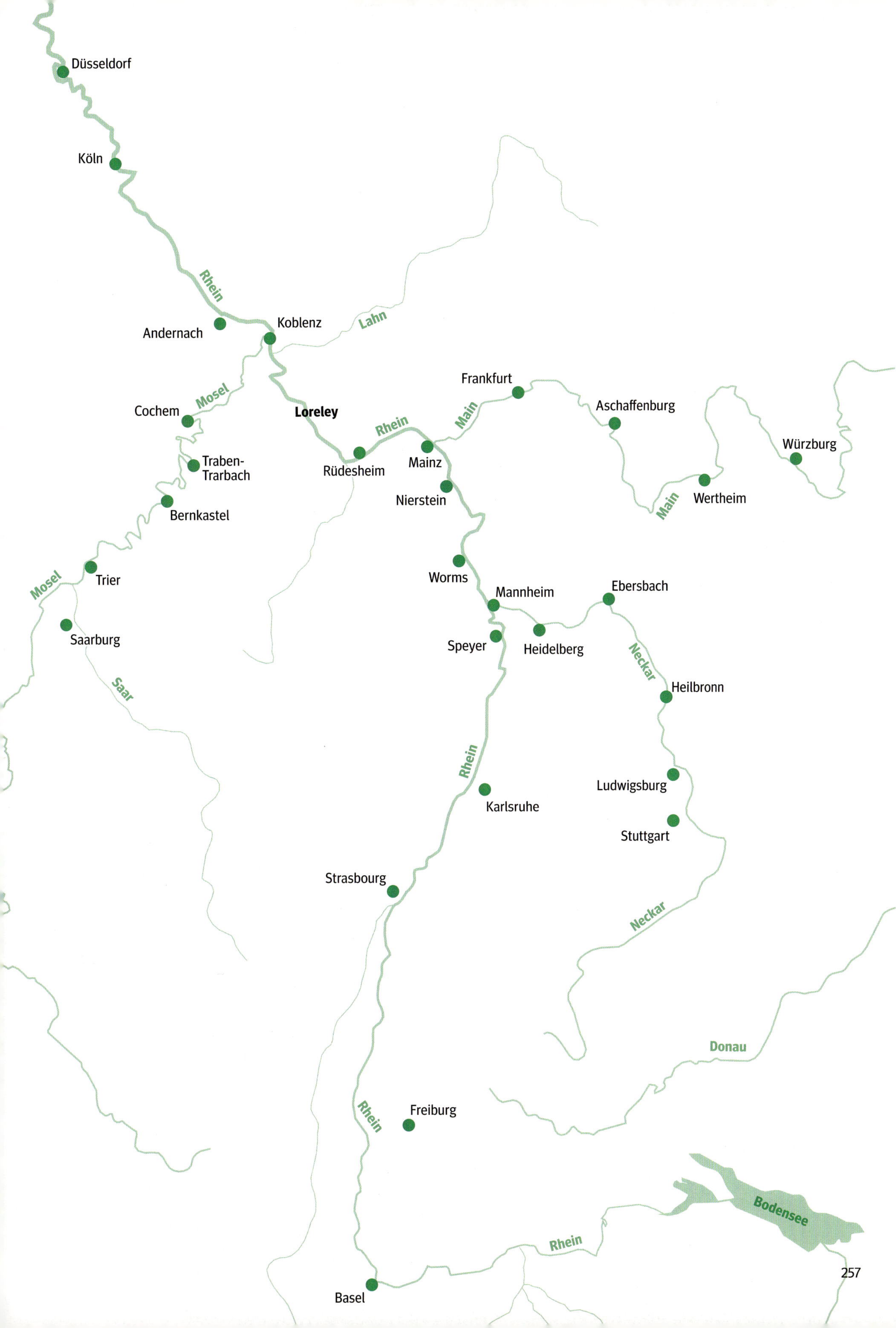
Düsseldorf
Köln
Rhein
Andernach
Koblenz
Lahn
Mosel
Cochem
Loreley
Rhein
Main
Frankfurt
Aschaffenburg
Würzburg
Traben-
Trarbach
Rüdesheim
Mainz
Nierstein
Wertheim
Main
Bernkastel
Mosel
Trier
Worms
Mannheim
Ebersbach
Saarburg
Speyer
Heidelberg
Saar
Neckar
Heilbronn
Rhein
Ludwigsburg
Karlsruhe
Stuttgart
Strasbourg
Neckar
Donau
Freiburg
Rhein
Bodensee
Rhein
Basel

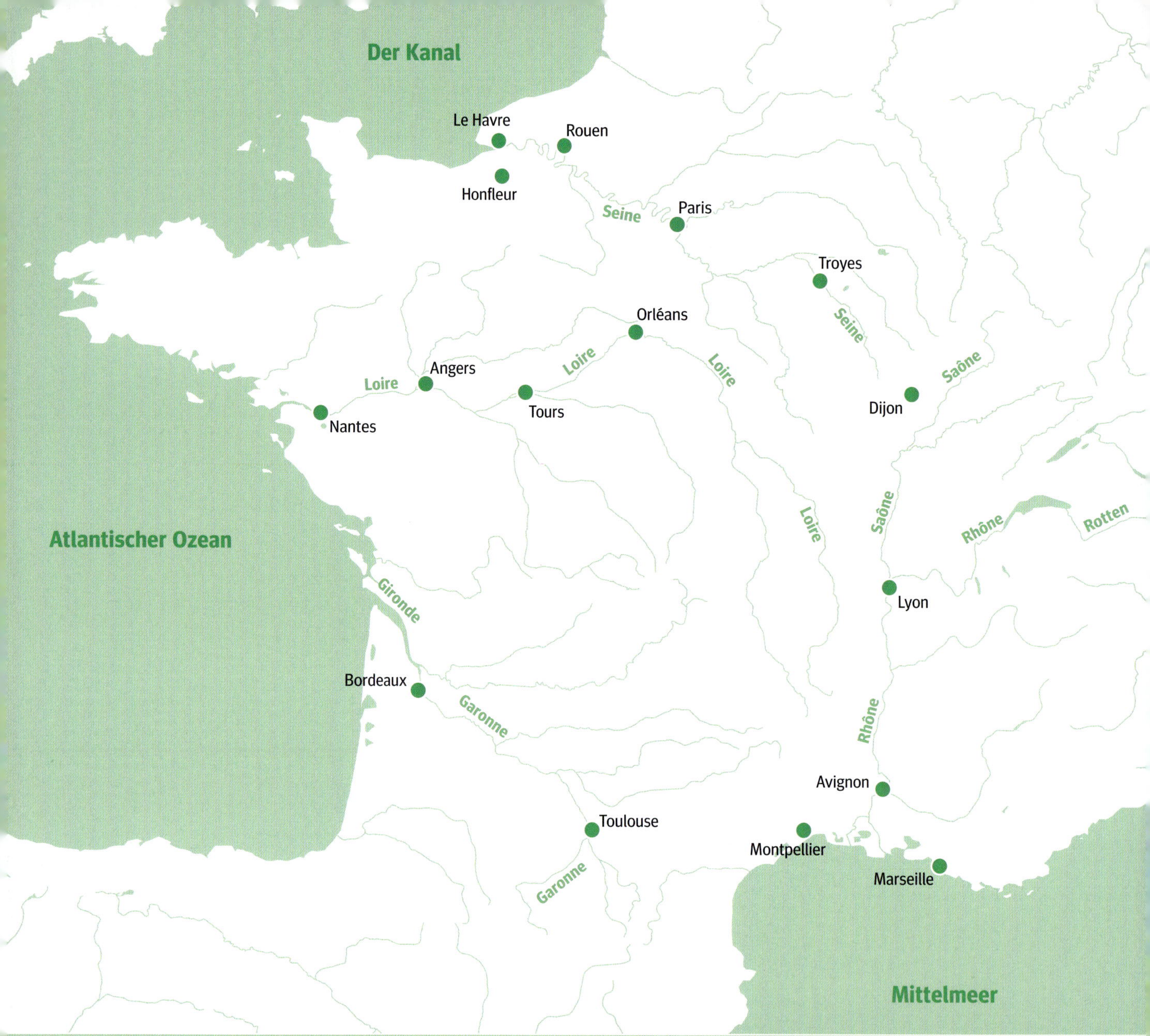

FRANKREICH

RHÔNE, SAÔNE UND SEINE SIND DIE KLASSIKER. ABER AUCH AUF GIRONDE UND LOIRE SIND FLUSSREISEN MÖGLICH

Diese Schiffe fahren hier 2023:

AmaCello, AmaKristina (Rhône), AmaDante, AmaLyra (Seine), AmaDolce (Dordogne, Garonne) 233 /// Annabelle (Rhône) 245 /// Amadeus Diamond (Seine), Provence (Rhône) 231 /// A-ROSA Luna & Stella (Rhône) 234 /// A-ROSA Viva (Seine) 234 /// Bijou du Rhône (Rhône) 240 /// Cyrano de Bergerac (Gironde, Dordogne & Garonne) 238 /// Excellence Rhône (Rhône) 248 /// Excellence Royal (Seine) 248 /// Mistral (Rhône), Renoir (Seine) 237 /// Seine Comtesse 240 /// Van Gogh (Rhône) 237 /// VIVA GLORIA (Seine), VIVA VOYAGE (Rhône) 252 /// Victor Hugo (Rhône) 237 ///

ASIEN

MEKONG, GANGES, IRRAWADDY UND JANGTSE SIND DIE FLUSSREVIERE ASIENS. ALLERDINGS GIBT ES HIER ZURZEIT KAUM ANGEBOTE

Diese im Guide erwähnten Schiffe fahren 2023:

AmaDara (Mekong) 233 ///
Charaidew II (Ganges) 243 ///
Ganga Vilas (Ganges) 251 ///
Mekong Prestige II (Mekong) 229 ///

Für Reisende aus Europa sind die strengen Corona-Bestimmungen in China nach wie vor ein Hindernis, deshalb pausieren dort die meisten internationalen Veranstalter. Und der Irrawaddy fällt seit dem Militärputsch in Myanmar aus

REGISTER

SEESCHIFFE

A
AIDAaura 82, 101, 102, 267
AIDAbella 101, 103, 267
AIDAblu 101, 103, 267
AIDAcara 101
AIDAcosma 69, 70, 72, 101, 105, 110, 267
AIDAdiva 101, 103, 267
AIDAluna 101, 267
AIDAmar 101, 267
AIDAnova 16, 70, 72, 96, 101, 105, 110, 267
AIDAperla 101, 104, 267
AIDAprima 72, 101, 104, 267
AIDAsol 101, 267
AIDAstella 101, 267
AIDAvita 102
Allure of the Seas 169, 267
Amadea 12, 152, 153, 154, 267
Amera 152, 154, 267
Anthem of the Seas 169, 172
Artania 152, 154, 155, 267
Astor 26
Azamara Journey 106
Azamara Onward 106, 268
Azamara Pursuit 106
Azamara Quest 106, 268
B
Bremen 76, 136
Brilliant Lady 95
C
Caribbean Jubilee 90
Caribbean Princess 164
Carnival Breeze 107
Carnival Celebration 107, 110
Carnival Dream 107
Carnival Freedom 107
Carnival Horizon 107, 108, 2671
Carnival Jubilee 96, 107
Carnival Luminosa 109, 267
Carnival Mardi Gras 96, 107, 110, 267
Carnival Panorama 107, 108
Carnival Spirit 107
Carnival Splendor 107
Carnival Sunrise 107
Carnival Sunshine 107
Carnival Radiance 107
Carnival Vista 107
Celebrity Apex 111, 112
Celebrity Beyond 111, 112, 268
Celebrity Constellation 111
Celebrity Eclipse 111
Celebrity Edge 111, 112, 268
Celebrity Equinox 111
Celebrity Flora 111, 113
Celebrity Infinity 111, 196
Celebrity Millennium 111
Celebrity Reflection 111
Celebrity Silhouette 111, 194
Celebrity Solstice 111
Celebrity Summit 111
Celebrity Xpedition 111, 113
Celebrity Xploration 111, 113
Celestyal Crystal 114
Celestyal Olympia 114
Columbus 157, 158
Coral Princess 164
Costa Deliziosa 115, 267
Costa Diadema 115, 267
Costa Fascinosa 115
Costa Favolosa 115
Costa Firenze 107, 115
Costa Fortuna 115
Costa Pacifica 115
Costa Smeralda 96, 110, 115, 116, 267
Costa Toscana 110, 115, 116, 267
Costa Venezia 115
Crown Princess 164
D
Deutschland 152, 154, 156, 267
Diamond Princess 164, 207
Discovery Princess 164, 165
Disney Dream 36, 121, 123, 268
Disney Fantasy 36, 121, 123
Disney Magic 36, 121, 122, 268
Disney Wish 36, 121, 124, 268
Disney Wonder 36, 121, 122, 268
E
Emerald Princess 164, 201, 202
Enchanted Princess 164, 165
Eurodam 131, 201, 202
Europa 126, 127
Europa 2 126, 128
Explora I 94
F
Fram 133, 135, 194, 203
Freedom of the Seas 10, 170
Fridtjof Nansen 133, 135, 194
G
Grand Princess 164
H
Hamburg 157, 158, 268
Hanseatic inspiration 66, 74, 126, 129
Hanseatic nature 126, 129, 268
Hanseatic spirit 126, 129, 268
Harmony of the Seas 169, 267
Havila Capella 130
Havila Castor 130
Havila Polaris 130
Havila Pollux 130, 268
I
Icon of the Seas 96
Independence of the Seas 169, 170, 201
Insignia 149, 151
Island Princess 164
J
Jewel of the Seas 169, 194, 202
K
Kong Harald 133
Koningsdam 131, 132
L
L'Austral 160, 194, 195, 203
Le Bellot 159, 161, 194, 195
Le Boréal 159, 160, 268
Le Bougainville 159, 161, 268
Le Champlain 159, 195, 196, 198
Le Commandant Charcot 28, 267
Le Dumont-d'Urville 159, 268
Le Jacques Cartier 159, 161
Le Lapérouse 159
Le Lyrial 159, 160
Le Paul Gauguin 159, 162, 268
Le Ponant 159, 160
Le Soléal 159, 160
Liberty of the Seas 169, 202
M
Maasdam 131
Majestic Princess 164
Marina 149, 150, 268
Mariner of the Seas 169
Mein Schiff 1 18, 187, 188
Mein Schiff 2 18, 187, 188, 190
Mein Schiff 3 187, 189
Mein Schiff 4 187, 189

Mein Schiff 5 187, 189
Mein Schiff 6 43, 187, 189
Mein Schiff Herz 18, 187, 190
MSC Armonia 138, 198, 203
MSC Bellissima 138, 139, 267
MSC Divina 138, 140
MSC Fantasia 138, 140
MSC Grandiosa 138, 139, 267
MSC Lirica 138
MSC Magnifica 138
MSC Meraviglia 138, 139, 267
MSC Musica 138
MSC Opera 138
MSC Orchestra 138
MSC Poesia 138
MSC Preziosa 138, 140, 267
MSC Seascape 138, 141
MSC Seashore 138, 141
MSC Seaside 138, 141, 267
MSC Seaview 64, 138, 141, 267
MSC Sinfonia 138
MSC Splendida 138, 140
MSC Virtuosa 138, 139
MSC World Europa 16, 138, 267
N
Nautica 151
Navigator of the Seas 169
Nieuw Amsterdam 131, 132
Nieuw Statendam 131, 132, 267
Noordam 131
Nordkapp 133
Nordlys 133
Nordnorge 133
Nordstjernen 133
Norwegian Bliss 145, 147
Norwegian Breakaway 145
Norwegian Dawn 145, 146, 267
Norwegian Encore 62, 145, 147, 267
Norwegian Epic 145
Norwegian Escape 145
Norwegian Gem 145
Norwegian Getaway 145
Norwegian Jade 145
Norwegian Jewel 145
Norwegian Joy 145
Norwegian Pearl 145
Norwegian Prima 58, 93, 145, 148, 268
Norwegian Sky 145
Norwegian Spirit 145
Norwegian Star 145, 194, 203
Norwegian Sun 145, 195
Norwegian Viva 96
O
Oasis of the Seas 169, 170, 172, 267
Ocean Majesty 125, 268
Odyssey of the Seas 169
Oosterdam 131
Ovation of the Seas 169, 172
P
Polarlys 133
Pride of America 145
Princess 151
Q
Quantum of the Seas 90, 169
Queen Elizabeth 47, 118, 120, 267
Queen Mary 2 118, 119, 267
Queen Victoria 118, 120, 267
R
Regal Princess 164, 267
Regatta 149, 151
Resilient Lady 95
Rhapsody of the Seas 267
Riviera 149, 150
Roald Amundsen 133, 135
Rotterdam 132
Royal Clipper 183, 184, 268
Royal Princess 155, 164, 165, 202, 203
Ruby Princess 164, 201
S
Sapphire Princess 164, 203
Scarlet Lady 191
Scenic Eclipse II 97
Sea Cloud 176, 177, 268
Sea Cloud II 176, 177, 268
Sea Cloud Spirit 53, 176, 178, 268
Seabourn Encore 173
Seabourn Odyssey 173
Seabourn Ovation 173, 174
Seabourn Pursuit 95
Seabourn Quest 173
Seabourn Sojourn 173
Seabourn Venture 173, 175, 268
Seadream I 179
Sea Spirit 163
Seaventure 136
Seven Seas Explorer 167, 168
Seven Seas Grandeur 97
Seven Seas Navigator 167
Seven Seas Mariner 167
Seven Seas Splendor 167
Seven Seas Voyager 167
Sky Princess 164, 165, 267
Silver Cloud 180
Silver Origin 180, 182
Silver Dawn 180, 181
Silver Endeavour 180
Silver Explorer 180
Silver Moon 180, 181
Silver Muse 180, 181, 268
Silver Shadow 180
Silver Spirit 180
Silver Whisper 180
Silver Wind 180
Sirena 151, 268
Spectrum of the Seas 87, 169, 267
Spitsbergen 133, 134
Star Clipper 91, 183, 184, 185, 268
Star Flyer 183, 185, 268
Symphony of the Seas 169, 171, 268
Sun Princess 164
Swan Hellenic 186
T
Trollfjord 133
V
Vasco da Gama 64, 142, 144,267
Vesterålen 133
Vista 95
Volendam 131
W
Westerdam 131
Wonder of the Seas 169, 171, 268
World Voyager 82, 142, 143, 268
Z
Zaandam 131
Zuiderdam 131

FLUSSSCHIFFE

A
Adora 243
African Dream 237
Alena 243
Allure 250
AmaDahlia 233
Amadeus Brilliant 231, 255, 256
Amadeus Cara 231, 232, 255
Amadeus Diamond 231
Amadeus Imperial 231
Amadeus Provence 231, 258
Amadeus Queen 231
Amadeus Riva 231
Amadeus Silver II 231
Amadeus Silver III 231
Amadeus Star 231
AmaKristina 233
AmaLea 233
Amalia Rodrigues 237
AmaLucia 233, 256
AmaMagna 233, 255
AmaMora 233, 256
AmaSiena 233, 256
AmaStella 233
AmaViola 233, 255
Andrea 243, 255, 256
Anesha 243, 244, 256
Annabelle 243, 245
Anna Katharina 243, 244, 255, 256
Annika 243, 245, 255, 256
Antonia 243, 256
Ariana 243
A-ROSA Alva 234, 235
A-ROSA Aqua 234, 256
A-ROSA Brava 234
A-ROSA Flora 234
A-ROSA Luna 234, 258
A-ROSA Riva 234
A-ROSA Sena 210, 227, 234, 236
A-ROSA Silva 234
A-ROSA Stella 234
Asara 243, 255, 256
A-Silver 243, 255
B
Bellissima 138, 139, 196, 240
Bijou du Rhône 240

Bolero 240, 255
C
Casanova 240, 256
Charaidew II 243
Cyrano de Bergerac 238, 258
D
Douro Cruiser 240
Douro Serenity 240
E
Edelweiss 251
Elbe Princesse I 239, 253
Elbe Princesse II 237, 253
Elegant Lady 246, 255, 256
Excellence Adria 248
Excellence Baroness 248, 255
Excellence Coral 248
Excellence Countess 248, 249,
Excellence Empress 248, 249
Excellence Princess 248
Excellence Queen 248
Excellence Rhône 248
Excellence Royal 248, 258,
F
Florentina 250
Frederic Chopin 240, 253
H
Heidelberg 240, 255, 256
I
Indochine II 237
J
Junker Jörg 229, 253
K
Katharina von Bora 240, 253
L
Lady Diletta 223, 246, 256
M
Mekong Prestige II 229,
Miguel Torga 237
Mistral 237, 258
Mozart 26
N
nickoSPIRIT 240, 255, 256
nickoVISION 240, 241, 255
Normandie 250, 255
O
Olympia 250
P
Princess 250
Prinzessin Katharina 250
R
Renoir 237, 258
Rhein Melodie 240
Rigoletto 229, 256
Rousse Prestige 246
Royal Emerald 229, 230, 255, 256
S
Sans Souci 246, 247, 253, 256
SE-Manon 250
Serrahn Queen 217, 253
Swiss Diamond 252, 253
Swiss Ruby 252, 253
Switzerland 229, 256
T
Thurgau Adriatica 251
Thurgau Bellucci 251
Thurgau Chopin 251, 253
Thurgau Exotic I–III 251
Thurgau Ganga Vilas 251
Thurgau Prestige 251
Thurgau Saxonia 251, 253, 256
V
Van Gogh 237, 258
Victor Hugo 237, 258
Viola 243, 255, 256
VistaFidelio 229, 255
VistaRio 229
VistaSky 229, 256
VistaStar 229, 255, 256
VistaSun 229, 255
Viva Gloria 252
Viva Moments 252
Viva One 252
Viva Tiara 252, 255
Viva Two 252, 255
Z
Zimbabwean Dream 237

REEDEREIEN & VERANSTALTER

A
1AVista Reisen 229–230
AIDA Cruises 16, 20, 70, 92, 101–105
Amadeus Flusskreuzfahrten 231–232
AmaWaterways 233
Anton Götten Reisen 237–239
A-ROSA Flussschiff 234–236
Azamara Club Cruises 92, 106
B
Bergedorfer Schifffahrtslinie 216
C
Carnival Corporation 92, 101, 107, 118, 178
Carnival Cruise Line 92, 107–110
Celebrity Cruises 18, 111–113
Celestyal Cruises 114
Costa Kreuzfahrten 115–117
CroisiEurope 237–239
Cunard Line 118–120
D
Disney Cruise Line 35, 121–124
E
Excellence 248–249
Explora Journeys 93, 94, 138
H
Hansa Touristik 125
Hapag-Lloyd Cruises 20, 21, 28, 126–129, 157
Havila Voyages 130, 268
Holland America Line 131, 142, 152
Hurtigruten 7, 16, 133–135
I
Iceland ProCruises 136
L
Lüftner Cruises 231, 232
M
MSC Cruises 10, 14, 16, 22, 64, 92, 93, 138–141, 192
N
Nicko Cruises 15, 82, 142–144, 192, 267
Norwegian Cruise Line 59, 145–148, 149, 167
O
Oceania Cruises 14, 30, 61, 149–151
P
P&O Australia 92
P&O Cruises 90
Paul Gauguin Cruises 162
Phoenix Reisen 12, 25, 131, 152–156, 243–245
Plantours Kreuzfahrten 157–158, 224, 226, 246–247
Ponant 28, 159–162
Poseidon Expeditions 163
Princess Cruises 92, 100, 155, 164–165
Pullmantur 92, 93
R
Regent Seven Seas Cruises 14, 61, 94, 149, 167–168
Reisebüro Mittelthurgau 248–249
Royal Caribbean Cruises 92, 93, 169
Royal Caribbean International 10, 93, 169–172
S
Sea Cloud Cruises 54, 55, 176–178
Seabourn Cruise Line 173–175
SeaDream Yacht Club 179
SE-Tours 250
Silversea Cruises 16, 93, 180–182
Star Clippers 183–185
Swan Hellenic 186
T
Thurgau Travel 251
TransOcean Kreuzf. 142, 144
TUI Cruises 14, 16, 18, 20, 21, 26, 43, 44, 46, 54, 65, 92, 93, 126, 187–190, 192
V
Virgin Voyages 95, 191
Viva Cruises 252

Foto: K M Asad via ichTV
Mit Demütigung
oder mit Menschen?
Mit Menschen.
Gemeinsam mit Ihnen macht sich Misereor stark für
Chancengleichheit und die Rechte junger Frauen in
Bangladesch. Mehr erfahren: misereor.de/mitmenschen
misereor
GEMEINSAM GLOBAL GERECHT

IMPRESSUM

Hamburger Abendblatt

KREUZFAHRT GUIDE 2023

AUTOREN
Uwe Bahn, Georg J. Schulz (Hauptautoren);
Christoph Assies, Frank Behling, Fabian Betzendahl, Johannes Bohmann, Marlies Fischer, Peggy Günther, Susanne Hamann, Edgar S. Hasse, Henrik Jacobs, Christian Kolb, Franz Neumeier, Sven Schneider, Antonia Isabel Schulz, Alexander Sulanke

CHEFREDAKTION
Berndt Röttger (ViSdP)

REDAKTION
Georg J. Schulz

LAYOUT
Ann-Kristin Köhn, Julia Neubauer, Natascha Pfeiffer

GRAFIK
Frank Hasse

FOTOREDAKTION
Monika Drews, Bernhard von Nethen, Mark Sandten

SCHLUSSREDAKTION
Holger Hausdörfer (Lektornet), Leonard Olberts (Lektornet)

VERLAG
FUNKE Medien Hamburg GmbH
Großer Burstah 18–32
20457 Hamburg

GESCHÄFTSFÜHRUNG
Christian Siebert

GESAMTLEITUNG MAGAZINE, MARKETING & EVENTS
Vivian Hecker

PROJEKTLEITUNG UND VERTRIEB
Felix Freudenthal

VERMARKTUNG
FUNKE Media Sales Hamburg GmbH,
Dennis Rößler (ViSdP), Anne Lancier, Katharina Arlt
mediasaleshamburg@funkemedien.de

DRUCK
Mayr Miesbach GmbH
Am Windfeld 15
83714 Miesbach
www.mayrmiesbach.de

ALLGEMEINE HINWEISE

Die für die Recherche erforderlichen Reisen erfolgten in der Regel mit Unterstützung durch die Reedereien oder Veranstalter.

KREUZFAHRT GUIDE IM INTERNET
www.kreuzfahrtguide.com

1. AUFLAGE 2023
ISBN 978-3-95856-116-8
PRESSECODE 35380